DINASTÍAS

DOS FAMILIAS, UNA NACIÓN

RAMÓN ALBERTO GARZA

DINASTÍAS

DOS FAMILIAS, UNA NACIÓN

Los Echeverría
y los Salinas:
los clanes que se
disputan el control
de México

A mis amados padres:
Ramón Garza Galindo y **Gilda García Segura,**
por mostrarnos con su ejemplo el camino
de la hermandad, la verdad y el compromiso.

A quienes lo vivieron,
pero ya lo olvidaron...
para que despierten.

A quienes no lo vivieron,
para que lo conozcan...
y no opinen, mucho menos decidan,
desde la ignorancia.

ÍNDICE

Y EL CUENTO COMIENZA AQUÍ

... ÉRASE UNA VEZ, EN UN PAÍS DE LA ABUNDANCIA

SIN COLORÍN COLORADO...

ESTE CUENTO NO HA TERMINADO

PRÓLOGO
TESTIGO DE PRIMERA FILA

«La vida no es la que uno vivió, sino la que uno recuerda, y cómo la recuerda...». Esta es la memoria favorita que tengo de mi amigo Gabriel García Márquez, el inolvidable Gabó. Es un pensamiento diáfano que encierra todo un universo de principio a fin.

Llegamos a esta vida para alcanzar la felicidad, pero también para ayudar a los demás a ser felices. En ese trayecto, a veces sin darnos cuenta, vamos coleccionando imágenes, hilando pensamientos, disfrutando y padeciendo vivencias, volando con el viento a favor algunos días y con las alas rotas en otros. Pero siempre estamos surcando los cielos entre nubes de sueños que, de tiempo en tiempo, tenemos la dicha de transformar en realidad.

Las páginas que tienes en tus manos son el fruto de cincuenta años de andar —algunas veces caminando, unas corriendo y otras tropezando— las anchas calzadas que el gran Gabo siempre calificó como el mejor oficio del mundo, el de periodista. Un oficio nada ingrato, siempre apasionante, que te abre las puertas para ser testigo de primera fila, apuntador tras los telones y, en no pocas ocasiones, un actor improvisado que moldea con lo que escribe —o con lo que calla— el inconsciente colectivo que se va forjando con la historia de una sociedad, de una ciudad o de una nación.

Soy hijo de la cultura del esfuerzo, quizá de la última generación de mexicanos que tuvo el privilegio de encarnar masivamente esa movilidad social que se gestó con el llamado Desarrollo Estabilizador. Entre las décadas de 1950 y 1970 se forjó una gran clase media que aspiraba a una vida y a un México mejor. Pero esa movilidad se esfumó.

Mis padres, Ramón y Gilda, trabajaron de sol a sol para darles a sus cuatro hijos la mejor herencia posible: una buena educación que iba siempre de la mano con el ejemplo en casa. Nada se daba por hecho, nada era gratuito, todo debía ganarse mediante un buen comportamiento y buenas calificaciones. Y más allá del techo, la comida, el vestido y la educación, cualquier «extra» tenía que ganarse vendiendo periódicos en la calle, cajas de huevo casa por casa, lavando y encerando autos, revolviendo leche de cabra en un cazo para hacer dulces o boleando zapatos a los parientes y amigos en las reuniones familiares.

A los 13 años tuve la oportunidad de un primer empleo formal como corrector de pruebas en la imprenta que dirigía el tío Julio García, revisando la ortografía de los textos que integrarían el voluminoso almanaque, el cual se editaba cada año en la Fundidora de Fierro y Acero de Monterrey.

Becado en el Instituto Tecnológico y de Estudios Superiores de Monterrey, estudié la licenciatura en Ciencias de la Comunicación. En 1973, para ayudarme con los gastos universitarios, logré —a los 17 años— una oportunidad como reportero en la sala de redacción del periódico *El Norte*, el cual comenzaba un periodo de transformación con Alejandro y Rodolfo Junco de la Vega, dos entusiastas hermanos veinteañeros que regresaban al país con ideas renovadoras después de estudiar Periodismo en la Universidad de Texas. A partir del primer instante en el que pisé las instalaciones del periódico, en Monterrey, todavía con olor a tipos móviles forjados en plomo caliente y con el ruido incesante de los linotipos y los teletipos, decidí que la tinta sería la sangre que correría por mis venas.

Y en esas cinco décadas de oficio, de la mano de grandes maestros y maravillosos compañeros de trabajo, abrimos aquellas puertas que entonces estaban cerradas para un periodismo que era naturalmente oficioso, pero que pronto se ensancharían de par en par a la libertad. Así, transitamos con éxito de la tinta y el papel a las cámaras y los micrófonos, al inexplorado mundo digital y al improvisado territorio de las redes sociales.

Veintisiete años en *El Norte* —19 de ellos como director editorial—, socio fundador de Infosel Financiero, director fundador del periódico *Reforma* en la capital de México; de *Mural*, en Guadalajara; y de *Palabra*, en Saltillo. Vicepresidente en Televisa; socio y fundador de la revista *Cambio*, de la mano del incomparable Gabo y con el apoyo de Emilio Azcárraga Jean; vicepresidente y director de *El Universal*, y pionero en el periodismo digital con la creación en 2006 de Reporte Índigo, primero, y de Código Magenta, después. Ese es el trayecto que marca, hasta hoy, mi destino en el fascinante universo de la comunicación.

Las historias que se recrean en *Dinastías* están tejidas a lo largo de esos años de transitar por las amplias avenidas de la vida pública, pero también de entrar en las estrechas y malolientes cañerías del poder de una clase política que terminó haciendo pactos inconfesables con los intereses económicos de una oligarquía empresarial insaciable. Políticos y empresarios, corruptos y corruptores, socios y cómplices, hermanados todos por la ambición sin límite, olvidando a su paso el destino de su prójimo, de los menos favorecidos.

Desde Luis Echeverría hasta Andrés Manuel López Obrador, pasando por José López Portillo, Miguel de la Madrid, Carlos Salinas de Gortari, Ernesto Zedillo, Vicente Fox, Felipe Calderón y Enrique Peña Nieto, viví en carne propia, con cada presidente, sus glorias y sus infiernos, sus delirios de grandeza, de fortuna y de inmortalidad. Pero también fui testigo de sus descensos a los infiernos del descrédito, del exilio y del repudio social. Nadie escapó al inexorable juicio de la historia, de esa historia que, como sentencia de karma, siempre nos alcanza a la hora de su veredicto final.

En no pocos casos, promoví desde mi trinchera sus aspiraciones, que eran las de millones de mexicanos; pero, en la mayoría de esos casos, cuando esos políticos populares o populistas, soñadores o ambiciosos, se cruzaron al otro bando, al de la *realpolitik*, los vi transformarse en todopoderosos. Siempre pensaron que su sexenio sería eterno, que sus fechorías en las alturas los hacían invisibles. A la postre, su legado fue, en muchos casos, tan frágil o tan falso, tan efímero, tan pobre, que muy pocos pasaron sin sobresaltos la «prueba de ácido» del infranqueable séptimo año.

Por eso en México no fuimos capaces de gestar a un Ronald Reagan, a una Margaret Thatcher, a un Lech Walesa, a una Angela Merkel, o incluso, desde la izquierda social forjada a golpes de humildad, a un Pepe Mujica. Porque instalarse en la cúspide del poder en nuestro país solo se logra ascendiendo las escaleras de las alianzas y de las componendas, las confesables y las inconfesables, las políticas y las del gran capital.

Sin embargo, como testigo de primera fila en los últimos nueve sexenios, alcanzo a distinguir un hilo conductor que forjó o, mejor dicho, desarticuló el México al que aspirábamos. Este fue consumido por la mayoría de esos pobres, egoístas, corruptos y muy ambiciosos liderazgos que padecimos.

Esta historia nada tiene que ver con la lucha de cientos de mexicanos y mexicanas que se adentraron en la política buscando desde su idealismo la transformación hacia un México mejor. Tampoco tiene que ver con las transiciones partidistas, desde el Partido Revolucionario Institucional (PRI) hasta el Movimiento Regeneración Nacional (Morena), con paradas obligadas en los dos fallidos sexenios del Prian, la combinación de los partidos políticos antes dominantes del país, PRI y PAN (Partido Acción Nacional).

El hilo conductor de la historia política de México —el que se plantea en este libro— tiene que ver con el destino de dos familias, con los ideales y las ambiciones muy particulares de dos clanes que, a lo largo de más de seis décadas, consolidaron las dos dinastías que, con sus disputas políticas y personales, definieron, moldearon y trastocaron nuestro futuro como nación: la familia **Echeverría** y la familia **Salinas**.

Esta historia comienza en 1958, en el sexenio del presidente Adolfo López Mateos, y se prolonga hasta nuestros días, en el gobierno del presidente Andrés Manuel López Obrador. La disputa está muy vigente, quizá en sus últimos estertores de poder, antes de que esa vieja estructura colapse y nos obligue a reinventarnos, a no ser que caigamos en el precipicio por incapacidad o apatía.

En el sexenio de la llamada «Cuarta Transformación», se libra *la madre de todas las batallas políticas* que se dieron en las últimas seis décadas. Y el epílogo de lo que viviremos aquí será inevitablemente un gran quiebre o —por qué no— el posible renacimiento de una esperanza real que nos ayude a forjar el México que algún día imaginamos. El primer paso es entender la historia —nuestra historia— para comprender lo que nos trajo aquí.

Algunos dirán que lo que plantea *Dinastías* es una tesis reduccionista, una visión simplista de una realidad muy compleja. Quizá tengan razón. Pero en este libro solo aspiramos a unir una larga cadena de sucesos para que cualquier mexicano que quiera abrir los ojos descubra lo que siempre fue evidente, aunque quizá se nos haya ocultado por ser tan simple. Y, sobre todo, deseamos despertar a las nuevas generaciones de *millennials* y *centennials*, que no vivieron en carne propia los días en que todo esto se gestó, para que entiendan la historia que encalló en *las playas de la histeria* que hoy vivimos.

Esta es la visión analítica, sin falsas pretensiones, del nieto de un ferrocarrilero y de un restaurantero, del orgulloso hijo de un mecánico y piloto fumigador, y de una madre que le contagió su amor por las letras y la curiosidad para cuestionarlo todo antes de aceptar cualquier verdad que el sistema nos vendía. Es el punto de vista de un eterno aprendiz de periodista que testificó —e incluso fue apuntador y actor— muchos de los pasajes que se narrarán en esta historia.

Será necesario despojarse de prejuicios y dejar a un lado los viejos clichés que la intelectualidad política y cultural —mayoritariamente auspiciada por uno u otro de estos dos clanes— nos ha querido imponer. Evaluemos los hechos tal como son y tal como fueron, en un intento por entender lo que nos instaló en la frágil realidad que hoy vivimos. Solo así podremos aspirar a escapar de ella para forjar un futuro viable.

Quizá, con un poco de suerte, podamos comprender que durante siete décadas vivimos cautivos entre dos visiones muy particulares de lo que es una *nación*. Esta incesante confrontación nos condujo a un mal destino. Ahora es el momento de romper con ese pasado mediante la muy particular visión de *Dinastías*, para trazar la nueva ruta que encare los retos del presente. Si aspiramos a reconstruir desde las cenizas un mañana prometedor que algunos, a pesar de todo y a pesar de tanto, no dejamos de soñar, ¡llegó la hora de hacerlo!

PARA ENTENDER
EL CUENTO

LOS SEIS MATRIMONIOS DEL ESTADO MEXICANO

México vive un parteaguas. Asistimos, quizá, a la última llamada para recuperar el Estado de derecho y la seguridad de que nos devuelvan la estabilidad y el crecimiento perdidos.

La nación naufraga en medio de un embravecido oleaje de desesperanza; de insultante corrupción e impunidad que irritan y alimentan hasta el hartazgo el profundo enojo social; de un asistencialismo que, desde el Gobierno, nutre con cheques mensuales su clientelismo político; de un crimen organizado convertido en el principal empleador de cientos de miles de jóvenes sin educación ni oportunidades y con un futuro siempre más cercano al plomo que a la plata.

Transitamos los cinco sexenios de una tecnocracia política que, con su avaricia, disfrazada de ortodoxia capitalista, menospreció a las mayorías y guardó en el cajón del olvido el sentido social de las políticas públicas.

Fueron gobiernos de una clase política que se dedicó a mejorar el bienestar de sus chequeras personales, aliándose incondicionalmente con quien les garantizara la preservación del poder y sus privilegios como élite.

A los desposeídos les entregaron, en el mejor de los casos, las migajas de sus solidarios programas asistenciales. Pero acabaron conservando su control político a través de la manipulación de la ignorancia, el hambre y la miseria.

El resultado es un México con más profundas desigualdades: muy pocos acumulan demasiado y muchos sobreviven con muy poco. Nuestro *apartheid* ha evolucionado del color de piel —entre blancos, criollos e indígenas— al de la división entre una élite que desborda una riqueza exorbitante y una apabullante mayoría que sobrevive en una miseria insultante. Ninguna nación puede sostener indefinidamente este abismo económico-social sin transitar antes por un cambio pacífico pero radical a través de las urnas; o, si las resistencias no ceden, mediante una sacudida violenta provocada por el inevitable quiebre que se gesta con la insurrección y las armas.

No obstante, para comprender cómo llegamos aquí, es esencial recurrir a la historia con la intención de desentrañar la genética política de la que estamos hechos. Así, comprenderemos la estructura del inconsciente colectivo, político, económico y social que alimenta hoy los sentimientos de esta nación. Sin duda, el ingrediente más común en la historia del México moderno es el de la traición. Los curas Miguel Hidalgo y José María Morelos; los militares Ignacio Allende y Juan Aldama en la Independencia; Francisco I. Madero, José María Pino Suárez, Venustiano Carranza, Francisco Villa, Emiliano Zapata y Álvaro Obregón en la Revolución, todos son ejemplos claros de que la heroicidad en México, aquella que se recompensa con tu nombre en los libros de texto o con letras de oro en la historia, muchas veces se forja mediante asesinatos arteros y emboscadas traicioneras.

En épocas modernas, y con las armas de la sofisticada operación política y mediática, Luis Echeverría traicionó a Gustavo Díaz Ordaz; José López Portillo desterró silenciosamente a Luis Echeverría, y la *nomenklatura* priista asesinó a Luis Donaldo Colosio para frenar a Carlos Salinas. Ernesto Zedillo también traicionó a Carlos Salinas, y Vicente Fox, de la mano de Marta Sahagún y de Felipe Calderón, traicionó a Josefina Vázquez Mota y le dio la espalda al cambio que tanto prometieron, asesinando en millones de mexicanos la esperanza de un México mejor. Le devolvieron al PRI las llaves de Los Pinos.

Incapaces de crear, desde la educación y las ideas, un círculo virtuoso que rompa ese hechizo traicionero, vamos de sexenio en sexenio vendiendo esperanzas y comprando amaneceres. Pero la noche oscura no termina para millones de mexicanos en la miseria, y el sol sale solo para aquellos dispuestos a aceptar el precio de pagar el boleto que les da el acceso para participar en la feria de las canonjías y las complicidades.

Y el ciclo de matrimonio-divorcio del Estado mexicano con alguna de las élites cercanas al poder se renueva buscando que —ahora sí— el elegido, el caudillo o el mesías llegue con la receta mágica del desarrollo que cierre la enorme brecha de la desigualdad.

Antes de adentrarnos en la política actual, intentaremos explicar en este ensayo los seis matrimonios y los seis divorcios que hemos padecido, a fin de entender el entramado político que nos condujo hasta aquí.

Para tener claro el debate, para ubicar dónde estamos, qué buscamos y hacia dónde nos enfilamos, no te hablaremos de lo que quieres escuchar, sino de las realidades que estamos obligados a confrontar, con el objetivo de que comprendas por qué vivimos ya en el Estado fallido, en la antesala del séptimo divorcio.

I

PRIMER MATRIMONIO HASTA QUE LA REFORMA NOS SEPARE

Lo que nos venden en los textos de historia de México sobre el llamado movimiento de Independencia dista mucho de lo que en verdad se vivió. Lo que sus promotores buscaban desde 1808 era una autonomía de España, dominada entonces por las fuerzas francesas comandadas por el emperador Napoleón Bonaparte. Intentaban que nos reconocieran «la mayoría de edad» como colonia española, para administrar lo que se recaudaba y enviar solo los excedentes a la madre patria.

El grito del cura Miguel Hidalgo y Costilla aquella madrugada del 16 de septiembre de 1810 confirma esta tesis. La incorporación de «¡Viva Fernando Séptimo!» en las arengas que llamaban a la insurrección no era precisamente un llamado a la independencia.

Pero el movimiento fue gestándose en los claustros religiosos —universidades, seminarios, conventos—, hasta donde llegaban con facilidad los libros que difundían las teorías de la llamada Ilustración o Iluminismo, que desde Europa despertó en casi todo Occidente a finales del siglo XVIII y principios del XIX. Por eso la semilla de la independencia fue cultivada por dos sacerdotes —Miguel Hidalgo y José María Morelos—, quienes articularon, con caudillos como Ignacio Allende, Juan Aldama, Mariano Jiménez, Mariano Abasolo y la corregidora Josefa Ortiz de Domínguez, la gesta que emancipó a México de España.

Eso explica el porqué, al consumarse la Independencia, el primer gobierno autónomo propició una alianza casi incondicional con la Iglesia. Porque sabían que, a partir de la revuelta de 1810, la fuerza de la fe jugaría un papel crucial en el México naciente.

Ese primer matrimonio entre el Estado mexicano y la Iglesia dio paso a los incipientes gobiernos que cedieron poder político y económico casi ilimitado a las *sotanas* y a los *hábitos*. En la primera mitad del siglo XIX no existía institución más poderosa en México que la Iglesia católica, omnisciente y omnipresente más allá del púlpito. Ejercía su influencia oculta tanto en el poder político como en el económico, descendiendo con ellos —o incluso encaminándolos— a sus infiernos. Muchas de las grandes fortunas y haciendas fueron heredadas al clero católico, apostólico y romano que acumuló exultantes riquezas y, con ello, un poder y una influencia descomunal en todo el quehacer nacional.

Pero en la política aplican también las leyes naturales de la física. Y «a toda acción corresponde una reacción igual y opuesta». A la opulencia económica y de poder de la Iglesia se opuso entonces una fuerza, la del movimiento de Reforma, una causa abanderada por el indígena liberal Benito Juárez, quien comenzó a ocupar espacios políticos y reclamaba la separación de la Iglesia y el Estado, hasta que lo consiguió. Era el fin de un matrimonio hecho en el cielo para crearles su paraíso a unos cuantos elegidos, pero jamás sacó de su infierno a los millones de miserables y desposeídos. En medio de la promoción de ese primer gran divorcio entre el Estado y la Iglesia confrontamos dos intervenciones al territorio mexicano. La francesa, que resultó en la imposición de

Maximiliano como segundo emperador de México; y la estadounidense, que finalizó con la venta de la mitad de nuestro territorio
a Estados Unidos.

Por eso, tras el divorcio con la Iglesia, un nuevo matrimonio se
consumó entre el Estado y los militares. Porque en ese entonces
la prioridad era la defensa ante aquel *extraño enemigo* —francés o
estadounidense— que profanaba *con sus plantas* lo que quedaba
del bendito suelo mexicano. Lo importante era no perder más, ni
territorio ni soberanía.

Y el caudillo propicio para apuntalar ese segundo matrimonio
fue un militar que combatió heroicamente en la Batalla de Puebla, cuando las fuerzas francesas fueron derrotadas por las mexicanas. Fue así como el general Porfirio Díaz consumó, con su
ascenso a la presidencia en 1876, los esponsales del nuevo matrimonio con el Estado mexicano. Las armas —y no la fe— serían el
nuevo baluarte para defender a la Patria.

El primer divorcio con el clero estaba consumado. El nuevo
matrimonio entre el Estado y los militares asumía el poder de la
nación.

II

SEGUNDO MATRIMONIO
UN MILITAR QUE NOS DEFIENDA

Consumado con la Reforma juarista el divorcio entre el Estado mexicano y la Iglesia, la urgencia del nuevo matrimonio pasó por las armas.

La invasión de Estados Unidos en 1846 y la segunda intervención francesa de 1862 obligaban a la defensa de la soberanía nacional y del territorio que conservamos.

Por eso se aceptó con entusiasmo que un militar, un héroe de la Batalla de Puebla, el general Porfirio Díaz, asumiera en noviembre de 1876 la presidencia de México. La urgencia del nuevo matrimonio del Estado era con las armas, con las milicias nacionales que pudieran frenar una pérdida de territorio mayor que la ocurrida durante la invasión de México por parte de los estadounidenses.

El general Díaz entendió puntualmente que los mexicanos temían nuevas invasiones y, desde un gobierno de mano firme, con nulos espacios para la disidencia, le dio certidumbre a un país convulso, ocupado, intervenido y mancillado en su territorio y en su soberanía. Durante treinta años, don Porfirio —como se le conocía popularmente— significó la garantía no solo de la estabilidad territorial y la paz, sino del inicio de un proceso de modernización de México en los albores del siglo XX. Pero sus avances en la construcción de la infraestructura para el desarrollo del país, coronada con una extraordinaria red de ferrocarriles, no fueron suficientes para sofocar la intranquilidad que se gestaba desde el analfabetismo y la miseria de las mayorías.

Su gabinete, bautizado como los Científicos, por su ortodoxia para manejar el Gobierno, ignoró el llamado de la democracia que ya imperaba en países políticamente más avanzados. Así, la postergación de unas elecciones libres acabó por sepultar al llamado Porfiriato.

El instigador de este segundo divorcio —el del Estado con los militares— fue Francisco I. Madero, un coahuilense de familia acomodada, nacido en 1873, tres años antes de que el general Porfirio Díaz asumiera por primera vez la presidencia de México. Fundador en 1909 del Partido Nacional Antirreeleccionista (PNA), el cual buscaba el fin de la dictadura porfirista de tres décadas y la instauración de la democracia, Madero logró, con su Plan de San Luis, derrocar a Díaz con un mantra de cuatro palabras: «Sufragio efectivo, no reelección».

Era el principio del divorcio entre el Estado y los militares, un modelo agotado cuando la industrialización tocó las puertas de un México asentado en ricos yacimientos de petróleo. La mejor muestra de este despertar modernista se dio en los años anteriores a la proclama revolucionaria, cuando el empresario británico sir Weetman Dickinson Pearson fundó, en 1909, la Compañía Mexicana de Petróleo El Águila.

Con las enormes facilidades de inversión y con abundantes exenciones fiscales otorgadas por el entonces ministro de Hacienda, José Yves Limantour, Dickinson construyó en Minatitlán, Veracruz, la primera refinería en suelo mexicano. Para 1909, ya con el virus revolucionario inoculado, el empresario británico organizó el Consejo de Administración de El Águila.

Ahí figuraban el gobernador del Distrito Federal, Guillermo de Landa y Escandón; el gobernador de Chihuahua, Enrique C. Creel; el presidente del Consejo de Ferrocarriles Nacionales, Pablo Macedo; el presidente del Banco Central Mexicano, Fernando Pimentel, y el coronel Porfirio Díaz Ortega, hijo del presidente-dictador que dos años después sería derrocado. El amasiato entre el poder político y el económico daba sus primeros pasos en el incipiente México industrial. Para 1910, cuando estalló la Revolución, la compañía El Águila manejaba ya el 50% del mercado nacional de crudo y combustibles.

La señal era clara: la urgencia del nuevo matrimonio del Estado mexicano ya no era con el clero ni con los militares, sino con el capital. Solo así se aspiraría a la posibilidad de insertar a México en la nueva era industrial que despegaba con todo el ímpetu en la primera década del siglo xx.

III

TERCER MATRIMONIO
EL PÉNDULO ESTABLE

La consumación del tercer divorcio, el gestado tras el matrimonio de la Revolución mexicana, se cristalizó en marzo de 1929 cuando un puñado de militares encabezados por Plutarco Elías Calles, Gonzalo N. Santos, Manuel Pérez Treviño y Aarón Sáenz, entre otros, fundó el Partido Nacional Revolucionario (PNR).

Fue ese el cónclave de los caudillos que mutaría el movimiento armado revolucionario por una estructura política en la que el reparto del poder tendría una ruta institucional, fincada en disciplinas militares, como el respeto irrestricto al rango y a la lealtad. A partir de 1929, esa ruta del poder en México pasaría por un sistema pendular en el ejercicio político. Se alternaban gobiernos de izquierda, que se sustentaban en tesis sociales, con gobiernos de derecha, que obtenían su fuerza de los beneficios al capital y a aquellos que lo detentaban.

En 1934 comenzaron varios cambios con el gobierno socialista del general Lázaro Cárdenas: la expropiación de los ferrocarriles y del petróleo; el decreto de la reforma agraria a fin de eliminar la concentración de tierras; y la creación de dos poderosos brazos sindicales de genética político-social, la Confederación de Trabajadores de México (CTM) y la Confederación Nacional Campesina (CNC).

La reacción al llamado «cardenismo» llegó con la elección, en 1946, de un hombre de derecha, Miguel Alemán Valdés, el primer presidente civil de México en la era posrevolucionaria, quien direccionó el presupuesto público, que entonces favorecía el gasto militar, hacia el desarrollo de infraestructura y la promoción industrial. La alianza del Estado mexicano ya no era con la Iglesia ni con los militares, sino con el capital. La expansión industrial en todo el mundo le exigía a México su aportación. Fue el despertar de un desarrollo económico que, años más tarde, sería mundialmente conocido como el Milagro Mexicano.

Pero los privilegios otorgados a los grandes industriales y su cercanía con el Gobierno de Estados Unidos instalaron a Miguel Alemán Valdés como el primer gran presidente de derecha, que, a pesar de iniciar su gobierno con enorme popularidad, terminó cuestionado en medio de enormes escándalos de corrupción por sus evidentes amasiatos con las familias del gran capital.

La reacción a las políticas proempresariales del gobierno de Alemán tendría su respuesta con la elección, en 1958, de Adolfo López Mateos, quien, con la nacionalización de la industria eléctrica, la controvertida creación del libro de texto único y la fundación del Instituto de Seguridad y Servicios Sociales para los Trabajadores del Estado (Issste), transitó hacia un gobierno de corte más de izquierda social. El péndulo político estaba en marcha.

En 1964, al asumir la presidencia Gustavo Díaz Ordaz, el péndulo volvió a la derecha. Y a pesar de que durante su sexenio el crecimiento económico fluctuó un 6.3% en promedio con inflaciones apenas del 2.7%, su gobierno fue estigmatizado por su confrontación con el sector estudiantil, que culminó con la llamada matanza de Tlatelolco. El choque abierto del Gobierno contra un bloque estudiantil universitario, al que se le acusaba de estar infiltrado por comunistas, selló el destino «derechista» de un gobierno que gestó acciones trascendentes, como la nueva Ley Federal del Trabajo, el Tratado de Tlatelolco para proscribir las armas nucleares en América Latina y el Caribe, las grandes obras de infraestructura como el Metro de la Ciudad de México, así como la edificación de la infraestructura y la colosal organización para consumar la celebración de los Juegos Olímpicos de 1968 y la Copa Mundial de Futbol de 1970.

La elección en 1970 de Luis Echeverría Álvarez, el secretario de Gobernación, a quien se le endosaría la responsabilidad de dos matanzas estudiantiles —la de Tlatelolco y la del Jueves de Corpus— acabó por regresar el péndulo a la izquierda. Echeverría se convirtió en el artífice del rompimiento del llamado Desarrollo Estabilizador que heredó, induciendo un gobierno que *destapó* el gasto público, estatizó empresas privadas emproblemadas por el exceso de deuda y arreció la invasión de tierras agrícolas, en un intento por emular el gran reparto que se dio en el sexenio de Lázaro Cárdenas.

Distanciado de la Iglesia, confrontado con los militares a quienes facturaba la sangre estudiantil derramada, Echeverría fue incapaz de sostener el pacto con el único sector que tenía en la mesa: el del capital. A mitad de su sexenio, el choque de frente con la clase empresarial vivió su clímax con los asesinatos de los líderes industriales Eugenio Garza Sada, el patriarca empresarial de Monterrey, y Fernando Aranguren, el más prominente empresario tapatío. Ambos fueron ejecutados en 1973, con una diferencia de apenas 29 días.

Confrontado con la fe —es decir, con la Iglesia—, la esperanza —personificada por los militares— y la caridad —investida por el capital—, Echeverría selló su destino. La deuda pública, elevada ante el creciente estatismo y su choque frontal con los empresarios, destruyó cualquier vestigio de lo que fuera el Milagro Mexicano. El dólar rompió con 22 años de cotización fija de 12.50

pesos por dólar hasta alcanzar los 23 pesos. La primera gran crisis de 1976 sacudió a la nación entera.

El divorcio entre el Estado y el capital se consumó, y Echeverría fue su instigador al romper los equilibrios con los hombres que lo detentaban, pero en su desbordada megalomanía fue incapaz de sellar un nuevo matrimonio.

IV

CUARTO MATRIMONIO
CRISIS SOBRE CRISIS

La profunda crisis económica en la que Luis Echeverría sumió a México en 1976 abrió por primera vez la posibilidad de que el PRI saliera de Los Pinos. El Partido Acción Nacional (PAN) tenía entonces en la dupla de Efraín González Morfín y Luis Calderón —el padre de Felipe Calderón— la posibilidad de arrebatarle al PRI la elección presidencial.

Pero los agraviados empresarios del llamado Grupo Monterrey, en luto por el asesinato de su líder Eugenio Garza Sada, decidieron participar en política y asumieron desde sus chequeras el control del PAN. Promovieron entonces la candidatura de Pablo Emilio Madero, un ejecutivo de Grupo Vitro —sobrino del prócer democrático Francisco I. Madero—, a quien impulsaron como su candidato presidencial. La natural candidatura de González Morfín fue descarrilada desde el poder económico.

José López Portillo, el candidato oficial, no se cruzó de brazos ante la seria amenaza de convertirse en el primer priista en perder una elección presidencial. Cercano a los empresarios regiomontanos desde sus días como director de la Comisión Federal de Electricidad (CFE) y como secretario de Hacienda, López Portillo se sentó con los capitanes de Monterrey para pactar bajo un convincente mantra: «Yo no soy Luis Echeverría. Denme la oportunidad». Coincidencia o no, invocando legalismos, el candidato panista Pablo Emilio Madero se retiró. En 1976 se vivió en México un caso digno de Ripley. *Aunque usted no lo crea*, vivimos la única «elección sin posibilidad de elección», con un solitario candidato, el del PRI.

El favor fue ampliamente recompensado. Tan pronto como asumió la presidencia, López Portillo enfiló a Monterrey para firmar con sus capitanes de empresa la llamada Alianza para la Producción. El péndulo se desplazaba a la derecha. El gobierno lopezportillista cumplía su promesa y convertía a Bernardo Garza Sada, presidente de Grupo Alfa, y a Eugenio Garza Lagüera, presidente de Grupo Visa, en sus estandartes de la nueva pujanza nacional.

Y si el mantra económico hasta los días de Echeverría fue el dólar, con López Portillo la paridad cambiaría. El nuevo *fetiche* económico sería el petróleo. El *boom* energético mundial, que elevó los precios del barril de crudo de siete a treinta dólares, instaló a México en el mapa global de los grandes productores de crudo. Y un eufórico, petrolizado y frívolo López Portillo, convertido en un jeque occidental, hizo un llamado a los mexicanos: «Tenemos que acostumbrarnos a administrar la abundancia», fue su proclama para aquella bonanza que se gastó por anticipado.

Pero la euforia se desbordó y el crudo que todavía no se extraía del subsuelo fue hipotecado con grandes préstamos en dólares, buscando salir a flote de la debacle económica con la que terminamos el sexenio de Echeverría. Las grandes corporaciones, con las regiomontanas Alfa y Visa en la proa, compraron el espejismo de esa abundancia y, al igual que el Gobierno, se endeudaron para crecer desaforadamente. Pero la crisis petrolera de 1979 reinstaló a México en el abismo económico con una deuda nacional —pública y privada— fuera de control. La salida fácil fue la estatización de la banca. El «perro» enmudeció y no pudo cumplir su palabra.

El péndulo político estaba obligado a transitar a la izquierda, pero la profunda recesión obligó a la selección de un técnico, centrista y ortodoxo llamado Miguel de la Madrid. Bajo su gobierno se creó el cuarto matrimonio del Estado mexicano, ahora con el llamado *sector social,* una entelequia constitucional con la que se pretendía aglutinar a todos los movimientos sindicales para respaldar —en ausencia de los dolientes hombres del capital— las políticas públicas que carecían de credibilidad.

De la Madrid fue el responsable de suplantar el *fetiche* petrolero por un nuevo mantra económico: la salvación de México estaría ahora no en el dólar de Echeverría ni en el petróleo de López Portillo, sino en la bursatilización de sus empresas. El nuevo dios financiero, glorificado desde el templo de la Bolsa Mexicana de Valores (BMV), abrió paso a una nueva élite financiera encabezada desde entonces por dos personajes: Carlos Slim Helú y Roberto Hernández. La especulación derrocaba a la producción como instrumento para acumular capital. Ahora la panacea sería el *boom* bursátil.

Pero, al igual que sucedió con el petróleo en 1981, «el mundo nos volvió a fallar». El *crack* bursátil global de 1987 nos confrontó con la brutal realidad. El incipiente concubinato entre el Estado y el sector social, pactado en una enmienda constitucional, jamás llegó al altar. Los sindicatos debieron sepultar las promesas de un gobierno al que le faltó atreverse. El cuarto divorcio se dio sin haberse consumado, siquiera, la luna de miel.

V

QUINTO MATRIMONIO
LA APERTURA NEOLIBERAL

La nueva crisis de 1987 obligó a Miguel de la Madrid a inclinar la sucesión hacia el hombre que pudiera manejar mejor el debilitado presupuesto nacional, su secretario de Programación y Presupuesto, Carlos Salinas de Gortari. Con apenas 39 años, el hijo de Raúl Salinas Lozano, secretario de Industria y Comercio en el sexenio de Adolfo López Mateos, era visto como un neoliberal educado en los claustros de la ortodoxia económica estadounidense.

La histórica disputa entre dos dinastías políticas, los Echeverría y los Salinas, alcanzó un punto crítico en la selección de Carlos Salinas como candidato. Echeverría no aceptaba que el péndulo se mantuviera por tercer sexenio consecutivo en la derecha. Y mucho menos en manos del hijo de su archirrival político, Raúl Salinas Lozano.

Por eso, desde su residencia de San Jerónimo, en la Ciudad de México, Echeverría instigó a dos líderes de la izquierda

—Cuauhtémoc Cárdenas y Porfirio Muñoz Ledo— a segregarse del PRI para crear la llamada «Corriente Democrática». La escisión priista no era un mero sueño idealista desde la izquierda. Este venía apuntalado con la chequera del sindicato petrolero y de su poderoso líder, Joaquín Hernández Galicia, alias la Quina, y del brazo electoral del Sindicato de Maestros, con su también poderoso dirigente, Carlos Jonguitud Barrios. El llamado viejo PRI se resistía a ser dominado por el nuevo PRI, el neoliberal. Y a pesar de una cuestionada elección presidencial, Carlos Salinas se instaló en la presidencia para gestar la quinta revolución de expectativas, posterior a las de Calles, Cárdenas, Alemán y Echeverría.

La diferencia es que Salinas entendió que, para tener éxito, debía restaurar el trípode del poder sentando de nuevo, alrededor de la mesa, a la Iglesia, a los militares y a los empresarios. La fe, la esperanza y la caridad volverían a ser las piezas clave del Estado profundo mexicano y de la nueva gran refundación nacional. Por eso se restablecieron las relaciones con el Vaticano. Por eso se les devolvió a los militares el derecho de participar activamente en política. Por eso se gestó una nueva élite empresarial mediante la gran privatización de la banca, las telecomunicaciones, los medios de comunicación y decenas de grandes empresas estatizadas en los sexenios de Echeverría y López Portillo.

Para Salinas, el nuevo mantra económico ya no radicaba en el dólar de Echeverría ni en el petróleo de López Portillo, tampoco en el mercado de valores de De la Madrid. El nuevo *fetiche* para el despegue del desarrollo sería la apertura económica y comercial. Era la globalización que se apuntalaba desde un Tratado de Libre Comercio (TLC) con Estados Unidos y Canadá.

Las tesis del neoliberalismo económico, impulsadas desde el *reaganomics* y reforzadas durante los gobiernos de los Bush y de los Clinton, servirían para catapultar al nuevo México. Pero los detractores del neoliberalismo, con Luis Echeverría al frente de esa nomenklatura priista opositora —operada desde las sombras por Fernando Gutiérrez Barrios— rechazaban la apuesta. Esperaban que el péndulo sucesorio de 1994 los favoreciera. No estaban dispuestos a aceptar un cuarto sexenio en la marginación política, en el ostracismo.

En 1994 ocurrieron dos de los asesinatos políticos más escandalosos de México. Por un lado, Salinas se inclinó por su aprendiz, Luis Donaldo Colosio, como su sucesor y candidato del PRI para las elecciones de ese mismo año, pero la nomenklatura opositora instigó el quiebre del modelo con el asesinato en Lomas Taurinas de dicho candidato presidencial. La bala que le quitaba la vida a Colosio exiliaría a Carlos Salinas de Gortari a Irlanda. El otro asesinato fue el de José Francisco Ruíz Massieu, quien era secretario general del PRI y quien tuvo varios desencuentros con Raúl Salinas de Gortari, hermano del entonces presidente. Los enfrentamientos que había tenido con él no eran un secreto y meses después del asesinato de Colosio, en septiembre, Massieu tuvo el mismo final. La bala que le quitaba la vida, llevaría a la cárcel a Raúl Salinas de Gortari. El modelo neoliberal, instigado por el llamado «error de diciembre», entraba en coma.

La improvisación de Ernesto Zedillo, como relevo del malogrado Luis Donaldo Colosio, dio un giro radical a un priismo que vio con asombro el encarcelamiento de Raúl Salinas —el llamado «hermano incómodo», *Mister Ten Percent*— y la exigencia de que Carlos Salinas se fuera al exilio, como en su tiempo sucedió con Luis Echeverría.

El modelo económico conservó su rigidez neoliberal y el Fondo Bancario de Protección al Ahorro (Fobaproa) fue maquillado como un rescate. En realidad, se trató del rescate a un puñado de banqueros que, apenas se vieron beneficiados con ese salvavidas, salieron prestos a vender a extranjeros el esqueleto de sus bancos, con el beneplácito y la complicidad del gobierno priista, primero, y de los gobiernos panistas, después. México se convertía en la primera nación del planeta en entregarles su sistema de pagos a extranjeros.

Pero el presidente Zedillo temía entregarle al PRI las llaves de Los Pinos. Prefería pactar con la oposición —con el PAN— antes que correr el riesgo de que el salinismo recuperara la presidencia

y cobrara venganza por la afrenta de sumarse a la dinastía Echeverría, en su lucha durante el cuarto sexenio por inutilizar políticamente a la dinastía Salinas.

Así fue como el panista, Vicente Fox, se convirtió en el 2000
en el primer presidente no priista en la historia de México y su
promesa del gran cambio se topó con sus propios temores, pero
sobre todo con las ambiciones de una mujer —Marta Sahagún—,
quien lo convenció de pactar con el PRI para impedir que la amenaza de una izquierda liderada por el entonces jefe de Gobierno
del Distrito Federal, Andrés Manuel López Obrador, tomara por
asalto la presidencia en 2006.

Solo el pacto con Carlos Salinas, Elba Esther Gordillo y Carlos
Romero Deschamps, como banderas insignia, pudo cristalizar el
llamado Prian, que terminó por instalar en el poder a Felipe Calderón Hinojosa, quien cogobernó con el PRI durante todo el sexenio.
El rol de vicepresidente *de facto* de ese gran acuerdo político le
fue asignado al priista Manlio Fabio Beltrones.

Para cumplir con su promesa de devolverle en 2012 las llaves
de Los Pinos al PRI, Fox y Calderón le dieron la espalda a su candidata, Josefina Vázquez Mota. La urgencia de frenar en 2012 al
entonces perredista López Obrador pesó a la hora de la verdad.
Una vez más, la traición hizo acto de presencia en la alta escena
de la política mexicana.

El pacto sellado seis años atrás con la victoria de Felipe Calderón —«Haiga sido como haiga sido»— se cumplió a cabalidad con
el regreso del PRI al poder. Enrique Peña Nieto acabaría por convertirse en el sepulturero del neoliberalismo, aplastado por los lapida-
rios escándalos de su nueva residencia bautizada como la «Casa
Blanca», los favoritismos y los sobornos de las constructoras Higa,
Odebrecht y OHL, así como los excesos cometidos con la llamada
Reforma Energética, que pretendía consumar la privatización final
de Pemex y de la CFE. Esas fueron las balas que obligaron, en 2018,
a *publicar* la esquela para el Prian. Desde su nuevo partido, Morena, Andrés Manuel López Obrador confirmó la máxima de que la
tercera era la vencida: «barrió» en las elecciones de julio de 2018.

VI

SEXTO MATRIMONIO
ESPONSALES CON LA MISERIA

Enrique Krauze tenía razón cuando en su ensayo en *Letras Libres* del 30 de junio de 2006 calificó a Andrés Manuel López Obrador como un «Mesías Tropical». Para algunos, los más conservadores, era un calificativo muy adecuado por su discurso violento, sus desplantes hacia sus adversarios, sus arengas matutinas y su narrativa plagada de «otros datos». En fin, un profeta diletante y manipulador. Para otros, los más liberales, era una afrenta que el evangelizador de la Cuarta Transformación recibiera el trato del jefe de una secta en busca de la tierra prometida.

Doce años fueron necesarios para sincronizar los relojes de la esperanza hacia un líder que reiteradamente se victimizaba, denunciaba el robo de elecciones, urgía a acabar con la mafia del poder y con la rampante corrupción, al mismo tiempo que ese «pueblo bueno y sabio» crecía en adeptos, pues ya estaban cansados de contemplar sexenio tras sexenio el carnaval de la impunidad sobre el robo descarnado al erario. Así, el hartazgo acabó por confirmar lo que la mayoría necesitaba escuchar a través de un evangelio que escondía arrebatos de aquel mesías que fue ganando más y más simpatías, no solo entre aquellos que menos tenían, sino también entre quienes teniendo algo temían perderlo todo. El sistema debía cambiar, mudar su piel, con el fin de cerrar aquella brecha de la desigualdad y, de ese modo, pavimentar para los mexicanos la posibilidad de un camino de bienestar. Y se logró cuando poco más de treinta millones de voluntades tomaron la decisión del cambio que se les negó en 2000, con la fallida transición azul que acabó tiñendo al país de rojo.

Lo que jamás imaginamos era que aquel evangelio del Mesías Tropical sería traicionado —en el mejor de los casos—, o que en realidad jamás existió —en el peor—, puesto que era falso que se quisiera regresar a los militares a los cuarteles; era mentira que se buscaba acabar con aquella mafia del poder; era falsaria aquella invocación al santísimo del «¡Detente!». Poco a poco su discurso, que en campaña era esperanzador y de unidad, con su famoso «Juntos haremos historia», se tornó agrio, radical, confrontativo y descalificador de todos aquellos que no compartieran su voluntad y sus caprichos. Era mentira que buscaba acabar con la miseria a través de sus programas del bienestar, con cheques mensuales enviados a domicilio o entregados como limosna en una tarjeta. Esto solo le garantizó la permanencia del séquito del hambre que luego se convirtió en la multitud de esclavos de la beneficencia social, quienes ahora están muy lejos de una educación igualitaria que les devuelva la movilidad social perdida y muy distantes de un sistema de salud que, al menos, les selle su pasaporte a la vida digna.

Después de cinco años de escuchar y tolerar los evangelios de la mal llamada «Cuarta Transformación», entendemos que el Mesías Tropical buscaba cerrar los esponsales con la miseria en este sexto matrimonio. Buscaba garantizar que ese apoyo disfrazado de bienestar se tradujera cada tres o seis años en un pago de cómodas mensualidades que asegurara que la miseria jamás terminaría. Si el mantra de este gobierno era «primero los pobres», el destino tenía que generar más miserables y así garantizar la preservación del poder. No importaba si se tenía que comprar la voluntad del Ejército, como tampoco si se podía claudicar a repartir abrazos entre aquellos que con balazos, y con su dinero ilícito, financiarían la expansión de su poder. Y, para acompañar la imagen de un camino confiable, qué mejor que la complicidad de aquellos fariseos abnegados que van recogiendo con la venta de sus tarjetas prepago el dinero recibido por el gesto generoso de quien prefiere la caridad por encima de la productividad.

Los esponsales de esta nueva intentona de matrimonio que solo se consumará si se mantiene en el poder después del 2 de junio de 2024 no son con la Iglesia, ni con los militares, ni con los hombres del capital, sino con el fortalecimiento de la miseria como instrumento de dominación y el reparto de dádivas como garantía de que el poder será eterno. Como todavía lo es en Cuba, aun sin los Castro. Como aún lo es en Venezuela, sin Chávez. Y si el rechazo popular llega a manifestarse porque las mayorías desenmascararon al Mesías Tropical, siempre existirá la crisis, el estado de excepción que le permita redefinir agendas, sojuzgar a la disidencia y comprar tiempo para que un nuevo evangelio florezca y le garantice un lugar en el pedestal de la historia.

Y EL CUENTO
COMIENZA AQUÍ

... ÉRASE UNA VEZ, EN UN PAÍS DE LA ABUNDANCIA

Otra de las frases favoritas de Gabriel García Márquez —un auténtico axioma para trascender— es aquella que dice: «Si quieres tener éxito en la vida, tienes que saber contar el cuento». El propósito de la historia que estás a punto de leer no consiste en un análisis erudito y exhaustivo para satisfacer los apetitos intelectuales de la llamada «sociedad de elogios mutuos». Esta élite, con sus muy particulares visiones e intereses —ya sean de izquierdas o de derechas—, intenta sembrar en el inconsciente colectivo un molde prefabricado sobre qué y cómo pensar. Así se crea una narrativa que se ajusta al *cuento* que cada cual pretende crear para perpetuarse en el poder.

Este *cuento* que tienes en tus manos busca alcanzar el mérito de ser una tesis diferente, fresca y hasta ahora inexplorada. Con datos sólidos —muchos de ellos abundantemente publicados pero escasamente digeridos— y entrelazados con vivencias personales, aspira a comprender lo que nos trajo a este momento de la historia. Es un *cuento* que busca ensamblar un rompecabezas que, al verlo completo, nos permita entender los altibajos políticos, económicos y sociales de una de las naciones más bendecidas con abundancia de recursos y oportunidades. Un *cuento* que muestre con claridad cómo nuestra sociedad acabó atrapada en disputas personales, ideológicas y de visión de país que hoy nos obligan a cuestionar tanto el modelo político como el económico.

Las crisis sistémicas y recurrentes que hemos estado padeciendo —por diversas causas— en 1976, en 1982, en 1987, en 1994, en 2001, en 2009 y en 2021, tienen, al final del día, un arma de dos filos: una clase política cada día más incompetente y rapaz, y una clase económica cada día menos sensible ante las carencias de los que menos tienen. La brecha de la desigualdad, lejos de cerrarse, se abre y nos aleja, se abre y nos radicaliza, se abre y nos confronta.

El abismo creado entre la histórica clase política y los satanizados neoliberales nos hundió en el pantano de eternas e insalvables disputas, que alcanzaron el trágico extremo del magnicidio. El abismo creado entre la clase económicamente dominante y aquellos que menos tienen elevó los niveles de resentimiento social, que acabaron por exhibir lo peor de cada extremo. Por un lado, la exultante corrupción de la que se benefician los dueños de los privilegios, coexistiendo los intereses políticos y los económicos en el mismo espacio promiscuo. Y, por otro lado, las criminales prerrogativas que las narcoorganizaciones ponen a disposición de quienes, en medio de su miseria y de su ignorancia, no tienen otra salida para su progreso que ponerse a su servicio.

Un mal final, hasta ahora, para este *cuento* llamado México. Un final para una nación cuyo nuevo *apartheid* se muestra entre aquellos que pueden tener un pasaporte español e irse a vivir a la madre patria, y aquellos que no tienen más alternativa que quedarse en México, soportando los pésimos sistemas de salud y educación, sobreviviendo con lo indispensable, confiando en que una bala perdida no los sume a la lista de los 160 000 homicidios registrados tan solo en las estadísticas del último sexenio.

Es curioso que el cuento se inicie con cuatro expresidentes mexicanos que escalaron las cúspides del poder sirviendo como informantes de la Agencia Central de Inteligencia (CIA, por sus siglas en inglés) y termine con cuatro expresidentes mexicanos que prefieren el autoexilio en España, Estados Unidos o Reino Unido, en lugar de caminar libres por las calles de la nación que algún día gobernaron. ¡Comenzamos!

1

CUATRO PRESIDENTES ESPÍAS
LA CONSPIRACION
DE LOS LITEMPO

En las páginas del México moderno existe un capítulo nebuloso que —coincidencia, manipulación o estrategia— instaló en 25 años a cuatro espías o «agentes colaboradores» de la CIA en la presidencia de nuestro país. Los nombres de esos informantes son Adolfo López Mateos, Gustavo Díaz Ordaz, Luis Echeverría y José López Portillo.

Todos —con excepción de López Portillo— fueron reclutados a finales de la década de los cincuenta y principios de los sesenta por un singular jefe de la central de inteligencia estadounidense en México, Winston Mackinley Scott, quien se dio a la tarea de seducir las ambiciones políticas de 12 mexicanos, a quienes les prometía el respaldo político del imperio de las barras y las estrellas, a cambio de que fueran prestos informantes de lo que sucedía en los pasillos y las cañerías del poder en México. A ese comando de informantes el jefe de la CIA en México le otorgó el código Litempo. El «prefijo» *Li-* era el que la central de inteligencia les asignaba a sus operaciones en México; y *tempo*, el nombre que el jefe Scott le dio a lo que consideraba «una productiva y efectiva relación entre la CIA y un selecto grupo de altos funcionarios de México».

Los detalles de la llamada Operación Litempo no pertenecen a la categoría de las teorías de conspiración. El bien armado escuadrón de espías e informantes es descrito con abundantes detalles no solo en el libro *Inside the Company: CIA Diary*, de Philip Burnett Franklin Agee —mejor conocido como Philip Agee—, sino también en la desclasificación de los documentos que en 2006 se dieron desde la propia central de inteligencia estadounidense y que fueron rastreados por Jefferson Morley, columnista de *The Washington Post*, para gestar la biografía del creador de la Operación Litempo bajo el título *Nuestro hombre en México: Winston Scott y la historia oculta de la CIA* (Taurus, 2010).

Para entender la dimensión de la Operación Litempo hay que recordar que a finales de los cincuenta el mundo occidental vivía una «fiebre» ante el temor a la oleada roja que desde la Unión Soviética amenazaba con implantar el comunismo en el continente americano. Cuba, con Fidel Castro al frente, sería apenas la primera cabeza de playa. Y la narrativa difundida profusamente por el macartismo era que desde la isla se esparcirían las doctrinas de Marx y Lenin a todo el continente americano. La Guerra Fría desplegaba todo su apogeo.

Bajo ese fantasma de la amenaza comunista, Winston Scott llegó a territorio mexicano. Era amigo personal del presidente Lyndon B. Johnson, quien había prestado sus servicios para el FBI en Cuba y para la CIA en Londres. Desde su posición como jefe de la CIA en México, Scott entabló de inmediato amistad con Adolfo López Mateos, entonces secretario del Trabajo en el sexenio del presidente Adolfo Ruiz Cortines. Meses más tarde, López Mateos sería el candidato del PRI para la elección presidencial de 1958.

La cercanía entre Winston Scott y el político mexiquense era tal, que López Mateos —ya investido como presidente— fungió como testigo de honor en la ceremonia del tercer matrimonio del jefe de la CIA en México con la peruana Janet Graham. El secretario de Gobernación, Gustavo Díaz Ordaz, también fue otro de los asistentes selectos a esa ceremonia, que tuvo lugar apenas tres meses después de la misteriosa muerte de Paula, su anterior esposa.

Se dice que Scott inició su Operación Litempo con el beneplácito de López Mateos, en los meses que le antecedieron a su toma de posesión como presidente. El primer reclutado fue Emilio Bolaños, a quien le fue impuesto el código Litempo-1, sobrino político del secretario de Gobernación, Gustavo Díaz Ordaz, quien también acabó reclutado y sería identificado en los reportes de inteligencia como Litempo-2.

El tercer reclutado fue Fernando Gutiérrez Barrios, quien bajo el código Litempo-4 apoyó a Scott en las investigaciones sobre el paso por México de Lee Harvey Oswald, quien meses más tarde —en noviembre de 1963— sería acusado de ser el asesino del presidente John F. Kennedy.

Luis Echeverría, subsecretario de Gobernación bajo el mando de Gustavo Díaz Ordaz, sería otro de los políticos reclutados por la CIA. Se le daría el código Litempo-8 y, junto con Gutiérrez Barrios, manipuló los informes que sobre nuestro país —a través de Scott— se enviaban a Washington. En ellos se advertía que la oleada comunista se estaba infiltrando ya en México. Sus reportes revelaban que esas infiltraciones se daban primero a través de los sindicatos que estallaron las «huelgas locas» en el sexenio de López Mateos, y ya en el sexenio de Díaz Ordaz aprovecharon la oleada mundial de la intranquilidad estudiantil que, desde la Primavera de Praga y el Mayo francés, desembocó en el 2 de octubre de 1968, en la trágica noche de Tlatelolco.

De acuerdo con los documentos desclasificados de la CIA, la queja era que los informantes mexicanos —López Mateos, Díaz

Ordaz, Echeverría y Gutiérrez Barrios, entre los 12 que se reclu-
taron— eran caros y poco productivos. El reporte acusaba que
los funcionarios habían descubierto en los informes que enviaban
a Washington un *filón* para operar en favor de sus intereses personales y de grupo, aprovechando que Scott deseaba probar la
infiltración comunista que podría darse desde México hacia Estados Unidos.

Fueron Echeverría y Gutiérrez Barrios —Litempo-8 y Litem-
po-4— quienes en 1968 se hicieron cargo del movimiento universitario que, desde el Instituto Politécnico Nacional (IPN) y la
Universidad Nacional Autónoma de México (UNAM), se dispersó
a innumerables centros de educación superior, acusando un proceso bien estructurado de desestabilización, presuntamente
gestado por extranjeros trotskistas que intentaban trastocar el
gobierno de Díaz Ordaz para obligarlo a suspender los inminen-
tes Juegos Olímpicos.

Detrás de los reportes manipulados de Echeverría y Gutiérrez
Barrios, se buscaba asegurar el apoyo del Gobierno estadounidense al ascenso presidencial de políticos como Díaz Ordaz y
Echeverría y no de tecnócratas educados en Estados Unidos,
como Raúl Salinas Lozano —quien fungía como secretario de Industria y Comercio de López Mateos— o Antonio Ortiz Mena, el
secretario de Hacienda durante los mandatos de López Mateos y
Díaz Ordaz.

Los documentos desclasificados por la CIA, y analizados por
el periodista Morley, advierten que la amistad entre Scott y sus
agentes Litempo acabó en una burda manipulación en la que los
«espías mexicanos» —pagados por la CIA— enviaban a Washington
reportes manipulados. Siempre existió la sospecha de que Scott
acabó secuestrado por aquellos a quienes reclutó y de quienes
se hizo dependiente para cumplir con su delicada tarea. Morley
lo describe con toda su crudeza: «Después de la matanza de Tlatelolco, sus más confiables agentes habían entregado historias
de ficción y, luego, hecho una jugada. El amo de Litempo se había
vuelto su prisionero. El titiritero se había convertido en su títere».

Los informes de lo que ocurrió aquella noche en Tlatelolco acabaron por ser la tumba política que obligó a los altos mandos de la CIA a «jubilar» unos meses después a Scott, quien moriría el 26 de abril de 1971 —a los 62 años— en su casa de las Lomas de Chapultepec. Para entonces, Echeverría, el tercero de sus Litempos —el código 8—, ya despachaba en la silla presidencial.

Ya como mandatario, con menos capacidad de acción para entablar reuniones con los estadounidenses, Echeverría habilitaría a su amigo José López Portillo como su enlace con la CIA. Informes recientemente desclasificados en Washington revelaron que, en noviembre de 1976, López Portillo —ya presidente electo e identificado como «el control del enlace durante varios años»— habría participado en reuniones de la central de inteligencia para definir qué informaciones sobre la estadía de Lee Harvey Oswald en México debían ser desclasificadas y cuáles debían ser destruidas por razones de «seguridad nacional». Y aunque no se cita a López Portillo por su nombre, se deja en claro de quién se trata: el próximo presidente de México. Y el reporte alertaba que ese nuevo mandatario no vería con buenos ojos la publicación de su relación con la central de inteligencia estadounidense.

Curiosidad, manipulación o estrategia, durante casi 25 años —de 1958 a 1982—, los hombres que alcanzaron la presidencia de México fueron espías o informantes al servicio de la CIA. Lo que queda en el aire es si la CIA los utilizó a ellos para lograr sus propósitos o si fueron ellos, o algunos de ellos, quienes, con sus informes sesgados y parciales, modificaron el destino de México.

2

ADOLFO LÓPEZ MATEOS
EL PODER PARA EL CHANGUITO

Dónde estaba Luis Echeverría: AL ALZA. *Como subsecretario de Gobernación, operando con Fernando Gutiérrez Barrios los movimientos sociales y las huelgas de maestros, ferrocarrileros, electricistas y médicos, para inclinar la balanza de la sucesión de 1964 en favor del candidato político, de mano dura, Gustavo Díaz Ordaz.*

Dónde estaba Raúl Salinas Lozano: AL ALZA. *Como secretario de Industria y Comercio, ejerciendo como vicepresidente económico al que empresarios y organismos internacionales buscaban instalar como el primer mexicano con maestría en Harvard en llegar a Los Pinos.*

Péndulo político: A LA IZQUIERDA

Raúl Salinas Lozano entró en la antesala del despacho del presidente Adolfo López Mateos. El secretario de Industria y Comercio acudía al llamado para una junta del gabinete. En el escritorio del «picaporte» despachaba Humberto Romero, el secretario particular del señor presidente.

«¿Todavía no llega el Changuito?», preguntó Salinas Lozano a Romero. El secretario presidencial solo alcanzó a arquear las cejas para darle al ministro de Industria y Comercio la señal de que el personaje por el que preguntaba ya estaba sentado en la antesala, exactamente a sus espaldas.

En efecto, Gustavo Díaz Ordaz, el secretario de Gobernación de quien Salinas Lozano se mofaba con el sobrenombre del Changuito, lo escuchó todo. Y en medio de la vergüenza que le provocó sonrojarse y al mismo tiempo dibujar una pálida sonrisa para justificar la «broma», Salinas Lozano solo alcanzó a decir: «¡Hooola, Gustavo!, ¡¿cómo estás?!».

La anécdota es tan verídica como que me fue relatada de viva voz por el mismo Humberto Romero, quien, en una larga y generosa comida en su casa durante los últimos años de su convalecencia, antes de morir, me confió algunos de los pormenores de los constantes desencuentros que en ese sexenio se dieron entre dos de los hombres más poderosos del gabinete.

Díaz Ordaz era el todopoderoso operador político, el hombre de mano firme, el de una tez con la dureza que solo es posible hallar en quien no se siente agraciado, en quien sabe que no es «galán». Pero una cosa era que Díaz Ordaz mismo reconociera su físico poco afortunado y otra muy distinta que él permitiera que otros, especialmente sus rivales políticos, se regodearan con chistes hirientes ante otros.

Y vaya que Salinas Lozano era su rival más poderoso dentro del gabinete en el gobierno de López Mateos. En esos tiempos de no apertura comercial, en los que la ruta económica de la nación se trazaba en las oficinas de la Secretaría de Industria y Comercio, quien ocupaba esa cartera era de facto un vicepresidente de Economía. Por su escritorio pasaban todos los permisos de importaciones y exportaciones, se aprobaban aranceles, se dictaban los precios de garantía de los productos básicos y se definían los precios de los energéticos. Para cualquier empresario de la época, era más atractiva y lucrativa una comida con el secretario de Industria y Comercio que una con el secretario de

Gobernación, quien atendía los asuntos políticos del gabinete, de los gobernadores, del Congreso y las relaciones con la Iglesia. Para todo fin práctico, el presidente López Mateos despachaba con dos «vicepresidentes», Díaz Ordaz en lo político y Salinas Lozano en lo económico, sin menospreciar la influencia y el respeto que ejercía el secretario de Hacienda, Antonio Ortiz Mena.

El secretario de Gobernación —Gustavo Díaz Ordaz Bolaños— fue un poblano hijo de Ramón Díaz Ordaz Redonet y de Sabina Bolaños Cacho, oaxaqueños de origen y con un pedigrí político envidiable. El padre de Díaz Ordaz era nieto de José María Díaz Ordaz, un reconocido liberal que luchó contra los conservadores en la Guerra de Reforma, la que gestó el benemérito Benito Juárez. Fue gobernador de Oaxaca por unos años, para morir misteriosamente asesinado. Pero José María no fue el único gobernador en la familia. Miguel Bolaños Cacho, tío de Díaz Ordaz, fue gobernador de Oaxaca en 1902 y en 1912.

De hecho, Díaz Ordaz solía recordar su lejano parentesco con otro oaxaqueño ilustre, Porfirio Díaz. Abogado de profesión, el secretario de Gobernación fue discípulo político nada menos que del entonces gobernador poblano, Maximino Ávila Camacho, quien lo convertiría en vicerrector de la Universidad de Puebla y en secretario general de Gobierno con el mandatario Gonzalo Bautista Castillo, impuesto por Ávila Camacho. Díaz Ordaz fue diputado federal en 1943 y en 1946 llegó al Senado, donde se integró al grupo de Adolfo López Mateos, Alfonso Corona del Rosal y Donato Miranda Fonseca, un naciente y poderoso grupo que le redituaría una carrera ascendente.

Al inaugurarse el gobierno del presidente Adolfo Ruiz Cortines —en 1952— Díaz Ordaz ingresó a la Secretaría de Gobernación, primero como director jurídico y más tarde como oficial mayor. Por eso fue natural que su amigo, el senador Adolfo López Mateos, lo designara secretario de Gobernación cuando asumió la presidencia en 1958. Pero lejos de lo que Díaz Ordaz pensara, aquella posición no fue ni remotamente una luna de miel. Las constantes huelgas de maestros, médicos, electricistas y ferrocarrileros trastocaron el sexenio lopezmateista y significaron siempre un punto de quiebre político que contrastaba con la jauja que significaba un crecimiento económico del 6% anual, en lo que ya se conocía mundialmente como el Desarrollo Estabilizador mexicano. De esos movimientos huelguistas habrían de gestarse importantes liderazgos de la izquierda militante y actuante durante esos años en la clandestinidad y proscripción, como los de Demetrio Vallejo, Valentín Campa y Heberto Castillo, entre otros.

Para Raúl Salinas Lozano, el panorama personal era menos favorable. Originario de Agualeguas, Nuevo León, emigró a la capital de México, en donde estudió la licenciatura en Economía en la UNAM. Pero la joya de su corona académica se dio con la maestría que cursó en la Universidad de Harvard. De hecho, fue de los primeros mexicanos en graduarse en aquella prestigiosa institución y, sin duda, el primer harvardiano en alcanzar una secretaría de Estado en el Gobierno mexicano. Ese hecho generó una amplia simpatía hacia Salinas Lozano, no solo de los círculos académicos estadounidenses, sino de los grupos de poder que veían en el secretario de Industria y Comercio a un aliado ideológico, quien, por haber estudiado en Harvard, comprendía las reglas del juego de la oferta y la demanda y las del libre mercado, que permitirían abrir las puertas a las corporaciones estadounidenses para hacer sus grandes negocios en México.

Para los empresarios mexicanos, sobre todo los de Monterrey, su paisano Salinas Lozano era el aliado natural dentro del gobierno de López Mateos. Con industrias en crecimiento que iban desde el acero, el vidrio y el cemento, el precio de los energéticos —en especial del gas— era crucial para hacer eficiente la producción, tener buenos precios y generar mejores ganancias. Por eso los regiomontanos consideraban a don Raúl como su «hombre» dentro del gabinete lopezmateista y se dedicaron a alimentar sus aspiraciones por convertirse en el próximo presidente de México.

Para los empresarios estadounidenses, la relación no podía ser mejor. Buscando ampliar sus operaciones hacia su vecino México, comenzando con la industria automotriz, lograron que Salinas Lozano apoyara la expansión de marcas como Ford, General Motors y Chevrolet, pero con una condición especial: podrían importar sus vehículos para venderlos en territorio mexicano a cambio de un programa que progresivamente trasladara algunas de sus plantas armadoras a nuestro país. Comenzaba así la llamada política de sustitución de importaciones que, con el Tratado de Libre Comercio (TLC) que treinta años después firmaría su hijo —el también harvardiano Carlos Salinas de Gortari—, transformaría a México en una potencia mundial de la industria automotriz.

Díaz Ordaz —el Changuito— y Salinas Lozano —el harvardiano— entraron en una franca carrera sucesoria que acabó definida por quién tenía el Estado Mayor más operativo y conectado dentro de su círculo cercano, y ese era, sin duda, el secretario de Gobernación. Junto con Díaz Ordaz, dos personajes singulares despachaban en Bucareli, operadores políticos de excepción, aunque para algunos eran intrigantes y perversos: Luis Echeverría Álvarez y Fernando Gutiérrez Barrios.

Echeverría fungía entonces como subsecretario de Gobernación, el hombre de todas las confianzas del secretario Díaz Ordaz. Gutiérrez Barrios era el titular de la Dirección Federal de Seguridad (DFS), nombre formal que se le daba al centro de espionaje, contención e intimidación de los adversarios políticos del régimen. Ambos, Echeverría y Gutiérrez Barrios, consolidarían en el sexenio de López Mateos la dupla política que operaría las cañerías del sistema, pero que, por encima de todo, buscaría alinear las condiciones políticas para que la decisión en el momento de la sucesión presidencial favoreciera a su jefe, el secretario Díaz Ordaz, por encima del proyecto proyanqui de Salinas Lozano.

El secretario de Industria y Comercio, confiado en los apoyos incondicionales del empresariado de Monterrey y de Estados Unidos, tenía dos puntos de apoyo dentro del gabinete lopezmateísta. Uno era Antonio Ortiz Mena, el también poderoso y respetado secretario de Hacienda que un sexenio atrás fue el director del Instituto Mexicano del Seguro Social. El otro era su paisano neoleonés Rodrigo Gómez, el ortodoxo hombre que, habiendo estudiado solo primaria, secundaria y un año de contabilidad, fue durante tres sexenios el director del Banco de México. A Ortiz Mena y a Salinas Lozano los unía, además de su pasión por la Economía, su filiación a los estudios de posgrado en el extranjero: uno en la University of London, el otro en Harvard. La combinación Ortiz Mena-Salinas Lozano, en Hacienda y en Industria y Comercio, respectivamente —a la par de un Rodrigo Gómez en el Banco Central—, fue la que dio lugar al fenómeno bautizado como el «6-6, 2-2». Un crecimiento económico del 6.6% con una inflación de apenas 2.2%. México alentaba el llamado Desarrollo Estabilizador o lo que los extranjeros bautizaron como el Milagro Mexicano, que catapultaba un auge sin precedentes, un ejemplo mundial en esos días solo por debajo de los despegues económicos de Japón, Singapur y Corea del Sur.

Ese fue el contexto que creó la bicefalia de poder en el sexenio de López Mateos. La tríada Díaz Ordaz-Echeverría-Gutiérrez Barrios, que dominaba la escena política, contra la tríada Salinas Lozano-Ortiz Mena-Rodrigo Gómez, que tenía bajo su control la escena económica. Y en torno a ellos, a Díaz Ordaz y a Salinas Lozano, se fueron aglutinando las dos corrientes sucesorias. Por un lado, la de quienes apostaban a que la política continuaría siendo el factor decisivo para definir la sucesión presidencial y que, por ende, apoyaban a Díaz Ordaz. Por otro lado, la que venía desde Monterrey y del extranjero, y que impulsaba la instalación en la presidencia de un técnico financiero educado en sus universidades que consolidara a México en el camino de la ortodoxia económica. Ya era tiempo, decían, de que alguien con una visión global insertara a México en el gran concierto económico mundial.

Salinas Lozano sobrestimó no solo el apoyo de sus paisanos empresarios de Monterrey, sino también el de sus contrapartes y colegas de los grandes centros financieros estadounidenses, y, al mismo tiempo, subestimó que sus rivales —la tríada Díaz Ordaz--Echeverría-Gutiérrez Barrios— también tenían influencia en los altos círculos políticos de Washington. Sus posiciones como informantes y agentes oficiales de la CIA, reclutados y pagados por Winston Scott, el jefe de la central de inteligencia en México, les otorgaba un poder único: el de redactar el contenido de los memorándums que sobre nuestro país se leerían en la Casa Blanca y en el Capitolio (sería cuestión de insistir en que la debilidad de México todavía descansaba en la política). Y para muestra, ahí estaban las huelgas de médicos, maestros, electricistas, telegrafistas y ferrocarrileros, que, con sus grandes marchas por las calles de la capital de México, eran sobredimensionadas como el principio del acecho del fantasma del comunismo en el continente americano.

Echeverría fue particularmente exitoso en sembrar, mediante sus reportes a la CIA, la sensación de que México necesitaba más que nunca el carácter férreo de un político. Alguien a quien no le temblara la mano para someter cualquier insurgencia popular, sobre todo la comunista, luego de que el 1.º de enero de 1959 Fidel Castro derrocara en Cuba al régimen de Fulgencio Batista. El histórico suceso ocurrió apenas treinta días después de que López Mateos tomara posesión como presidente de México. Y el hombre de mano dura al que promovía Echeverría era Díaz Ordaz, su jefe.

Después del triunfo de la Revolución cubana, el temor para los estadounidenses era que la ideología marxista se esparciera a través del continente americano y que México fuera su primera cabeza de playa. Y cuanto más alarmistas fueran los reportes que Echeverría y Gutiérrez Barrios —alias Litempo-8 y Litempo-4, respectivamente— enviaran a Washington, mayores eran las posibilidades de que los estadounidenses se inclinaran en favor de Díaz Ordaz —su Litempo-2— y dejaran para mejores tiempos la reconversión tecnocrática con Salinas Lozano y Ortiz Mena. Después de todo, la economía en México marchaba sobre ruedas. Lo que se tenía que cuidar, decía Echeverría en sus reportes, era la fragilidad política.

Echeverría incluso habría manipulado alguna información familiar del secretario de Industria y Comercio para inducir la idea de que en su círculo cercano abundaban las simpatías por los movimientos marxista-leninistas. Para demostrarlo, citaba el caso de Elí de Gortari, cuñado de Salinas Lozano —hermano de su esposa Margarita de Gortari—, quien era un progresista reconocido, filósofo de la ciencia e impulsor del materialismo dialéctico. Elí de Gortari había obtenido en 1949 la maestría en Filosofía con la distinción honorífica *magna cum laude* en la UNAM. Su tesis «La ciencia de la lógica» tiene el mérito de convertirse en el primer libro sobre lógica dialéctica que se editó y distribuyó en la Unión de Repúblicas Soviéticas Socialistas. Coincidencia o no, Elí de Gortari se convertiría, en el sexenio de Díaz Ordaz, en un activista del Movimiento del 68 que terminó arrestado por órdenes del secretario de Gobernación, Luis Echeverría, y enviado a los calabozos de Lecumberri, las catacumbas de los presos políticos de aquella época, donde permaneció tres años. El «golpe» demostró que el Changuito y sus operadores sí tenían memoria.

Al final del día, aquel episodio de Salinas Lozano en la antesala del despacho presidencial, preguntando al secretario Humberto Romero si ya había llegado el Changuito, acabó por ser el punto de quiebre que inició una ríspida disputa política no solo de carácter personal, sino de visiones económicas. El secretario de Industria y Comercio jamás imaginó que aquel «simio» tenía a su servicio todo un «zoológico» de informantes que alimentaba a la CIA.

El 5 de noviembre de 1963 el presidente nacional del PRI, Alfonso Martínez Domínguez, acudía hasta la Secretaría de Gobernación para darle a Gustavo Díaz Ordaz la buena nueva. Las fuerzas vivas de México decidían que era el hombre idóneo para dirigir a la nación. El destino estaba escrito: para Díaz Ordaz, todo el poder y la gloria; para Salinas Lozano, el destierro y un «olvido» que se prolongaría por dos sexenios, el de Díaz Ordaz y el de Echeverría.

3

GUSTAVO DÍAZ ORDAZ
SALINAS LOZANO
A LA CONGELADORA

Dónde estaba Luis Echeverría: AL ALZA. *Sentándose en la silla de la Secretaría de Gobernación, desde donde manipuló —a la par de Fernando Gutiérrez Barrios— el trágico movimiento estudiantil de 1968, lo que le valió inclinar la balanza de la sucesión a su favor como el candidato político de mano dura.*

Dónde estaba Raúl Salinas Lozano: A LA BAJA. *Enviado a la congeladora, sin cargo alguno, por su rivalidad política con el nuevo presidente Díaz Ordaz, el Changuito.*

Péndulo político: A LA DERECHA

A partir de que Plutarco Elías Calles fundara en 1929 el Partido Nacional Revolucionario (PNR), comenzó a gestarse en México una curiosa tesis política que fue bautizada como la «teoría del péndulo». Por casualidad o por diseño, si las políticas públicas de un gobierno mostraban sus preferencias hacia la promoción del capital, en el sexenio posterior tendría que privilegiarse un gobierno con sensibilidad hacia el sector social, hacia las clases menos favorecidas.

Después del paso de los tres insípidos presidentes poscallistas —Emilio Portes Gil, Pascual Ortiz Rubio y Abelardo L. Rodríguez—, llegó a la presidencia Lázaro Cárdenas, un general revolucionario que, con sus reformas sociales, trastocó entre 1934 y 1940 el *statu quo* con la creación del ejido, la nacionalización de la industria petrolera y la activa inclusión de México en el otorgamiento de asilo político a los españoles durante la Guerra Civil en la madre patria. Su fortaleza política fue puesta a prueba cuando se confrontó a otro general y expresidente, el poderoso Plutarco Elías Calles, a quien exilió en 1936, lo que le permitió a Cárdenas reorganizar las estructuras del partido con la creación de centrales obreras, como la Confederación de Trabajadores de México (CTM) y la Confederación Nacional Campesina (CNC), y renovar al PNR con el nombre de Partido de la Revolución Mexicana (PRM).

El presidente Cárdenas confrontó abiertamente a los hombres del capital —la élite empresarial—, quienes lo acusaban de promover la lucha de clases con sus iniciativas sociales, laborales y agrícolas que culminaron en la nacionalización de las industrias petrolera y ferroviaria, así como en un agresivo reparto de tierras al darle paso a la creación del ejido, un violento proceso de expropiación de tierras a sus propietarios originales. Su cercanía con los gobiernos comunistas generó alarma entre la élite conservadora y, en particular, fue muy controvertido el asilo político que le concedió al revolucionario soviético León Trotski, uno de los líderes de la llamada Revolución de Octubre y fundador del Ejército Rojo. Confrontado al final con Iósif Stalin, Trotski se exilió en México, donde lideró el movimiento internacional de izquierda revolucionaria desde la casa de Diego Rivera y Frida Kahlo. Trotski fue asesinado por Ramón Mercader, quien con un piolet le asestó una profunda herida en el cráneo.

Después del general Cárdenas, llegó un sexenio centrista con el presidente Manuel Ávila Camacho y, seis años más tarde, el contragolpe. El péndulo político de izquierda se desplazó hacia la derecha con la elección de Miguel Alemán Valdés, el hijo de un general que, con dificultades, pudo costear la mudanza de Veracruz a la capital de México para que su hijo cursara la preparatoria. Su ingreso a la universidad también fue intermitente y atropellado, porque los recursos no le alcanzaban a la familia Alemán para tener una vida holgada. Fue gracias a amigos, como Antonio Ortiz Mena, Gabriel Ramos Millán y Héctor Pérez Martínez, que el Pajarito —como le apodaban a Miguel Alemán— pudo concluir su carrera de abogado. Esa travesía para sortear sus estudios fue, sin duda, una de sus principales motivaciones para edificar Ciudad Universitaria, a fin de elevar el cupo en las aulas de educación superior y ampliar las posibilidades de movilidad social para miles de jóvenes mexicanos.

Con Miguel Alemán Valdés se iniciaba la era de los gobernantes civiles, pero sobre todo la del matrimonio del Estado mexicano con los capitales que impulsarían una auténtica revolución en la infraestructura pública, no exenta de favoritismos y de corruptelas que propiciaron la creación de bloques de constructores y de empresarios privilegiados por el *boom* político-capitalista. Los incipientes negocios de Alemán Valdés y sus amigos del bufete de abogados incluyeron la temprana compra de los terrenos del rancho Polanco y del rancho Los Pirules, en donde años más tarde —ya ejerciendo el poder— desarrollarían lo que hoy se conoce como la zona de Polanco y Ciudad Satélite.

Alemán Valdés demostró habilidad para transitar tanto en círculos de izquierda como de derecha. En su trayectoria para alcanzar la presidencia logró el beneplácito del general Lázaro Cárdenas para postularse como candidato a gobernador de Veracruz. Ya en el poder, se congració con la Iglesia católica, a la que le permitió reanudar la práctica de su culto. Y al general Cárdenas lo apoyó incondicionalmente en la nacionalización de la industria petrolera, la cual tenía en el estado de Veracruz uno de sus principales cimientos. Por eso, cuando llegó la sucesión, el nuevo presidente Manuel Ávila Camacho obligó a Alemán a renunciar a la gubernatura para irse como coordinador de su campaña presidencial, lo que le valió ser instalado en la Secretaría de Gobernación, de donde cinco años después salió como candidato para la elección presidencial en 1946.

Ya instalado en Los Pinos, el presidente Alemán se reconcilió con la clase empresarial. Designó a Ramón Beteta Quintana como secretario de Hacienda y desarrolló un agresivo programa de infraestructura que obligó a elevar la deuda externa, lo que llevó a la devaluación del peso en un 78%. Fomentó los pactos de producción entre empresarios y trabajadores, aunque siempre fue acusado de reprimir los movimientos laborales, y sumó al PRI la creación de un tercer sector, el popular, al que denominó Confederación Nacional de Organizaciones Populares (CNOP).

Al derechista gobierno de Alemán le siguió uno centrista y conservador, el de Adolfo Ruiz Cortines, solo para terminar de enviar el péndulo político a la izquierda con la selección de Adolfo López Mateos, quien fuera el coordinador de la campaña presidencial de Ruiz Cortines. De espíritu más bohemio y más libre, López Mateos fue orador, boxeador y un hombre con proclividad hacia los autos deportivos y las mujeres. Como presidente, su principal herencia fue la nacionalización de la industria eléctrica, pero su confrontación con la clase empresarial le abrió tres frentes. Primero, la creación del reparto de utilidades; segundo, el establecimiento del aguinaldo como conquista sindical; y tercero, la creación de la Comisión Nacional de Libros de Texto Gratuitos (Conaliteg) que encendió las luces de alerta sobre el control del Estado en la enseñanza básica nacional, ya que se limitaba la libertad para que los padres de familia eligieran los textos en los que aprenderían sus hijos.

El tener un gabinete de primera línea, con Antonio Ortiz Mena en Hacienda, Jaime Torres Bodet en Educación y Javier Barrios Sierra en Obras Públicas, por citar algunos, equilibró el sesgo hacia una izquierda social menos radical, pero tampoco exenta de ser represiva con las protestas sindicales de maestros, ferrocarrileros y electricistas que abundaron en el sexenio. Sus viajes al extranjero, que incluyeron Estados Unidos, Canadá, Alemania, Francia, Chile, Indonesia, Filipinas, Japón, India, Bélgica, entre muchos otros, le valieron entre el pueblo el apodo de López Paseos.

Por eso, cuando el presidente López Mateos acabó decidiendo que Gustavo Díaz Ordaz sería su sucesor en la Presidencia, el péndulo regresó a la derecha. El político poblano nacido en San Andrés Chalchicomula, hoy Ciudad Serdán, era el primer informante mexicano de la CIA —Litempo-2— que se instalaba en Los Pinos. López Mateos ya era presidente electo cuando Winston Scott lo reclutó, sin la necesidad de asignarle un código Litempo. Conservador, pragmático y férreo en sus decisiones, Díaz Ordaz mantuvo a Antonio Ortiz Mena como secretario de Hacienda. Los excelentes resultados en el sexenio lopezmateista le daban las credenciales suficientes para repetir y continuar alentando el llamado Desarrollo Estabilizador, que en el gobierno de Díaz Ordaz alcanzó crecimientos del producto interno bruto (PIB) de hasta el 8% anual. Esto permitió el inicio de obras insignia, como las primeras líneas del Metro de la capital de México; y la infraestructura indispensable para auspiciar los Juegos Olímpicos en 1968 y la Copa Mundial de Futbol en 1970.

Pero, de entre todo el gabinete, y a pesar de los excelentes resultados mostrados en el manejo del comercio interior —con una baja inflación— y exterior —con un intercambio comercial creciente—, Díaz Ordaz decidió no darle otra oportunidad a Raúl Salinas Lozano. Peor aún, congeló su carrera política, siempre bajo el recuerdo de aquel desafortunado encuentro en la oficina presidencial, donde lo llamó el Changuito. Esa marginación creció todavía más, porque Luis Echeverría fue designado en el nuevo gabinete como secretario de Gobernación y Fernando Gutiérrez Barrios reforzaría su rol como el hombre de la inteligencia gubernamental. Por ello, no fue una sorpresa que, cuando Echeverría alcanzó la presidencia, Salinas Lozano permaneciera otros seis años «en la congeladora». La confrontación con Díaz Ordaz y con Echeverría lo inhabilitó políticamente durante 12 años.

Díaz Ordaz logró concretar un gabinete de excelencia con Luis Echeverría en Gobernación, Emilio Martínez Manautou en la Secretaría de la Presidencia, Antonio Carrillo Flores en Relaciones Exteriores, Marcelino García Barragán en Defensa Nacional, Agustín Yáñez en Educación, Ernesto P. Uruchurtu en el Departamento del Distrito Federal, Salomón González Blanco en Trabajo y Previsión Social, Alfonso Corona del Rosal en Patrimonio Nacional, Octaviano Campos Salas en Industria y Comercio, José Antonio Padilla Segura en Comunicaciones y Transportes, Juan Gil Preciado en Agricultura y Ganadería, entre otros.

De ese elenco político, Martínez Manautou, Uruchurtu, Corona del Rosal, Ortiz Mena y, por supuesto, Echeverría fueron los cuatro precandidatos que siempre despuntaron como potenciales sucesores de Díaz Ordaz. Pero, una vez más, la posición privilegiada de Echeverría como agente informante al servicio de la CIA y su alianza incondicional con Fernando Gutiérrez Barrios, el operador de la Dirección Federal de Seguridad (DFS), lograron crear las condiciones para que desde Washington se viera con mejor espíritu la candidatura del secretario de Gobernación. Esto fue especialmente relevante a la luz de las nuevas realidades globales, en el despertar de una juventud cuyas protestas fueron bien aprovechadas políticamente por aquellos que buscaban fortalecer la tesis de que la mano dura de un político, y no el tacto suave de un tecnócrata, era lo indispensable para blindar a México de una infiltración comunista.

Y esa oportunidad se dio con el movimiento estudiantil de 1968, eco de la llamada Primavera de Praga y el llamado Mayo francés o Mayo de 1968. La Primavera de Praga se desató a partir del 5 de enero y fue un movimiento masivo que buscaba la reconciliación del socialismo con la democracia. Un «socialismo con rostro humano» impulsado por Alexander Dubček, secretario del Partido Comunista de Checoslovaquia, y que culminó con la invasión de la Unión Soviética sobre Praga. Leonid Brézhnev, el premier soviético, no podía darse el lujo de darles a las repúblicas socialistas el mal ejemplo de Checoslovaquia. El Mayo francés fue el otro parteaguas. Significó una ola de protestas estudianti-les que, en mayo y junio de 1968, condenaban el capitalismo, el imperialismo y la sociedad de consumo. El movimiento culminó en el gobierno de Charles de Gaulle con la mayor revuelta estu-diantil y la mayor huelga en la historia de Francia.

Las secuelas de ambos sucesos se dejaron sentir en todo el planeta y México no fue la excepción. Desde las aulas universita-rias, especialmente las del Instituto Politécnico Nacional (IPN) y de la Universidad Nacional Autónoma de México (UNAM), se des-plegaron marchas a las que se sumaron profesores, obreros y otros movimientos sociales, e incluso sindicales, para condenar la represión que cuerpos de granaderos hicieron contra estudian-tes que protestaban el resultado de un partido de futbol ameri-cano universitario. La reacción a esa represión fue la convocatoria del 26 de julio en la que participaron estudiantes ligados al Par-tido Comunista Mexicano (PCM), que fueron brutalmente reprimi-dos con un saldo de quinientos heridos. Amparados en los ejemplos de Praga y París, enarbolaron las banderas de un cambio democrá-tico, el fin del autoritarismo del partido gobernante —el PRI— y mayores libertades políticas, como levantar la proscripción de los partidos de izquierda.

Echeverría desde Gobernación y Gutiérrez Barrios desde la DFS le vendieron al presidente Díaz Ordaz la tesis de que el régi-men enfrentaba el primer gran movimiento de infiltración comu-nista documentado en lo que bautizaron como «Plan subversivo de proyección internacional». Sus participantes fueron etiqueta-dos como delincuentes y terroristas manejados desde Cuba y la Unión Soviética, identificándolos como un peligro para la segu-ridad nacional. El clímax del movimiento del 68 se dio el 2 de octubre, a solo 10 días de que fueran inaugurados los Juegos Olímpicos en la capital de México. En la llamada Plaza de las Tres Culturas, una manifestación estudiantil convocada por el Consejo Nacional de Huelga (CNH) fue disuelta violentamente por el deno-minado Batallón Olimpia. Este grupo de paramilitares fue creado por Gutiérrez Barrios y operado desde la DFS para infiltrarse en el movimiento estudiantil y conocer sus planes por anticipado.

Para Echeverría y Gutiérrez Barrios se volvía a presentar la oportunidad de demostrarle al Gobierno de Estados Unidos que la infiltración comunista amenazaba a México y que, si se le permitía crecer, nuestro país sería el trampolín para que esas ideologías de izquierda ingresaran a Estados Unidos. Y al igual que lo hicieron cuando incentivaron las «huelgas locas» en el sexenio de López Mateos, buscando favorecer la candidatura del político Díaz Ordaz sobre el tecnócrata Salinas Lozano, se dedicaron en 1968 a inundar a la CIA y al Departamento de Estado de Estados Unidos con informes alarmistas. De nuevo, intentaban que prevaleciera la exigencia de un político sobre la de un tecnócrata para la sucesión presidencial de 1970. Y ese hombre, invariablemente, era Luis Echeverría, por encima de Martínez Manautou, Uruchurtu, Corona del Rosal y Ortiz Mena.

Los preparativos para el gran asalto sobre el movimiento estudiantil se *asomaban* desde el «Cuarto informe de gobierno», en septiembre de 1968 —un mes antes de la tragedia en Tlatelolco—, en el que el presidente Díaz Ordaz presagiaba la confrontación con una advertencia que, emanada de los labios del mandatario, tenía visos de amenaza: «Hemos sido tolerantes hasta excesos criticados. Pero todo tiene un límite. No podemos permitir ya que se siga quebrantando irremisiblemente el orden jurídico, como a los ojos de todo mundo ha venido sucediendo». La hora de actuar había llegado.

La posición de Díaz Ordaz estaba alimentada por los reportes de Echeverría y Gutiérrez Barrios, que iban subiendo de tono desde agosto, cuando se incrementaron los paros estudiantiles y las tomas de escuelas tanto en el IPN como en la UNAM.

En esos reportes redactados por Gutiérrez Barios, con información que le proporcionaba su Batallón Olimpia, se identificó que la manifestación del 2 de octubre en la Plaza de las Tres Culturas sería crucial. De acuerdo con el testimonio oficial de los infiltrados por la DFS, lo que los estudiantes buscaban era tomar la sede de la Secretaría de Relaciones Exteriores para crear las condiciones de ingobernabilidad que obligaran a suspender los Juegos Olímpicos.

En torno a esa hipótesis del Batallón Olimpia se instrumentó la llamada «Operación Galeana», con la autoría intelectual de la DFS e instrumentada por la Secretaría de la Defensa. Fue una acción que culminó con decenas de muertes, desapariciones forzadas, homicidios y ejecuciones extrajudiciales. La represión en Tlatelolco fue tipificada por organizaciones nacionales e internacionales como un crimen de Estado, como un delito de lesa humanidad, e incluso como un genocidio. Siempre existió la sospecha de que la CIA y su jefe en México, Winston Scott, operando de cerca con sus agentes mexicanos Litempo-8 y Litempo-4 —Echeverría y Gutiérrez Barrios—, fueron lo suficientemente exitosos para convencer al presidente Díaz Ordaz —alias Litempo-2— para que se les permitiera sofocar lo que etiquetaron como la gran incursión comunista en México que buscaba boicotear los Juegos Olímpicos.

Y así lo reportó el entonces embajador de Estados Unidos en México, Fulton Freeman, quien encendió la alerta en uno de sus reportes cuando, en una de las marchas, los estudiantes acudieron al Zócalo de la capital de México. Ahí tomaron por asalto la Catedral, fallaron en asumir el control de Palacio Nacional y terminaron por izar una bandera rojinegra en el asta de la gran explanada.

Después de los Juegos Olímpicos, abundaron los análisis y las conclusiones sobre lo que en verdad sucedió aquella noche en Tlatelolco. Uno de los mayores cuestionamientos desde Washington fueron las múltiples versiones que Scott reportó. Eran tan contradictorias que su jefe de la CIA acabó poniendo en duda la mayoría de los reportes y se vio obligado a acelerar el retiro de su hombre en México por más de una década. Para junio de 1969, apenas ocho meses después de la tragedia en la Plaza de las Tres Culturas, el jefe de la CIA en México —el amigo y reclutador en

jefe de los agentes López Mateos, Díaz Ordaz, Echeverría y Gutiérrez Barrios— recibía un homenaje de despedida en los cuarteles
generales de la CIA en Washington. Lo condecoraron con la Medalla a la Inteligencia Distinguida, elogiando su programa de espías Litempo como uno de sus grandes aciertos. William Broe,
el jefe de la división de la CIA para América Latina, fue enfático en
aclarar en esa ocasión que los acontecimientos de octubre de
1968 nada tuvieron que ver con la salida de Scott. Una explicación
no pedida que se convirtió en acusación manifiesta. Menos de
dos años después, en abril de 1971, el titiritero Scott que acabó
siendo el títere de sus propios espías mexicanos, Echeverría y
Gutiérrez Barrios, murió a los 62 años en su casa de las Lomas de
Chapultepec.

En su «Quinto informe de gobierno», pronunciado en septiembre de 1969, el presidente Díaz Ordaz asumió íntegramente «la
responsabilidad, personal, ética, social, jurídica, política e histórica por las decisiones del Gobierno» en relación con los sucesos
de Tlatelolco. En abril de 1977, cuando fue designado embajador
al reanudar México sus relaciones con España, Díaz Ordaz dijo en
una audiencia:

> Mencionan centenares de muertos, desgraciadamente hubo
> algunos. Pero no un centenar. Yo tengo entendido que
> pasaron de treinta y no llegaron a cuarenta entre soldados,
> alborotadores y curiosos. Se dirá que es muy fácil ocultar y
> disminuir. Pero yo emplazo a cualquiera que tenga el valor
> de sus propias opiniones, y sostenga que fueron centenares,
> a que rinda alguna prueba, aunque no sea directa y conclu-
> yente. Nos podría bastar con lo siguiente: que nos haga la
> lista con los nombres.

Mientras ocupó la Secretaría de Gobernación, Luis Echeverría
siempre exoneró de la responsabilidad de aquella masacre al
presidente Díaz Ordaz. Obsequioso, complaciente ante su jefe,
buscaba acumular méritos que le permitieran cobrar la factura en

el momento de la decisión sobre la sucesión presidencial. Echeverría se endosaba para sí mismo y para el general Marcelino García Barragán, secretario de la Defensa, el juicio de aquella historia en la Plaza de las Tres Culturas. Pero una vez que Echeverría fue electo presidente y se sentó en la «silla del águila», su testimonio cambió. Endosó, entonces, toda la responsabilidad de la tragedia a Díaz Ordaz y al general Marcelino García Barragán. Como Pilatos, Echeverría se lavó las manos solo para ser, años más tarde, el único sobreviviente que pasó por un juicio público que lo declaró culpable de genocidio y lo condenó a vivir en arresto domiciliario. Las habilidades del abogado Juan Velasquez le permitieron al expresidente sacudirse la acusación para finalmente ser exonerado y puesto en libertad. Curiosamente, el gran articulador del Batallón Olimpia y de la «Operación Galeana», Fernando Gutiérrez Barrios, jamás fue llamado a rendir cuentas.

3.1

GUTIÉRREZ BARRIOS
EL TENEBROSO DON FERNANDO

«Le llama don Fernando Gutiérrez Barrios», me dijo mi asistente. «Él mismo está al teléfono». Yo ejercía como director editorial de Grupo Reforma y sabía el motivo de la llamada del don de la política mexicana. Me increparía las ocho columnas que aquella mañana publicamos sobre la renovación de permisos que, como secretario de Gobernación en el sexenio salinista, le autorizó a Justo Fernández y su Hipódromo de las Américas. La concesión se la amplió por 25 años más, con una salvedad: el «costo del favor» se asentó en la escritura 21778, fechada el 14 de julio de 1992, en la que se constituye la Inmobiliaria Hotelera Las Ánimas, S. A. En ese documento se les endosó el 15% de las acciones a dos familiares de Gutiérrez Barrios: a su esposa Divina Morales de Gutiérrez Barrios y a su hija María Angélica Gutiérrez de Sedano.

«Don Ramón Alberto, ya se imagina por qué lo llamo», me dijo Gutiérrez Barrios. «Por supuesto, don Fernando, a sus órdenes», le respondí. «Me gustaría que habláramos esto en persona. Lo invito mañana a desayunar en mi casa». «Claro, ahí estaré puntual». No era la primera vez que don Fernando me invitaba a desayunar o a comer en privado para hablar de temas espinosos. Sin embargo, este era muy personal e involucraba a su familia más cercana. Sentados a la mesa del desayuno, me dijo que él estaba acostumbrado a todo tipo de críticas y cuestionamientos, que tenía la piel gruesa de tanto andar en los menesteres de la política, pero que sus hijos y algunos amigos sí estaban muy dolidos, porque habíamos «golpeado» con esa publicación a su madre y a su hermana.

«¿Ya acabó, don Fernando?», le pregunté. Se sorprendió y proseguí. «Entiendo que estén dolidos, pero ni *Reforma* ni yo involucramos a su esposa y a su hija en las escrituras del Hipódromo de las Américas. Usted fue el que las puso ahí, como prestanombres, por un favor político que usted otorgó como secretario de Gobernación en funciones. Y si a usted no le pareció que nos atreviéramos a publicarlo, debería ser lo suficientemente hombrecito para reconocerlo, sin tener que usar a sus hijos o a sus amigos para amenazarme». Con un gran golpe en la mesa, don Fernando me increpó. «¡Cómo se atreve usted a llamarme poco hombre!». Mi respuesta brotó a flor de labios: «No, don Fernando, cómo se atreve usted a invitarme a su casa para amenazarme, usando a terceras personas, por publicar sus acuerdos en lo oscurito. Pero, como dicen en mi rancho, para cabrón, cabrón y medio». Me levanté de la mesa y el desayuno se quedó caliente y humeante. Sobraban huevos en esa mesa. Jamás volví a cruzar palabra con el gran capo de la política mexicana.

Fernando Gutiérrez Barrios es uno de los grandes iconos de la política mexicana, pero también uno de sus grandes mitos. O, quizá, para definirlo mejor, el apotegma del hombre que siempre operó, desde las cañerías del sistema político, las más oscuras consignas con, por lo menos, media docena de presidentes. Pero, por encima de todos, siempre al servicio de su mentor y protector, Luis Echeverría Álvarez.

Entre los conspiradores de la Operación Litempo, articulada en los años sesenta por la CIA, estuvo, sin duda, el político mexicano que desde su código Litempo-4 logró instalarse durante décadas como un indispensable y poderoso triple agente, operando simultáneamente al servicio de los Gobiernos de México, de Estados Unidos y de Cuba. Su prefijo de «don» no era el antecedente del hombre respetable, sino el del político que, como gran padrino de una mafia, lo controlaba todo desde la cúspide del poder. El precio a pagar era lo de menos.

Lo mismo era el recadero incómodo y amenazante del mandatario en turno, que el hombre secreto en las relaciones y los pactos con los movimientos insurgentes latinoamericanos. Dominó el control de las casas de juego, los casinos y los hipódromos en los años en que estaban prohibidos, sin descuidar las relaciones peligrosas con algunos de los jefes de los más renombrados cárteles de la droga en México, en particular con el Cártel de Tijuana, el de los Arellano Félix.

Su sombra de poder e intrigas se extendió desde el sexenio de Adolfo López Mateos hasta el de Carlos Salinas de Gortari. Siempre fiel escudero de Luis Echeverría Álvarez, de quien fue su mejor hombre, el de su absoluta confianza, su embajador «en lo oscurito», el de todas sus complicidades; su compañero Litempo-4 en sus informes para la CIA. Gutiérrez Barrios fue uno de los responsables de negociar con Estados Unidos, en 1985, el delicado caso del asesinato del agente de la Administración de Control de Drogas (DEA, por sus siglas en inglés), Enrique Camarena Salazar, en medio de las acusaciones de que el Cártel de Guadalajara era operado por José Guadalupe Zuno y por su hijo Rubén Zuno Arce, suegro y cuñado del presidente Echeverría. Zuno Arce moriría en septiembre de 2012, cumpliendo una condena perpetua por ese crimen, en una prisión de Florida.

Don Fernando fue comisionado para trasegar los intereses de ese desmantelado Cártel de Guadalajara hasta habilitar el Cártel de Tijuana, dominado por los hermanos Arellano Félix, a quienes más tarde se les vinculó con la muerte del cardenal Juan Jesús

Posadas Ocampo en las afueras del aeropuerto de Guadalajara. Pero, sin duda, la mancha nunca esclarecida de Gutiérrez Barrios, con la que se fue a la tumba —o tal vez a morir en paz a Cuba—, fue la de su presumible intervención en el complot para asesinar a Luis Donaldo Colosio en Lomas Taurinas, en la Tijuana de los Arellano Félix. Ese magnicidio del candidato del PRI a la presidencia en 1994 fue el gran quiebre de las dinastías. La intentona final del *clan Echeverría* para descarrilar lo que imaginaban como la perpetuidad política del *clan Salinas*.

Originario de Alto Lucero, en Veracruz, Gutiérrez Barrios nació en 1927. Hijo de un modesto hombre que vendía paletas en la calle, su único camino para recibir una educación sin costo fue ingresar al Ejército Mexicano, en donde por su edad solo pudo alcanzar el grado de capitán. A los 20 años, cuando el presidente Miguel Alemán fundó, en 1947, su policía secreta, el joven Fernando se incorporó a la naciente Dirección Federal de Seguridad (DFS), que se convertiría en el epicentro de los servicios de inteligencia y seguridad nacional. Diecisiete años más tarde, aquel joven se posicionaría como el más afamado y temido de sus titulares: el John Edgar Hoover mexicano, el que guardaba bajo cinco llaves, en su escritorio, los secretos más inconfesables de la clase política y empresarial, los de los líderes sociales, al igual que los de los más afamados comunicadores. Y si John Edgar Hoover dedicó sus mejores episodios de vida a conocer los secretos de un poderoso clan político, los Kennedy, Fernando Gutiérrez Barrios hizo lo propio con los Salinas.

La cúspide de su labor policiaca, la que le valió el ascenso, se dio en 1956 cuando era agente y capturó en la capital de México a dos activistas revolucionarios. Uno llevaba el nombre de Fidel Castro y el otro el de Ernesto *Che* Guevara. Castro y el Che habían instalado en Abasolo, Tamaulipas, un campamento para entrenar compatriotas cubanos. Esperaban el tiempo oportuno para derrocar al gobierno del presidente Fulgencio Batista. Y los temores eran que algunas células de ese comando revolucionario —de corte marxista-leninista— se infiltraran entre los jóvenes mexicanos. Al más puro estilo de la policía secreta que comandaba, Gutiérrez Barrios pudo haber desaparecido, sin dejar huella, a Castro y al Che. Después de todo, ese era el sello de la casa. De haberlos «desaparecido», don Fernando habría trastocado la historia del siglo XX. Pero Gutiérrez Barrios sabía del valor que tenían esos jóvenes idealistas que lideraban el Movimiento 26 de Julio para las causas revolucionarias de la izquierda latinoamericana.

Después de elaborar su informe «Conjura contra el Gobierno de la República de Cuba», don Fernando terminó por convencer al presidente Miguel Alemán de que lo mejor sería dejar en libertad a aquellos muchachos con sueños revolucionarios, cautivos en los separos de la DFS en la capital de México. El pacto, a cambio de su liberación, sería que nunca intentarían importar ni sus ideas ni su movimiento a territorio azteca. Y como parte del pacto, Gutiérrez Barrios logró que el presidente Miguel Alemán le diera los fondos suficientes para subvencionar la compra del mítico *Granma*, el yate con el que Fidel Castro y sus hombres emprenderían, desde las costas mexicanas, su viaje final para consumar el asalto sobre Cuba.

Alemán y Gutiérrez Barrios tenían dos rasgos en común: ambos eran veracruzanos y miembros dilectos de la Gran Logia Masónica de México. Por eso no fue difícil montar el 25 de noviembre de 1956 la operación para la liberación de Fidel Castro, haciendo zarpar el yate *Granma* del puerto veracruzano de Tuxpan. Ese gesto recibió el eterno agradecimiento de Fidel Castro, quien consumaría dos años más tarde su entrada triunfal en La Habana junto con algunos de los 82 guerrilleros con los que zarpó del puerto veracruzano, entre los que figuraban Juan Manuel Márquez, Raúl Castro, Juan Almeida y, por supuesto, el argentino Ernesto *Che* Guevara.

Desde el triunfo de la Revolución cubana, Gutiérrez Barrios se convirtió en un embajador plenipotenciario de Fidel Castro y un articulador natural con todos los movimientos guerrilleros de América Latina. El garante del pacto «Con cualquiera, menos con

México» era don Fernando. Desde los tupamaros argentinos, pasando por los sandinistas nicaragüenses, los salvadoreños del Frente Farabundo Martí, los tupacamaristas y senderistas peruanos, todos le rendían pleitesía al caballero mexicano que les servía de enlace no solo con México y Cuba, sino incluso para hacer llegar, en momentos cruciales, algunos mensajes al Gobierno de Estados Unidos. Son los mismos grupos que en los aniversarios luctuosos de Gutiérrez Barrios publican desplegados en la prensa mexicana para lamentar que su *consigliere* «ya no esté entre nosotros».

No obstante, conforme el político veracruzano escalaba hacia las altas esferas del poder, se vio obligado a habilitar a algunos operadores que le facilitaran las tareas de enlace internacional, sin salir del territorio mexicano. Sin duda, el más importante frente lo tuvo con José María Guardia, un modesto personaje de origen filipino que comenzó vendiendo mercancía estadounidense entre los empleados de la Secretaría de Gobernación y terminó siendo el prestanombres de Gutiérrez Barrios en innumerables negocios, sobre todo en los permisos que se le otorgaron para manejar casas de juego y casinos.

Chema Guardia, como se le conocía entre la familia política priista, vendía fayuca en los días en que todo lo importado estaba prohibido. Su habilidad para conseguirle a don Fernando los calcetines con un elástico especial que tanto le gustaban lo convirtió en asiduo visitante de su despacho. Desde esa relación, Gutiérrez Barrios habilitó a Chema Guardia como un «espía casero». Después de todo, pasaba de oficina en oficina en la Secretaría de Gobernación y en otras dependencias del Gobierno federal para ofrecer su fayuca. Gracias a ello se enteraba, entre sus clientes, de las últimas intrigas que se gestaban dentro de aquellas paredes del mítico edificio de Bucareli.

La confianza ganada por Chema Guardia le valió ser enviado por distintos presidentes a misiones especiales en La Habana, a donde viajaba con el pretexto de apoyar conventos de monjas católicas, particularmente el de las Carmelitas Descalzas. En realidad, acudía para llevar y traer mensajes entre el gobierno de Castro y el Gobierno mexicano. De tal magnitud fue la confianza de Gutiérrez Barrios para Chema Guardia que fue uno de los primeros permisionarios oficiales de casinos en México, abriendo la franquicia de los Caliente, que años después terminaría en manos de Jorge Hank Rhon, el hijo del profesor Carlos Hank González, otro gran aliado de don Fernando.

Para quienes lo conocían, Chema Guardia era un frente de Gutiérrez Barrios, no solo en el terreno de las apuestas, sino en sus vinculaciones con los altos prelados de la Iglesia católica mexicana, a quienes les financiaba algunas obras pías, y otras personales, como las compras de sus elegantes trajes de vestir en la exclusiva tienda Joe Brand, en McAllen, Texas.

El destino de Gutiérrez Barrios siempre se vio ligado a Luis Echeverría Álvarez, a quien acompañó en la Subsecretaría de Gobernación en el sexenio de Adolfo López Mateos, despachando ya como titular de la DFS. Como colegas informantes reclutados a sueldo por la CIA, Echeverría y Gutiérrez Barrios forjaron una dupla política manipuladora y perversa —pero muy eficiente— que filtraba a conveniencia los informes de inteligencia que despachaban a Washington las decenas de agentes secretos al servicio del político veracruzano. Lo hicieron con las huelgas de médicos, electricistas y maestros en el sexenio lopezmateista y lo repitieron en el movimiento estudiantil de 1968, en la Plaza de las Tres Culturas, donde la sombra de Gutiérrez Barrios siempre fue una de las grandes sospechas en la autoría no solo intelectual, sino también material, de la llamada Masacre de Tlatelolco.

Pero ese binomio acabaría por ser clave no solo en la consolidación de la **dinastía Echeverría**, sino en el breve acercamiento que a finales de la década de 1980 ese clan pactaría con la **dinastía Salinas**, en los años en que Gutiérrez Barrios acabó en la Secretaría de Gobernación durante el sexenio de Carlos Salinas de Gortari. Curiosamente, los cuatro primeros años en los que don Fernando ocupó aquel despacho en Bucareli todo fue miel sobre hojuelas. Pero después de su súbita y sorpresiva expulsión del gabinete, en enero de 1993, la desgracia cayó sobre el gobierno de Carlos Salinas de Gortari, que entró en una espiral de violencia, tragedia, insurgencia y magnicidios.

El asesinato del cardenal Juan Jesús Posadas Ocampo en mayo, el surgimiento de la guerrilla zapatista en Chiapas en el amanecer del Año Nuevo de 1994 y los asesinatos de Luis Donaldo Colosio, en marzo de 1994, y de José Francisco Ruiz Massieu, en septiembre del mismo año, marcaron el trágico final de lo que antes de la salida de don Fernando se apuntaba para ser el sexenio más esplendoroso del México moderno.

El secuestro de Gutiérrez Barrios en 1997, consumado por delincuentes enfundados en uniformes y utilizando una camioneta de Telmex, desquició a don Fernando. El gobierno de Ernesto Zedillo fue excluido de la negociación para liberarlo. La familia del veracruzano solo aceptó la mediación de su viejo amigo y operador en la «guerra sucia», Miguel Nazar Haro.

A partir de su secuestro y liberación, Gutiérrez Barrios no volvió a ser el mismo. Su regreso a la escena política se dio en 2000, solo para convertirse en el operador de la elección interna del candidato presidencial del PRI, el malogrado sinaloense Francisco Labastida Ochoa, quien perdería por primera vez la «silla del águila» para el partido tricolor frente al panista Vicente Fox. Don Fernando se postuló para senador de su natal Veracruz, pero dos meses después de tomar posesión, el 30 de octubre, se anunció su muerte. Algunos informados teoristas de la conspiración aseguran que el féretro de Gutiérrez Barrios jamás fue abierto durante el sepelio. La presunción es que, con su «muerte», don Fernando vio la oportunidad de escapar de México, después de su secuestro, para vivir en tranquilidad sus últimos días en La Habana de su amigo Fidel, que tanto le debía: su vida y su Revolución.

De ese talante fueron sus ingratas tareas, de ese tamaño fueron sus desplantes de poder, de esa dimensión fueron los miedos con los que Gutiérrez Barrios se retiró a «la otra vida...», la del más allá o, quizá, la de un secreto autoexilio en soledad, en las playas de Varadero.

GUSTAVO DÍAZ ORDAZ
1964–1970

CRECIMIENTO DEL PIB
PROMEDIO ANUAL, PORCENTAJE

6.4%

PIB PER CÁPITA
PRECIOS CONSTANTES EN DÓLARES DE 2015 AL CIERRE DEL SEXENIO

5 416.9

DEUDA PÚBLICA
PORCENTAJE DEL PIB AL CIERRE DEL SEXENIO

19.97%

PRODUCCIÓN PETROLERA
PROMEDIO DIARIO, ÚLTIMO AÑO DEL SEXENIO, BARRILES DIARIOS

465 000*

BALANZA FISCAL
PORCENTAJE DEL PIB, AGREGADO DE TODO EL SEXENIO

0.1%

TIPO DE CAMBIO
PESOS POR DÓLAR EN EL ÚLTIMO DÍA DEL SEXENIO

12.50

INFLACIÓN
PROMEDIO ANUAL, PORCENTAJE

3.58%

Fuentes: Inegi, Banco Mundial, OCDE, Banxico, SHCP y CNH.
* Producción petrolera: El dato más cercano al sexenio de Díaz Ordaz es del año de 1973, cuando comienza el registro estandarizado.
* Dato previo a la devaluación que eliminó tres ceros a la cotización.

4

LUIS ECHEVERRÍA
DEL MILAGRO A LA PESADILLA

Dónde estaba Luis Echeverría: **AL ALZA.** *Cruzándose la banda presidencial; curando sus culpas del 68, confrontando militares, Iglesia y empresarios; ajustando cuentas con el regente Alfonso Martínez Domínguez; manipulando, con Gutiérrez Barrios, a una célula de la Liga Comunista 23 de Septiembre, y operando contra el clan Salinas, enviando al cuñado y tío político —Elí de Gortari— a las mazmorras de Lecumberri.*

Dónde estaba Raúl Salinas Lozano: **A LA BAJA.** *Congelado políticamente por seis años más. Custodiando los estudios en el extranjero de sus hijos Raúl y Carlos Salinas de Gortari.*

Péndulo político: A LA IZQUIERDA

Pocos presidentes de México heredaron una nación en mejores condiciones económicas como las que Gustavo Díaz Ordaz le entregó a su sucesor, Luis Echeverría Álvarez. El país vivía una bonanza que alentaba a una floreciente clase media. Con un crecimiento del 6.4% y una inflación de apenas 2.7%, el país se industrializaba a pasos agigantados. La recaudación fiscal del Gobierno estaba en sus mejores días y, en consecuencia, la infraestructura de grandes obras, como el Metro en la capital de México, media docena de grandes presas, decenas de hospitales y miles de kilómetros de carreteras, garantizaban un pleno empleo y la mejoría del poder adquisitivo de los trabajadores.

A pesar de que el péndulo político —que con Díaz Ordaz se mantuvo en la derecha— obligaba a dar el giro hacia la izquierda, la clase empresarial no consideraba a Echeverría como una amenaza para sus intereses, ya que veían en él a un presidente muy institucional, al que no le temblaba la mano para actuar en condiciones adversas, como sucedió con el movimiento estudiantil del 68.

Echeverría nació en la capital de México y, después de un breve paso por Ciudad Victoria, en Tamaulipas, adonde su padre Rodolfo Echeverría fue enviado como pagador del Ejército Mexicano, volvió a la capital, donde cursó la secundaria y la preparatoria. En esos días conocería a su inseparable amigo José López Portillo, con quien compartiría sus viajes a Argentina, quien conseguiría un año después que Echeverría la misma beca para estudiar en Santiago de Chile y quien, al final del día, sería su sucesor.

NACIDO DENTRO DEL PRI. Poco antes de graduarse como licenciado en Derecho en la Escuela Nacional de Jurisprudencia de la Universidad Nacional Autónoma de México (UNAM), se casó con María Esther Zuno, la hija de José Guadalupe Zuno, quien fuera gobernador de Jalisco en 1923. Esa relación familiar le valió a Echeverría una recomendación con el entonces presidente nacional del PRI, Rodolfo Sánchez Taboada, quien se convertiría en el mentor político del joven abogado. Echeverría fue su secretario particular y su director de Prensa y Propaganda, hasta que Sánchez Taboada fue designado por el presidente Adolfo Ruiz Cortines como secretario de Marina. Echeverría fue instalado por su mentor en esa secretaría como su administrador, para irse luego a la Oficialía

Mayor de la Secretaría de Educación Pública y más tarde a la Oficialía Mayor del Comité Ejecutivo Nacional (CEN) del PRI, en los días de la campaña presidencial de Adolfo López Mateos.

A los 15 días de que López Mateos asumiera la presidencia, Echeverría fue designado subsecretario de Gobernación, al servicio del titular Gustavo Díaz Ordaz. Durante esos días reforzaría su muy productiva relación con Fernando Gutiérrez Barrios, con quien manejaría la recién creada Dirección Federal de Seguridad (DFS). Juntos, López Mateos, Díaz Ordaz, Echeverría y Gutiérrez Barrios serían reclutados entre 1958 y 1960 como agentes informantes a sueldo de la CIA, bajo el código Litempo. Desde entonces, Echeverría incorporaría políticos que serían elementos clave en el futuro, como Mario Moya Palencia y Carlos Gálvez Betancourt. Cuando Gustavo Díaz Ordaz fue ungido como candidato del PRI a la presidencia el 15 de noviembre de 1963, López Mateos acabó por darle a Echeverría el control total de la Secretaría de Gobernación.

CON EL TRAUMA DE TLATELOLCO. Los servicios que en su momento prestaron tanto Echeverría como Gutiérrez Barrios para inclinar la balanza de la sucesión presidencial hacia el candidato político Díaz Ordaz —y no hacia el tecnócrata Salinas Lozano— acabaron por ser ampliamente recompensados cuando Díaz Ordaz ratificó a Echeverría al frente de la Secretaría de Gobernación y a Gutiérrez Barrios como el hombre de la inteligencia gubernamental. Juntos operaron las estrategias para hacer del movimiento estudiantil del 68 el parteaguas para que, una vez más, se impusiera la política sobre la tecnocracia en la sucesión presidencial de Díaz Ordaz. El 8 de noviembre de 1969 Echeverría sería designado candidato presidencial del PRI. Fueron necesarios 23 años para que aquel joven abogado, que entró en 1946 como secretario particular del presidente nacional del PRI, acabara postulado a la presidencia de México por el partido tricolor. Con su lema de campaña «Arriba y adelante» y la experiencia que le confirió el manejo de las campañas de López Mateos y Díaz Ordaz, Echeverría recorrió el país con el peso de Tlatelolco sobre sus espaldas, aunque sería el fantasma que lo perseguiría durante todo su sexenio, así como su pesada lápida hasta el día de su muerte.

De hecho, apenas tenía 15 días como candidato del PRI cuando, en uno de sus primeros discursos (el 23 de noviembre de 1969), Echeverría trató de marcar distancia con Díaz Ordaz, refiriendo en sus primeros mítines que la responsabilidad de la matanza en la Plaza de las Tres Culturas había sido decidida por el presidente en turno, el mismo que lo eligió para ser su sucesor. La traición en campaña fue sellada cuando, en un mitin ante estudiantes de la Universidad Michoacana de San Nicolás de Hidalgo, Echeverría guardó un minuto de silencio en memoria de los muertos en Tlatelolco. En ese momento, el presidente Díaz Ordaz se dio cuenta de que había cometido un gran error.

Pero la banda presidencial suele trastocar la psique de quien la porta. En México es la regla, no la excepción. En cuanto ese trozo de tela tricolor cruzó su pecho, los mexicanos comenzaron a conocer el auténtico rostro de Luis Echeverría. Su transformación fue la de un doctor Jekyll que se transformaba en el señor Hyde. De aquel silencioso, obediente y obsequioso secretario de Gobernación emergió, ya en la presidencia, un hombre ensoberbecido, autoritario, ambicioso, populista, desafiante y retador. Un renegado que buscaba limpiar sus pecados políticos con los que alcanzó el poder, en un intento por congraciarse, a cualquier precio, con aquellos que lo condenaban, en particular con los estudiantes universitarios. Pero todo lo que hizo en sus primeros 18 meses como presidente, para lavar ese pasado, se topó con otra cruda realidad de represión estudiantil.

El nuevo conflicto se inició en Nuevo León, en el gobierno de Eduardo Elizondo, con la intentona de promulgación de una ley orgánica para la entonces Universidad de Nuevo León, cuyos estudiantes reclamaban la autonomía. El rector Héctor Ulises Leal se enfrentó a la propuesta y los estudiantes neoleoneses acudieron a la capital de México para pedir apoyo. Les prometieron que organizarían una marcha solidaria para el 10 de junio. Sería la primera que se haría desde que se dio la matanza del 2 de octubre de 1968 en la Plaza de las Tres Culturas. A Echeverría no le vino bien el conflicto, sobre todo porque estaba a unos días de anunciar una amnistía parcial para los presos del 68. En ese marco, el presidente buscó disuadir en vano al gobernador Elizondo de su intento por aplicar la nueva Ley Orgánica. La clase empresarial de Nuevo León apoyó a su gobernador, que era el *consigliere* legal y fiscal de muchas de sus corporaciones, el *gatekeeper* de sus secretos. La crisis culminó con la renuncia de Elizondo. El diputado Luis M. Farías lo relevó.

MARTÍNEZ DOMÍNGUEZ Y EL HALCONAZO. A pesar del relevo en Nuevo León, la marcha de solidaridad hacia los estudiantes de aquella entidad programada en la capital de México se mantuvo. Y el 10 de junio de 1971 se vivió uno más de los episodios de la represión oficial, cuando un grupo de paramilitares bautizado como los Halcones arremetió con violencia, a bastonazos e incluso a balazos, contra los marchistas. Los reportes oscilan entre 40 y 120 muertos, tantos como los reportados en la tragedia de Tlatelolco. El suceso fue bautizado como la matanza del Jueves de Corpus y la autoría de esa represión se adjudicó al Gobierno del Distrito Federal, en donde despachaba como regente el también político regiomontano Alfonso Martínez Domínguez.

Para Echeverría, sacrificar al regente del Distrito Federal era saldar una cuenta pendiente con el político neoleonés, quien acudió en plena campaña presidencial ante el presidente Díaz Ordaz para recriminarle el error que había cometido al designar a un traidor como Echeverría, recordándole al mandatario que aún era tiempo para rectificar. La propuesta no venía de un político cualquiera. Era la petición de un Martínez Domínguez que durante la campaña presidencial de Echeverría fue el presidente nacional del PRI. Por eso Echeverría no vaciló en expulsarlo de su gabinete. No sería el primer neoleonés con el que se confrontaría abiertamente. Ya antes lo había hecho con Raúl Salinas Lozano, quien purgaba en ese momento su segundo sexenio en la congeladora política, y también con el gobernador Eduardo Elizondo, quien se negó a acatar su orden de eliminar su ley orgánica universitaria.

Años después de aquel Halconazo, cuando cursaba mis estudios de periodismo en la Universidad de Texas en 1978, me llamaron de la dirección de *El Norte*, en donde laboraba, para pedirme que entrevistara a Martínez Domínguez, de visita por aquella institución de educación superior en donde daría una conferencia. Tanto en su charla ante estudiantes como en la entrevista que me concedió señaló por primera vez públicamente, sin cortapisas, a Echeverría como el autor de la matanza del Jueves de Corpus. Esa entrevista sería la carta de reinserción con la que el presidente José López Portillo reivindicaría a Martínez Domínguez y lo sacaría de la congeladora política, para designarlo candidato del PRI al Gobierno de Nuevo León. Un año después, en 1979, Martínez Domínguez sostendría un encuentro con Heberto Castillo, a quien el exregente capitalino también le confesaría, para el semanario *Proceso*, que el llamado Halconazo fue ordenado desde la silla presidencial.

Pero las represiones de 1968 y de 1971, ambas bajo la tutela de Echeverría y de Gutiérrez Barrios, generaron dos quiebres que modificaron radicalmente el destino de la nación. El primero, porque Tlatelolco y el Jueves de Corpus fueron la sombra que persiguió a un presidente egocéntrico, mitómano y con delirios de grandeza como Echeverría. Las dos matanzas fueron, para aquella época, el Aguas Blancas y el Ayotzinapa de las décadas de 1960 y 1970, respectivamente. El sentido de la culpabilidad que invadió a Echeverría se transformó en un mantra que trastocó las políticas públicas de aquel sexenio y, en consecuencia, la ruta del México estable que comenzó a colapsar a partir de 1970. El segundo, porque las represiones obligaron a un repliegue de la inquietud de cientos de miles de estudiantes, algunos de los cuales —los más radicales— decidieron tomar el camino de las armas, creando comandos clandestinos para reivindicar todo aquello que sentían imposible de modificar por la ruta del cambio pacífico. Fue así como entre 1965 y 1990 emergieron 29 grupos guerrilleros, como el Movimiento de Acción Revolucionaria (MAR), el primer grupo guerrillero que apareció en el sexenio de Echeverría, los movimientos populares de Lucio Cabañas y Genaro Vázquez en Guerrero y el más célebre de todos, la Liga Comunista 23 de Septiembre, que desde Guadalajara se propagó a Monterrey y a la capital de México, y que en algunos casos acabaría por ser instrumento de los excesos del propio Echeverría y de Gutiérrez Barrios.

CONFRONTADO CON LA FE, LA ESPERANZA Y LA CARIDAD. Hasta antes de la llegada de Echeverría a la Presidencia, la mesa del poder en México era sostenida por un trípode histórico, tres apoyos indispensables para preservar la estabilidad y el crecimiento. El primero de esos apoyos del llamado «Estado profundo» mexicano era la Iglesia, aquella que despertó los anhelos de la independencia. El segundo eran los militares, aquellos que, a finales del siglo XIX y principios del XX, evitaron la pérdida de más territorio, y con su caudillismo territorial pacificaron al México posrevolucionario, desde el general Plutarco Elías Calles hasta el general Juan Andreu Almazán. El tercero eran los hombres del capital, los que desplegaron sus inversiones para instalar a México en la era industrial a partir de la tercera década del siglo XX.

La fe de la Iglesia, la esperanza de los militares y la caridad de los hombres del capital fueron el trípode sobre el que se apoyó el llamado Milagro Mexicano, que, durante los sexenios de Manuel Ávila Camacho, Adolfo López Mateos y Gustavo Díaz Ordaz, colocó a nuestro país en el mapa de las naciones líderes en crecimiento y con un promisorio futuro económico.

Como secretario de Gobernación en el gabinete de Díaz Ordaz, Echeverría siempre guardó silencio y se reservó públicamente su disidencia ideológica. Ya como presidente, Echeverría mostró su verdadero rostro. El hombre que hizo de la guayabera su estandarte populista estaba convencido de que era urgente un cambio radical para dispersar lo que, según él, eran los abundantes privilegios de las élites. Buscando elevar los marginales beneficios para las masas. Su urgencia de mostrar ese rostro populista fue lo que lo llevó a entrar en abierto conflicto con el trípode que hasta entonces sostenía la mesa del poder.

SU ALIANZA CON EL OBISPO ROJO. Echeverría se topó con la Iglesia católica cuando fue tolerante y obsequioso con el ala liberal y socialista, impulsada entonces por el filósofo y teólogo brasileño Leonardo Boff, que, con un modelo socioeclesial, promovía una mayor simetría social y proclamaba una mayor justicia para todos. En México, el principal exponente de esa corriente disruptiva fue el obispo de Cuernavaca, Sergio Méndez Arceo, quien entabló una muy estrecha amistad con Echeverría. Se le conocía como el Obispo Rojo y su fama creció cuando se congració con los estudiantes del movimiento del 68, al condenar desde el púlpito la matanza de Tlatelolco. Su posicionamiento fue frontal: «La Biblia contiene la condenación irremisible de la violencia de los opresores y estimula la violencia de los oprimidos. La opción entre la violencia de los opresores y la de los oprimidos se nos impone, y no optar por la lucha de los oprimidos es colaborar con la violencia de los opresores». Méndez Arceo apoyó tanto la Revolución cubana como la sandinista en Nicaragua. Fundó movimientos como el de Cristianos por el Socialismo y, frente a la creciente represión en los días de la llamada «guerra sucia», promulgó un acta de excomunión contra cualquier católico que torturara o cometiera violencia contra su prójimo.

Pero, sin duda, uno de los capítulos del Obispo Rojo que más lo confrontó con la clase empresarial, y que evidenció el apoyo que tenía desde el gobierno de Echeverría, fue su intromisión en los movimientos sindicales y en la promoción de huelgas que fueron cruciales, como la de 49 días que se dio en 1974 en Saltillo con Cinsa-Cifunsa, las dos empresas emblemáticas del llamado Grupo Saltillo. Esa huelga fue alentada, entre otros, por Pedro Pantoja, un sacerdote de formación jesuita, quien logró que el obispo de Cuernavaca fuera hasta la capital de Coahuila para apoyar la lucha de los trabajadores.

Como reportero de *El Norte*, en esos días viví la oportunidad de cubrir esa huelga en Saltillo y entrevistar a Méndez Arceo, solo para encontrarme con la sorpresa de que dentro de los lugares de trabajo el Obispo Rojo y el padre Pantoja eran vistos por los trabajadores como líderes benefactores y protectores espirituales de su lucha sindical. Esas causas se ampliarían también a la zona carbonífera de Coahuila, en las que el padre Pantoja encabezó brigadas de salvamento para los mineros atrapados en las minas de Barroterán, Mineral Las Esperanzas, Mina de la Luz y en La Morita. Más tarde ese «apostolado sindical» —siempre de la mano de Méndez Arceo, incluso cuando se retiró— lo extendería el padre Pantoja hasta Monclova, en donde defendería los despidos de los trabadores cuando se dio la privatización de Altos Hornos de México. El temor de las organizaciones empresariales, como la Coparmex y la Canacintra, era que las intromisiones sindicales del obispo Méndez Arceo en Saltillo, en Monclova y en la región carbonífera acabaran por «contaminar» el clima laboral en todo México.

El llamado Obispo Rojo llegó a su jubilación en 1982 —al final del sexenio de José López Portillo— cumpliendo 75 años, y fue relevado por Juan Jesús Posadas Ocampo. A la par de su retiro, el Vaticano jubiló o remplazó a 25 obispos que integraban las redes de apoyo a las tesis socialistas de Méndez Arceo contra la explotación laboral que desde su púlpito cuestionaba.

EL QUIEBRE CON EL EJÉRCITO. Otro de los deslindes que el presidente Echeverría promovió en su discurso de «fuera máscaras» fue aquel que urdió para endosarles la responsabilidad de la matanza de Tlatelolco no solo a Díaz Ordaz, sino al Ejército Mexicano, comandado en 1968 por el general Marcelino García Barragán, secretario de la Defensa, y también al general Luis Gutiérrez Oropeza, jefe del Estado Mayor Presidencial.

En el fondo, lo que el presidente Echeverría buscaba era desviar la atención porque comenzaban ya a circular las versiones de su participación directa, junto con Gutiérrez Barrios, en la manipulación del movimiento estudiantil que se inició el 22 de julio y culminó el 2 de octubre con la tragedia en la Plaza de las Tres Culturas. En el libro *La conspiración del 68. Los intelectuales y el poder: así se fraguó la matanza*, su autor Jacinto Rodríguez Munguía —un escritor, periodista e investigador mexicano experto en archivos de espionaje e inteligencia— expone una singular investigación que permite ubicar a un filósofo, Emilio Uranga, como el hombre que bajo el amparo del subsecretario Echeverría urdió la trama, de principio a fin, de la represión al movimiento estudiantil.

El autor del libro reconoce que el movimiento se manipuló para impulsar el ascenso a la presidencia del propio Echeverría. De acuerdo con la tesis de Rodríguez Munguía, existió todo un plan en el que, además de Echeverría y Uranga, también participó el comandante Jesús Castañeda Gutiérrez, miembro del Estado Mayor Presidencial.

De acuerdo con un artículo publicado el 12 de noviembre de 2018 en el diario *The New York Times*, Rodríguez Munguía detalla cómo se gestó todo un plan de propaganda, con artículos periodísticos e información, para manipular el incipiente movimiento estudiantil. El autor revela que localizó una carta enviada por un subalterno de Echeverría, Mario Moya Palencia, fechada en agosto de 1968, en la que le informa a su jefe Echeverría que «El proyecto de Granero Político fue hecho según sus instrucciones [...] en función del nuevo propósito». Se refería a la columna el «Granero Político» que comenzó a publicarse en el diario capitalino *La Prensa*, bajo el seudónimo bíblico de El Sembrador. El rostro detrás de ese seudónimo era Emilio Uranga, quien recibía su información a través del aparato de espionaje de la DFS, bajo el control de Fernando Gutiérrez Barrios.

Rodríguez Munguía revela que en sus investigaciones dio con un documento anónimo en el Archivo General de la Nación y que dice: «Por la acción de la propaganda política, podemos concebir un mundo dominado por una Tiranía Invisible que adopta la forma de un gobierno democrático. Bajo esta condición, una democracia como la mexicana puede obtener niveles de control popular equivalentes a los que lograría, por la violencia y el terror, una dictadura». Y de acuerdo con sus pesquisas, la tesis fue redactada por el filósofo Emilio Uranga, considerado el intelectual fantasma que trabajaba desde la oscuridad para el subsecretario Echeverría. La tesis de Rodríguez Munguía sostiene que Uranga acudió el 2 de octubre con el comandante Jesús Castañeda Gutiérrez, miembro del Estado Mayor Presidencial, a la Plaza de las Tres Culturas.

El comandante Castañeda Gutiérrez dirigió un frente no oficial de doscientos guardias del Estado Mayor Presidencial —al margen de los 5 000 o 10 000 soldados que envió el Ejército— de donde habrían salido los diez francotiradores que dispararon a estudiantes y militares desde los balcones y las azoteas de los edificios de Tlatelolco. Rodríguez Munguía advierte que, en 1969, el secretario de Defensa, Marcelino García Barragán, confesó que «el Ejército había caído en una trampa». Pero jamás reveló que eran sus pares militares del Estado Mayor Presidencial quienes fueron los que la urdieron.

Esa trama habría sido operada desde el piso 12 del edificio Molino del Rey, en los departamentos 1201, 1202 y 1203, incluyendo el *penthouse* 1301, que ocupaba Rebeca Zuno de Lima, la cuñada de Echeverría, y desde donde presumiblemente se habrían hecho algunas tomas con equipo profesional cinematográfico —30 000 m de película virgen, aproximadamente— para documentar todo lo que sucediera en esa plaza y quizá algunos disparos.

Como premio a sus servicios, el comandante Castañeda Gutiérrez fue designado jefe del Estado Mayor Presidencial cuando Echeverría se instaló en la presidencia. Y poco antes de dejar el poder, en marzo de 1976, Echeverría mismo ordenó el retiro de 354 generales, para acabar entregando la estructura de mando de la Secretaría de la Defensa al Estado Mayor Presidencial. Mario Moya Palencia, el fiel operador de la Subsecretaría de Gobernación e instrumentador del aparato de propaganda que hizo posible el Granero Político fue designado secretario de Gobernación.

Desde esa posición, Moya Palencia cultivó el favoritismo popular que, según él, lo llevaría a ser el candidato presidencial del PRI en 1976. Después de todo, Díaz Ordaz y Echeverría salieron del despacho de Bucareli para ocupar la presidencia. Pero no fue así. En octubre de 1974, un año antes de oficializarse el «destape» del candidato, el Instituto Mexicano de Opinión Pública (IMOP) levantó la primera encuesta de opinión para medir las percepciones de los posibles contendientes para suceder a Echeverría. Fue una muestra entre 2730 personas y se dividiría en dos etapas: el candidato que los encuestados vieran como el más viable, y el candidato más «agradable» para los grupos de poder, el político y el financiero. La lista incluía a Mario Moya Palencia, secretario de Gobernación; a José López Portillo, secretario de Hacienda; a Porfirio Muñoz Ledo, secretario del Trabajo; a Hugo Cervantes del Río, secretario de la Presidencia; a Carlos Hank González, gobernador del Estado de México; a Carlos Gálvez Betancourt, director del Seguro Social, y a Luis Enrique Bracamontes, secretario de Obras Públicas. Entre los encuestados en general, Moya Palencia aventajó a José López Portillo y a Porfirio Muñoz Ledo; entre *los grupos de poder*, José López Portillo superó a Moya Palencia y a Hugo Cervantes del Río.

Al final, Echeverría se inclinaría por su amigo López Portillo, el hombre a quien sus cargos al frente de la Comisión Federal de Electricidad (CFE) y de la Secretaría de Hacienda lo instalaron como favorito del poder establecido, el político y el económico, a pesar de ser un abogado de la UNAM. El «hombre de la guayabera» jamás imaginaría que aquel amigo con el que en su juventud se fue a estudiar a Chile y a Argentina acabaría por renegar de sus políticas económicas, instaurando una nueva alianza con la Iglesia, con los militares y con el capital, y enviándolo como embajador a Canberra, en Australia, Nueva Zelanda y las Islas Fiyi.

4.1

EUGENIO GARZA SADA
EL ASESINATO QUE TRASTOCÓ TODO

Eugenio Garza Sada es el más prototípico empresario de Monterrey del siglo xx. Su genio creativo no tiene comparación. Las corporaciones industriales que cristalizó con su hermano Roberto, incluso las que vendió a extranjeros, son todavía el motor que aceita al Nuevo León industrial. Su espíritu de empresario socialmente responsable, muy adelantado a su tiempo, se pone de manifiesto con el fenómeno educativo que se conoce como Instituto Tecnológico y de Estudios Superiores de Monterrey. La violencia con la que fue asesinado en la turbulenta década de 1970 terminó de perpetuar una leyenda, cuya figura se enaltece todavía más en estos días en que la metrópoli regia vuelve a ser presa del desencanto político, pero sobre todo ante la ausencia de un liderazgo empresarial esperanzador.

Por eso, al analizar ese desencanto, voltear a ver al don del empresariado regiomontano es una obligación. Sobre todo frente a una generación industrial que será recordada por preferir *canjear* su herencia mediante la venta a extranjeros de sus centenarias empresas heredadas de sus padres y sus abuelos. Una clase empresarial que se volvió más tolerante con un poder político cada día más corrupto e incompetente. Así, mediante componendas y complicidades, los gobiernos terminaron adueñándose de su silencio, primero, y de sus voluntades, después. Un clan privado que quiso jugar a la democracia institucional, pero fue incapaz de identificar en uno de los suyos a un capitán para marcar el rumbo del Tecnológico de Monterrey.

Por eso el referente obligado es Eugenio Garza Sada. Porque el antes y el después de Monterrey, tras su partida, no es un asunto simbólico, sino real. La bala que el 17 de septiembre de 1973 segó su vida modificó sustancialmente la esencia empresarial de la capital industrial de México. El valor se transformó en temor. La creación se convirtió en cesión y concesión. El espíritu retador frente al destino se achicó. Nadie volvió a llenar aquellos zapatos.

LOS MEDIOS FUERON EL MENSAJE. Nadie puede justificar su parálisis diciendo que los de Eugenio Garza Sada eran otros tiempos: más estables, más apacibles y más propicios para hacer negocios. Nacido el 11 de enero de 1892 del matrimonio formado por Isaac Garza y Consuelo Sada, regiomontanos que figuraron entre los fundadores de la Cervecería Cuauhtémoc y se vieron obligados a abandonar México en los años de la Revolución. El joven Garza Sada fue enrolado en la Western Military Academy, en Illinois. Trabajó al mismo tiempo como vendedor en una tienda de ropa y como joven multioficios en una sala de cine.

Su carrera profesional como ingeniero civil la cursó en el Instituto Tecnológico de Massachusetts (MIT, por sus siglas en inglés), en Boston, donde se graduó en 1914, justo a tiempo para regresar a México con la familia para recuperar la cervecería. De la mano de su hermano Roberto, los Garza Sada y otras prominentes familias de emprendedores, como los Muguerza y los Calderón, iniciaron entonces las industrias periféricas a la cervecería que terminarían por adquirir vida propia.

Para fabricar las botellas, nació Vidriera Monterrey, hoy Vitro. Para las corcholatas, fue necesario producir acero a través de Hojalata y Lámina de Monterrey (Hylsa), hoy en manos de la argentina Ternium. Grafo Regia y Empaques de Cartón Titán se crearon para producir las etiquetas y las cajas para empacar la cerveza. Ese conglomerado empresarial, que comenzó a tomar cuerpo en la década de 1930, pronto empezó a ser reconocido como el llamado Grupo Monterrey, que fue convirtiéndose en sinónimo de visión, empuje y fortaleza.

Una de sus primeras incursiones en el terreno de las ideas, mucho antes de la creación del Tecnológico de Monterrey, se dio en los medios de comunicación, durante el sexenio del general Lázaro Cárdenas, el presidente reformista que entre 1934 y 1940 sacudió a México con políticas calificadas de socialistas, como la nacionalización de la industria petrolera y la creación del ejido. Confrontado con Estados Unidos, creador del Partido de la Revolución Mexicana (PRM), hoy PRI, de la Confederación de Trabajadores de México (CTM) y de la Confederación Nacional Campesina (CNC), las ideas del llamado Efigie de Jiquilpan se contrapuntearon con las de los hombres de negocios del Grupo Monterrey.

Fue en 1938, dos años antes de que concluyera el sexenio de Cárdenas, cuando uno de los integrantes del clan empresarial, Luis G. Sada, apoyó la iniciativa de Rodolfo Junco de la Vega Voigt para fundar en Monterrey el periódico matutino *El Norte*. La familia Junco de la Vega, con don Celedonio al frente, había fundado en 1922 el vespertino *El Sol*. Pero la competencia estaba en la mañana, con *El Porvenir*, que oponía poca resistencia ideológica a los afanes socializantes de Cárdenas y sus intereses en la clase política local, usualmente emparentada con los dueños de ese matutino.

A lo largo de casi tres décadas, de 1938 a 1967, *El Norte* creció gracias al genio de don Celedonio y de su hijo Rodolfo, de la mano de la apuesta empresarial del Grupo Monterrey, que, con una posición minoritaria, tenía asiento en el Consejo y solía designar a un subdirector en turno. Pero una diferencia de visiones rompió en 1967 la alianza entre los Junco y el clan empresarial, que buscaba afanosamente el control absoluto del medio desde su minoría accionaria. Lo necesitaban para consolidarlo con los nacientes intereses de Televisión Independiente de México (TIM), que con el Canal 6 retaba en Monterrey el predominio local del Canal 3, y con el Canal 8 desafiaba la fuerza de Telesistema Mexicano, de Emilio Azcárraga Vidaurreta.

Como accionistas mayoritarios, la familia Junco defendió su trinchera y la disputa por el control de *El Norte* llegó hasta la Suprema Corte. Los Junco, accionistas mayoritarios, al fin con una férrea voluntad para defender sus derechos, salieron airosos, por encima de lo que entonces se consideraban los muy poderosos intereses del Grupo Monterrey. El episodio no es menor, ni anecdótico. Fue un punto de inflexión que dio un vuelco a la vida del empresario regiomontano, y podría decirse que terminó llevándolo más tarde a otra confrontación que le costaría la vida a su patriarca y que cambiaría para siempre la psique empresarial de Monterrey.

EL INDUSTRIAL Y EL CORONEL. Lesionado en su orgullo y en sus intereses ante la pérdida de su influencia en *El Norte*, Eugenio Garza Sada decretó en 1967 un boicot publicitario contra los periódicos de la familia Junco. Más aún, salió a buscar al entonces todopoderoso de la prensa en México, el coronel José García Valseca, para instalar en Monterrey un nuevo periódico que combatiera a *El Norte*. García Valseca era un legendario militar de Puebla, mejor conocido como el coronel García Valseca. Gracias a su amistad con Maximino Ávila Camacho, el mítico hermano del presidente Manuel, el coronel poblano logró fortalecer, en la década de 1960, el mayor imperio de prensa en México. Tenía una treintena de periódicos que emblemáticamente eran llamados los *Soles*.

Pero Monterrey era la única gran ciudad en la que García Valseca no entraba. La fortaleza de los matutinos *El Porvenir* y *El Norte* lo había frenado; además, el cabezal «El Sol», como se llamaban la mayoría de sus diarios, ya lo tenía el vespertino de la familia Junco.

Eugenio Garza Sada vio en el coronel García Valseca la posibilidad de reivindicar la afrenta de los Junco y de *El Norte*. Le facilitó los medios para que fundara *Tribuna de Monterrey*. Debutando en 1968, en plenos Juegos Olímpicos y con la primera rotativa de color de la ciudad, el diario de García Valseca rifaba autos y casas en su afán por aniquilar a *El Norte*, que, boicoteado en su publicidad, sobrevivía con anuncios del valle de Texas. Pero la relación entre Garza Sada y el coronel García Valseca creció aceleradamente. Además, la figura de un periodista de derecha, Salvador Borrego, se hizo imprescindible para cuidar los intereses del Grupo Monterrey en la cadena de los *Soles*.

Por esos años, el Gobierno pretendía ejercer el control de la prensa en México a través del papel periódico. Solo se podía comprar o importar papel a través de Pipsa (Productora e Importadora de Papel). Su carácter político era más que evidente. La paraestatal se ubicaba bajo la tutela de la Secretaría de Gobernación, que manejaba Mario Moya Palencia, quien operaba bajo la consigna: «A los amigos, papel y crédito ilimitado; a los enemigos, racionamiento y pago de contado».

La excéntrica vida del coronel García Valseca, quien recorría permanentemente el país para visitar sus múltiples periódicos a bordo de un lujoso tren de su propiedad, le creó un estilo de vida insostenible que lo hundió en deudas. Y en 1973, a mitad del sexenio de Echeverría, esas deudas acumularían los 160 millones de pesos en facturas de Pipsa. El Gobierno se aprestaba a tomar el control de la Cadena García Valseca. La orden presidencial le fue dictada al secretario de Gobernación, Mario Moya Palencia.

GUERRILLA DE PAPEL, BALAS DE PLOMO. Para Eugenio Garza Sada, el ascenso de Luis Echeverría Álvarez a la presidencia en 1970 significó un serio tropiezo en cuanto al control que se tenía de la política y los políticos en Monterrey, ya que el mandatario del «Arriba y adelante» conocía a fondo las ideas del Grupo Monterrey. Fuera de la Sociedad Cuauhtémoc y Famosa (SCYF), a la que consideraba de avanzada y de donde tomaron el modelo con el que se creó en aquel sexenio el Infonavit, Echeverría consideraba el pensamiento empresarial regiomontano como reaccionario, desde que en 1962 confrontó a los regiomontanos en la lucha contra el libro de texto gratuito. Eran los días en que Echeverría *despachaba* como subsecretario de Gobernación en el sexenio del presidente López Mateos. Esas relaciones se «agriaron» cuando Echeverría, cargando a cuestas el peso de haber sido el secretario de Gobernación del presidente Gustavo Díaz Ordaz, intentó lavar la afrenta del 2 de octubre en Tlatelolco acercándose a los grupos ideológicos de izquierda que en su momento reprimió. A algunos los indultó. A otros los llevó a su gabinete.

Pero, si algo distanció a Echeverría del llamado Grupo Monterrey, fue su belicosidad contra Estados Unidos y su afinidad manifiesta con las ideologías de izquierda, incluida su amistad con el cubano Fidel Castro y con el chileno Salvador Allende. Y aunque Víctor Bravo Ahuja fue un exrector del Tecnológico de Monterrey en el sexenio de Echeverría y ocupó el cargo de secretario de Educación, los desencuentros con Eugenio Garza Sada tenían cuatro nombres y apellidos.

El primero era Eduardo Elizondo Lozano, un brillante abogado, *consigliere* en las grandes empresas de Monterrey, quien fue rector de la Universidad de Nuevo León y que en 1967 alcanzó por el PRI la gubernatura del estado. Un periodo efímero de tres años ocho meses, ya que el 5 de junio de 1971 decidió, por dignidad, renunciar al cargo, porque se resistía a aceptar las imposiciones del Gobierno federal para obligarlo a cancelar la nueva ley orgánica de la Universidad de Nuevo León. Querían obligarlo a firmar la autonomía universitaria. Su lugar privilegiado en los

asientos de los principales consejos de las empresas de la ciudad —incluido el del periódico *El Norte*— terminaría por pavimentar el camino para que su hijo Fernando Elizondo, desde el
PAN, alcanzara la gubernatura interina en el sexenio en el que
Fernando Canales Clariond dejó la silla estatal para incorporarse
al gabinete de Vicente Fox. La renuncia del gobernador Eduardo
Elizondo sería el primer rompimiento entre Monterrey y Echeverría. Una confrontación que se agravaría 10 días después con
otro quiebre.

Todavía con la afrenta de Elizondo fresca, el 10 de junio de
1971 el expresidente nacional del PRI y regente del Distrito Federal, Alfonso Martínez Domínguez, neoleonés de origen, también
fue obligado a renunciar el 15 de junio tras la represión estudiantil del llamado Jueves de Corpus, que evidenció la existencia de
un grupo paramilitar conocido como los Halcones. Martínez
Domínguez acabó corriendo la misma suerte que Raúl Salinas
Lozano, otro neoleonés caído de la gracia de Echeverría cuando
trató de interponerse en el camino de Gustavo Díaz Ordaz. Salinas
Lozano y Martínez Domínguez debieron soportar la congeladora
política; el exsecretario de Industria y Comercio durante casi 13
años (de 1964 a 1977), y Martínez Domínguez, siete (de 1971 a 1978),
durante todo el sexenio echeverrista.

Un tercer nombre en la confrontación entre Echeverría y el
Grupo Monterrey fue el de Sergio Méndez Arceo, el llamado Obispo Rojo, el impulsor en México de la teología de la liberación que
pugnaba por la alianza entre el cristianismo y el socialismo como
instrumento para reivindicar la justicia social a través de la defensa de los más desposeídos. Los brazos operadores del arzobispo
de Cuernavaca eran dos. Por un lado, su vinculación con el pensamiento liberal de la orden jesuita que, instalada en Monterrey en la
pastoral ética del Tecnológico de Monterrey, fue expulsada por
Eugenio Garza Sada, tras estallar la única huelga que paralizó en su
historia a la institución educativa. Por otro lado, el apadrinamiento,
desde la teología de la liberación, del Frente Auténtico del Trabajo
(FAT), que amenazaba al «sindicalismo blanco» de Nuevo León y

que alcanzó a operar muy cerca, en Saltillo, lo cual desató una larga huelga en las empresas Cinsa y Cifunsa.

El cuarto nombre en aquella discordia fue el de Pedro Zorrilla Martínez, un político regio que fue impuesto por el presidente como gobernador de Nuevo León. Bajo su gestión se dieron las invasiones desde tierras urbanas a la metrópoli regia mediante familias «importadas» de San Luis Potosí y Zacatecas, así como las llamadas «huelgas locas», como las de Industrias González y los talleres de Medalla y Gacela. En el sexenio de Zorrilla se crearon las condiciones para que floreciera en Monterrey una poderosa célula de la Liga 23 de Septiembre, que terminó siendo utilizada por el gobierno de Echeverría para asesinar a Eugenio Garza Sada. Además, en el contexto de la salida de Eduardo Elizondo, la renuncia de Alfonso Martínez Domínguez, la penetración de la teología de la liberación, el quiebre con *El Norte* y el acercamiento con el coronel García Valseca, el patriarca empresarial de Monterrey decidió retar las afrentas políticas e ideológicas de Echeverría.

En 1973, cuando el coronel José García Valseca se presentó con el empresario regiomontano para anunciarle que su poderosa cadena de diarios estaba a punto de ser intervenida por el Gobierno federal, debido a sus adeudos millonarios con Pipsa, Garza Sada intuyó con claridad que la jugada final de Echeverría era apoderarse de la principal cadena de diarios y con ello impulsar la ideología de izquierda. El industrial regiomontano le propuso a García Valseca reunir, con el apoyo de otros empresarios de México, los fondos suficientes para el rescate de aquel conglomerado de medios impresos. A cambio le pidió que le cediera el control de los diarios para colocar al frente de esa cadena al periodista Salvador Borrego.

Cuando Echeverría supo del interés del Grupo Monterrey por la Cadena García Valseca montó en cólera. El desafío era inaudito, considerando que presuntamente el presidente ya había decidido que fuera un amigo, Mario Vázquez Raña, quien asumiera la propiedad de los *Soles*. Hombre cercano al presidente, Vázquez Raña y su familia eran públicamente reconocidos por su cadena de mueblerías Hermanos Vázquez. Pero la fortaleza del apellido venía de un negocio todavía mayor: la proveeduría a las Fuerzas Armadas Mexicanas. Para evitar el golpe contra la Cadena García Valseca, Garza Sada aceleró el trámite del cheque para hacer el pago a Pipsa. Pero se quedó a horas de consumarlo. Su muy oportuno intento de secuestro, que culminó en asesinato en Monterrey, la mañana del 17 de septiembre de 1973, a manos de un comando de la Liga Comunista 23 de Septiembre, frenó el cierre de la operación.

Dentro de las filas de los militantes de aquel comando siempre se dijo que la orden no era asesinar, sino secuestrar a Garza Sada. El gobierno de Echeverría pretendía darle al empresario cautivo el mensaje de que sacara las manos de la compra de la Cadena García Valseca. De hecho, no son pocas las voces, incluida la del libro *Nadie supo nada: la verdadera historia del asesinato de Eugenio Garza Sada*, del periodista Jorge Fernández Menéndez, que ubican la intentona de secuestro del empresario en la urgencia del Gobierno federal para disuadirlo de la adquisición de los *Soles*. Pero el plan se salió de control cuando el propio industrial, su chofer y su guardia —Bernardo Chapa y Modesto Hernández— bajaron del auto para repeler la agresión. Eugenio Garza Sada siempre dijo que primero muerto antes que secuestrado. Empresario y custodios terminaron asesinados en el lugar. Hay quienes reconocen dentro de la familia Garza Sada que ese día don Eugenio traía consigo el cheque con el que rescataría la Cadena García Valseca. Nada de eso se consumó.

El sepelio del empresario se convirtió en luto nacional, y la presencia de Luis Echeverría en el cortejo fúnebre solo avivó el choque entre su gobierno y el Grupo Monterrey. El discurso pronunciado por el abogado Ricardo Margáin Zozaya, directivo del Grupo Monterrey, bajo una pertinaz lluvia, conmocionó a un presidente que en ese momento dijo no haber escuchado el mensaje, pero que, leído *a posteriori*, lo indignó hasta el punto de quiebre final. Los empresarios regiomontanos —al igual que la mayoría de los nacionales— condenaban en esos días la apertura del Gobierno mexicano para dar asilo en México a los chilenos que eran expulsados tras el golpe de Estado que el 11 de septiembre había sido asestado por el general Augusto Pinochet al presidente Salvador Allende. Seis días después de aquella «marea socialista» que ingresó a México se dio el asesinato del regiomontano Eugenio Garza Sada.

En ese contexto, frente al féretro de Garza Sada y ante el presidente Echeverría, Margáin Zozaya sentenció:

Sus asesinos y quienes armaron sus manos y envenenaron sus mentes merecen el más enérgico de los castigos. Es una verdad irrebatible. Pero no es esto lo que preocupa a nuestra ciudad. Lo que alarma no es tan sólo lo que hicieron, sino por qué pudieron hacerlo.

La respuesta es muy sencilla, aunque a la vez amarga y dolorosa: sólo se puede actuar impunemente cuando se ha perdido el respeto a la autoridad; cuando el Estado deja de mantener el orden público; cuando no tan sólo se deja que tengan libre cauce las más negativas ideologías, sino que además se les permite que cosechen sus frutos negativos de odio, destrucción y muerte.

Cuando se ha propiciado desde el poder, a base de declaraciones y discursos, el ataque reiterado al sector privado, del cual formaba parte destacada el occiso, sin otra finalidad aparente que fomentar la división y el odio entre las clases sociales. Cuando no se desaprovecha ocasión para favorecer y ayudar todo cuanto tenga relación con las ideas marxistas, a sabiendas de que el pueblo mexicano repudia este sistema opresor.

Es duro decir lo anterior, pero creemos que es una realidad que salta a la vista. Por doquier vemos el desorden instituido que casi parece desembocar en la anarquía, se suceden los choques sangrientos; las universidades se encuentran convertidas en tierra de nadie; se otorgan mayores garantías al delincuente común que al ciudadano pacífico que se ve sujeto a atentados dinamiteros, asaltos bancarios, destrucción y muerte, eso es lo que los medios de comunicación nos informan cada día, cuando no tenemos que sufrirlos en carne propia o en la de familiares o amigos. Y a todo esto no se le pone remedio en la medida del daño que causa.

Las fuerzas negativas que rayan en la impunidad delictuosa parecen haber encontrado como campo propicio nuestro país. Mientras todos hacemos esfuerzos sobrehumanos por ayudar a resolver los gravísimos problemas económicos que amenazan culminar en una crisis, se permiten las más nocivas ideologías, que propugnan por todo aquello que va en contra de lo verdadero y constructivo. Es decir, contra nuestra forma de vida, contra nuestros más preciados valores y contra nuestros más legítimos derechos.

Urge que el Gobierno tome, con la gravedad que el caso demanda, medidas enérgicas, adecuadas y efectivas que hagan renacer la confianza en el pueblo mexicano. Unos desean invertir sus capitales, pero temen hacerlo; otros, los industriales y comerciantes, quisieran fortalecer su confianza en el futuro porque se trata del futuro de la Patria. Los más se preguntan con legítimo derecho hacia dónde va la Nación y cuál será el porvenir que les espera a nuestros hijos.

Cierto que es difícil tener confianza en el futuro cuando el mismo se perfila en el horizonte bajo los nubarrones negros de la tormenta o el rojo vivo de la sangre derramada. Pero, a pesar de todo, hay esperanza y hay patriotismo; esos mismos atributos que tanto pudimos apreciar en la persona del desaparecido.

Con sinceridad creemos que, si es necesario que se reexaminen actitudes del pasado, es el momento de hacerlo. Si en algo o en mucho se ha fallado, es el momento de corregir el rumbo. Si se ha malinterpretado la acción prudente de la autoridad, que la misma se haga sentir en forma seria y responsable. Sobre el interés individual o de grupos ideológicos se encuentra, al menos así lo piensan las instituciones del sector privado, el interés de la Patria [...].

Veintinueve días después de aquel histórico sepelio de Garza Sada y de ese desafiante discurso de Margáin Zozaya, el 10 de octubre de 1973 fue secuestrado en Guadalajara, también por la Liga Comunista 23 de Septiembre, el empresario Fernando Aranguren. Íntimamente ligado al Grupo Monterrey, siempre se advirtió que su chequera también habría aportado, a petición de Eugenio Garza Sada, fondos para consumar el rescate de la Cadena García Valseca. Aranguren fue asesinado seis días después.

El trauma del sector empresarial era enorme. Y los sucesores de Garza Sada entraron en una zona de confrontación personal que terminó dividiendo al monolítico grupo en dos visiones: la de Eugenio Garza Lagüera y la de Bernardo Garza Sada. Javier Garza Sepúlveda debió conformarse con ser testigo del quiebre.

Los primos entendieron el violento mensaje de Echeverría y renunciaron a la compra de la Cadena García Valseca que, fiel a los designios presidenciales, terminó como Organización Editorial Mexicana en manos de su amigo Mario Vázquez Raña.

Eugenio Garza Lagüera y Bernardo Garza Sada aprovecharon la salida de Rodolfo Junco de la Vega, padre de *El Norte*, y el ascenso de sus hijos Alejandro y Rodolfo Junco de la Vega, para restablecer en 1974 la relación mediática perdida. Y los afanes de una televisión nacional regiomontana, que despuntaban en un Canal 6 en Monterrey y un Canal 8 en la capital de México, terminaron forjando una alianza con Telesistema Mexicano, de Emilio Azcárraga Milmo. De esa fusión nacería Televisa.

Los miedos despertados por la confrontación entre Garza Sada y el gobierno de Echeverría, que culminó con el asesinato del patriarca, modificaron para siempre el inconsciente del empresariado de Monterrey. Su relación con el poder no volvería a ser igual. Su pacto con José López Portillo en 1976 daría un giro de 180 grados. Sería el inicio de la nueva era.

4.2

SE CREA EL PRIMER CÁRTEL
EL PROBLEMA EZ-UNO

Uno de los grandes mitos en la creación y el crecimiento de los cárteles de la droga en México es la confusión de tomar por «jefes» a quienes en realidad son los «títeres». Arriba de esos capos suele estar el padrinazgo de quienes de verdad son los dueños, operadores y beneficiarios de esos cárteles: los «titiriteros».

Y desde la década de 1970, la historia se viene repitiendo en México sexenio tras sexenio. Cada gobierno, cada presidente, cada cambio de mando entre las fuerzas militares obliga a definir nuevos «títeres» que operen para que el presidente en turno o los altos jerarcas de la Policía nacional o del Ejército reconozcan como el «titiritero».

Uno de los hitos que se atribuye a Luis Echeverría es el de la creación y operación del primer cártel de la droga en México: el Cártel de Guadalajara. Se instauró en pleno sexenio del «hombre de la guayabera» y su historia culminó con el asesinato del agente de la Administración de Control de Drogas (DEA), Enrique Camarena Salazar, mejor conocido como Kiki Camarena, un sonado caso internacional en el que el inculpado central fue el narcotraficante Rafael Caro Quintero —el «títere»—, pero el instigador y conspirador —y «titiritero»— fue Rubén Zuno Arce, hermano de María Esther Zuno Arce, la esposa del presidente Echeverría.

Rubén Zuno Arce creció en la opulencia. Hijo de José Guadalupe Zuno, gobernador de Jalisco entre 1923 y 1926, sus vínculos con el lado oscuro del poder siempre fueron ampliamente conocidos. Pero tenían la abierta protección, primero, del secretario de Gobernación y, después, del presidente de México, Luis Echeverría, yerno de José Guadalupe Zuno.

Las investigaciones revelan el papel central de Zuno Arce en la operación del Cártel de Guadalajara, una organización integrada por tres nacientes capos: Miguel Ángel Félix Gallardo, Ernesto *don Neto* Fonseca Carrillo y Enrique *Kiki* Camarena Salazar. Y aunque emergieron en el sexenio de Echeverría, su poder se consolidó bajo el manto protector de Zuno Arce, cuando los dos más poderosos capos de Colombia, Pablo Escobar y Gonzalo Rodríguez Gacha, acorralados ante la imposibilidad de continuar enviando su cocaína a través de Miami, buscaron socios mexicanos para trasladarla por tierra a Estados Unidos. El pago por el servicio: la mitad del cargamento.

El primer gran golpe contra el llamado Cártel de Guadalajara se dio en 1984, cuando 450 soldados destruyeron una plantación de mil hectáreas de marihuana en el rancho El Búfalo, propiedad de Rafael Caro Quintero, quien para entonces ya se había relacionado con lo más alto de la sociedad política y económica de Jalisco. Su novia, Sara Cosío Vidaurri Martínez, sobrina del gobernador Guillermo Cosío Vidaurri, era una de esas pruebas irrefutables. La pareja solía departir en los más selectos restaurantes y clubes nocturnos de la Perla Tapatía, incluyendo el Club Campestre.

Operado por tres mil personas, entre ellas algunos mandos militares de la zona, la producción de marihuana decomisada en El Búfalo fue valorada en unos 8 000 millones de dólares. La destrucción de ese plantío fue, en esos tiempos, la segunda más grande operación antidrogas hecha por la DEA, solo superada por la destrucción de los laboratorios de cocaína en Colombia, conocidos como Tranquilandia, en donde fueron decomisadas casi 15 toneladas de cocaína, propiedad de los capos Escobar y González Gacha.

En México, Kiki Camarena Salazar operaba en las sombras, como agricultor, y logró infiltrarse en las más elevadas estructuras del cártel tapatío hasta que los jefes de dicho cártel —Zuno, Félix Gallardo, Fonseca Carrillo y Caro Quintero— lo descubrieron y ordenaron su secuestro el 8 de febrero de 1985. Agentes de la Dirección Federal de Seguridad (DFS), dominio eterno de Fernando Gutiérrez Barrios, y que entonces era operada por Miguel Nassar Haro, habrían jugado un rol central en este secuestro y posterior asesinato. El epicentro de las sospechas surgió cuando se supo que la casa de la calle Lope de Vega, en Guadalajara, donde se torturó al agente de la DEA hasta su muerte, había pertenecido a Rubén Zuno Arce. También fue involucrado el médico Humberto Álvarez Machain, quien fue acusado de ser el personaje que, en medio de la tortura, tenía la consigna de mantener a Camarena Salazar con vida hasta arrancarle sus últimas confesiones.

Investigaciones posteriores advirtieron que el agente de la DEA quizá no fue secuestrado y ejecutado por la triada de narcos que operaba en Guadalajara de la mano del cuñado de Echeverría, sino por un agente de la Agencia Central de Inteligencia (CIA), Félix Ismael Rodríguez. El móvil para desaparecer a Kiki Camarena era que habría descubierto que el Gobierno de Estados Unidos colaboraba con el narco mexicano en el trasiego de la droga de Colombia a Estados Unidos y que una porción de esas ganancias era destinada a patrocinar a los Contras en Nicaragua, la organización que enfrentaba al sandinismo en los días en que el gobierno de Ronald Reagan sostenía una guerra sin cuartel contra el gobierno sandinista.

El asesinato de Camarena Salazar puso una enorme presión al gobierno del presidente De la Madrid, quien ordenó la captura de Ernesto Fonseca Carrillo y de Rafael Caro Quintero, dejando libres a Miguel Ángel Félix Gallardo y a Rubén Zuno Arce. La estrategia era que, ante los excesivos reflectores que existían sobre Guadalajara, las operaciones de ese cártel fueran transferidas a Tijuana, en donde comenzaba a despuntar el Cártel de los Arellano Félix, primos de Miguel Ángel Félix Gallardo, quien los instalaría como los nuevos operadores para los cargamentos tanto de la droga mexicana como la de Colombia.

Pero hasta 1989, durante el primer año de gobierno de Carlos Salinas de Gortari, un presidente decidió asumir la detención de Rubén Zuno Arce. Después de todo, esa era, con el aval de Estados Unidos, una forma de disminuir la influencia política del clan Echeverría, que había mantenido por dos sexenios en la congeladora política a la familia Salinas. El mismo que envió al tío Elí de Gortari a las mazmorras de Lecumberri en 1968.

El cuñado de Echeverría acabaría recluido con una sentencia de cadena perpetua en una prisión de Florida, donde murió el 18 de septiembre de 2012, cuando cumplía ya 23 años de reclusión. El nuevo y floreciente cártel ya no despachaba en el Jalisco de los Zuno. Ahora los jefes eran los Arellano Félix. Convirtieron su Cártel de Tijuana en el epicentro de la droga entre México y Estados Unidos.

4.3

LÓPEZ PORTILLO, CANDIDATO
PACTO SECRETO EN MONTERREY

Si algo entendió José López Portillo una vez que se convirtió en candidato del PRI a la presidencia, fue que, si quería llegar a Los Pinos, tendría que sanar las heridas que su amigo de juventud, Luis Echeverría, le estaba legando después de seis años pendulares en la izquierda. Sin duda, la principal de esas heridas era la brecha que se había abierto entre el Gobierno y el llamado Grupo Monterrey.

López Portillo sabía que la crisis económica que llevó a la gran devaluación del peso, junto con las medidas socialistas, las invasiones de tierras en Sonora y Sinaloa, las relaciones con Cuba, Nicaragua y Chile, pero sobre todo los asesinatos de los patriarcas empresariales Garza Sada y Aranguren, desarticuló cualquier entendimiento con el poderoso clan económico de Nuevo León que tenía amplia influencia en el país.

Sus hombres de empresa y sus dirigentes en las cámaras dominaban entonces el espectro político-económico. Su actitud contestataria frente a los abusos de poder les endosaba una patente para exigir respeto ante la ley. No existían compromisos. Entre esos personajes regios figuraban Andrés Marcelo Sada Zambrano, Rogelio Sada Zambrano, Eugenio Garza Lagüera, Bernardo Garza Sada, Jorge Chapa, José Luis Coindreau, Alberto Fernández Ruiloba, Jorge L. Garza, Ricardo Margáin Zozaya y Alejandro Garza Lagüera, quienes influían y se coordinaban a nivel nacional con empresarios regionales como Manuel Clouthier, Nicolás Madáhuar, José María Basagoiti, Manuel Espinosa Yglesias, Alejandro Gurza Obregón, Eugenio Elorduy, Federico Terrazas, Ignacio Aranguren, Gerardo Pellico y Armando Fernández.

El candidato priista a la presidencia los conocía muy bien. Su paso por la Comisión Federal de Electricidad (CFE), primero, y por la Secretaría de Hacienda, después, lo llevó a entablar estrechas relaciones con los dos supercapitanes, Eugenio Garza Lagüera y Bernardo Garza Sada. López Portillo sabía que las afrentas contra el Grupo Monterrey los había orillado a tomar posiciones abiertas en materia política, sobre todo influyendo con sus chequeras en el creciente Partido Acción Nacional (PAN), y buscaba disuadirlos para que sus apoyos fueran para el PRI.

López Portillo sabía que desde los cuarteles de Grupo Vitro, dirigidos por un empresario socialmente responsable, Rogelio Sada Zambrano —quien era hermano de Andrés Marcelo Sada Zambrano, entonces director de Celulosa y Derivados (Cydsa), y patrono de la Coparmex—, se estaba perfilando la toma del PAN para promover la candidatura de un ejecutivo de Vitro, Pablo Emilio Madero. Se trataba del sobrino de Francisco I. Madero, el prócer de la democracia, quien con su apotegma «Sufragio efectivo, no reelección» logró el derrocamiento de Porfirio Díaz y desató el primer movimiento revolucionario del siglo XX.

Madero, impulsado por el líder panista regiomontano José Ángel Conchello, había logrado desplazar de la candidatura panista a Salvador Rosas Magallón, a quien apoyaban Efraín González

Morfín y Luis Calderón, padre de Felipe Calderón Hinojosa. El respaldo económico del Grupo Monterrey fue crucial para consumarlo. El candidato López Portillo tenía claro que una fuerte inversión de los empresarios en el proyecto político de Madero le podría dar al PAN el combustible necesario para competirle cara a cara al PRI. Sobre todo después de la intranquilidad política, económica y social generada por el final del sexenio de Echeverría.

Por eso, López Portillo solicitó una audiencia a los barones del capital regiomontano y se escabulló un día en vuelo privado, sin anuncio oficial, para acudir a comer y cenar con algunos de ellos a Monterrey. Su mensaje era muy claro: «Yo no soy Luis Echeverría. Denme la oportunidad de llegar y haremos las cosas diferentes».

En esos días yo era reportero en el periódico *El Norte* y dos de los capitanes de empresa que asistieron a la cena me confiarían algunos de los pormenores que explicarían la súbita inacción del PAN en la contienda presidencial de 1976 y la alianza gestada entre López Portillo y algunos de los hombres de empresa del Grupo Monterrey para facilitarle al exsecretario de Hacienda su llegada a Los Pinos. El resultado final —«Haiga sido como haiga sido»— fue que el PAN se vio legalmente imposibilitado de elegir a su candidato y López Portillo con el PRI fue la única opción en una «elección sin elección».

No obstante, durante aquella cena en la residencia de uno de los capitanes de empresa, se desplegaron sobre la mesa de las negociaciones algunas condiciones para dejar el camino libre a López Portillo. En primer lugar, garantizar el regreso de Raúl Salinas Lozano a la Secretaría de Industria y Comercio, hombre de todas sus confianzas. Los empresarios de Monterrey siempre contaron con Salinas Lozano como aliado para la fijación de los precios de la energía eléctrica y el gas, además del precio de sus productos, durante el sexenio de López Mateos. Su confrontación con la dupla Díaz Ordaz-Echeverría mantuvo a Salinas Lozano por dos sexenios consecutivos en la congeladora política, sin ninguna opción para participar en política y mucho menos para apoyar a sus paisanos de Nuevo León. La petición era clara: tan pronto como López Portillo ocupara la silla presidencial, Salinas Lozano sería reincorporado a la actividad pública, preferentemente en Industria y Comercio. En segundo y último lugar, se buscaba la reivindicación de Alfonso Martínez Domínguez, quien había renunciado después de que Echeverría le atribuyera la responsabilidad de la matanza del Jueves de Corpus. El empresariado regiomontano buscaba que don Alfonso, como se le conocía al expresidente nacional del PRI y exregente del Distrito Federal, también volviera a la política activa, de preferencia como gobernador de Nuevo León.

López Portillo no solo aceptó las peticiones de los empresarios regiomontanos; también les puso sobre la mesa una promesa difícil de resistir. En sus primeros días en Los Pinos, el nuevo presidente se desplazaría a Monterrey para firmar en esa capital industrial un pacto, un acuerdo nacional con el título «Alianza para la Producción» que dejaría sobre la mesa un claro mensaje: los días de confrontación entre el Gobierno federal y el empresariado mexicano, alentados por las políticas de Echeverría, serían historia. Nacería una nueva relación entre el Estado y el capital.

Al finalizar aquella cena, ya entre las copas de coñac y el humo de los habanos, uno de los empresarios asistentes, de carácter bravucón, le espetó a López Portillo: «¿Y qué vamos a hacer con el cabrón de Echeverría?». El candidato del PRI a la presidencia les cuestionó: «¿Qué proponen ustedes que hagamos con él?». Alguno de los asistentes, en son de broma, apenas alcanzó a decir: «Hay que refundirlo en el fin del mundo, para que ya no haga más pendejadas». López Portillo, siempre ocurrente y oportuno, inquirió: «¿Y, según ustedes, dónde está el fin del mundo?». Uno de los empresarios se fue sobre un globo terráqueo que decoraba aquella biblioteca, señaló la ubicación de Monterrey y buscó el lugar más lejano, el opuesto. Era Australia. «¡Pues hasta allá lo mandaremos!», dijo López Portillo, y solo se oyeron las carcajadas del candidato y de los asistentes.

Gracias a aquel acuerdo con el empresariado de Monterrey, entre otras cosas, López Portillo se convirtió en el único candidato en la historia del México moderno que no tuvo rival en la boleta electoral de la elección presidencial de 1976. El PAN entró en «conflictos internos» que impidieron concretar las candidaturas tanto de Pablo Emilio Madero como de Salvador Rosas Magallón. México vivió por primera vez «la elección de uno». Su lema de campaña, «La solución somos todos», intentó ser un mensaje de avanzada hacia la reconciliación nacional, tras el desastre económico, político y social de su repudiado amigo, Luis Echeverría.

LUIS ECHEVERRÍA ÁLVAREZ
1970–1976

LO QUE LE HEREDARON ◄────────► *LO QUE HEREDÓ*

CRECIMIENTO DEL PIB
PROMEDIO ANUAL, PORCENTAJE

6.4%   ✕   5.96%

PIB PER CÁPITA
PRECIOS CONSTANTES EN DÓLARES DE 2015 AL CIERRE DEL SEXENIO

5 416.9   ✓   6 735

DEUDA PÚBLICA
PORCENTAJE DEL PIB AL CIERRE DEL SEXENIO

19.97%   ✕   35.21%

PRODUCCIÓN PETROLERA
PROMEDIO DIARIO, ÚLTIMO AÑO DEL SEXENIO, BARRILES DIARIOS

465 000*   ✓   831 000

BALANZA FISCAL
PORCENTAJE DEL PIB, AGREGADO DE TODO EL SEXENIO

0.1%   ✓   0.33%

TIPO DE CAMBIO
PESOS POR DÓLAR EN EL ÚLTIMO DÍA DEL SEXENIO

12.50   ✕   22*

INFLACIÓN
PROMEDIO ANUAL, PORCENTAJE

3.58%   ✕   12.83%

Fuentes: Inegi, Banco Mundial, OCDE, Banxico, SHCP y CNH.
* Dato del precio y devaluación que eliminó tres ceros a la cotización.

5

JOSÉ LÓPEZ PORTILLO
DEL DULCE ROMANCE
AL CRUDO DIVORCIO

Dónde estaba Luis Echeverría: A LA BAJA. *Enviado por López Portillo al exilio como embajador de México en Australia, Nueva Zelanda e Islas Fiyi y lamentando la traición de su amigo y sucesor, José López Portillo.*

Dónde estaba Raúl Salinas Lozano: AL ALZA. *Volviendo del ostracismo de 12 años que le impusieron Díaz Ordaz y Echeverría, instalándose como director general de Precios en la Secretaría de Industria y Comercio y, más tarde, como director del Instituto Mexicano de Comercio Exterior, operando con los empresarios el cumplimiento de aquel pacto que le despejó el camino a la presidencia a López Portillo.*

Péndulo político: A LA DERECHA

Vaya que José López Portillo tenía razón cuando les dijo a los empresarios de Monterrey: «Yo no soy Luis Echeverría...». Aunque amigos desde la juventud, Echeverría y López Portillo eran dos perfiles muy distintos. Y quizá por esas diferencias que los complementaban se dio aquella singular amistad que acabó en traición.

Echeverría era unególatra, astuto, parco en sentimientos, largo en su discurso, disciplinado, de rasgos duros, poco expresivo, escasamente afable frente al desconocido, complaciente como subalterno del poderoso e inclinado a imponer sus decisiones. Dedicado a las veinte horas de trabajo y orientado a los resultados. Como presidente, era fácil descubrir su genio cuando estaba «de buenas», lo mismo que «de malas». Pero, por encima de todo, era un hombre proclive al poder, no un hombre de Estado. A Echeverría se le respetaba o se le temía, pero no se le amaba. Era frío, vestía siempre de guayabera blanca o uniforme caqui y cuidaba su salud y su imagen cumpliendo un ritual diario de alimentación y ejercicio. Por eso logró prolongar su vida hasta llegar a los 100 años.

López Portillo, en cambio, era un casanova de la política, siempre de amplia sonrisa, conquistador a la menor provocación, firme en sus decisiones, pero laxo al darles continuidad. Su discurso seducía con su amplia cultura a flor de piel y una divertida inteligencia que alcanzaba toques de genialidad. Pero ese *charm* del político al que todo se le celebraba, desde un discurso magistral hasta su varonil monta de caballo, la defensa de «sus mujeres» —su madre y sus dos hermanas—, e incluso se le festejaba la «conquista en turno», acabó por arrastrarlo entre los laberintos de la frivolidad. Sus suéteres de cuello de tortuga, la pipa y el tabaco con olor a vainilla lo transformaron en un *gigoló de la política*. Era un hombre sensible, muy culto, poeta y muy enamoradizo. Pero cuando se trataba de asuntos públicos, a diferencia de Echeverría, solía actuar como hombre de Estado.

Por eso, cuando fue electo presidente en julio de 1976 como candidato único y sin rival, López Portillo no vaciló en tomar distancia de su antecesor, quien estaba precedido por una estela de rechazo popular debido a la enorme crisis política y económica que dejó. Bajo la promesa hecha en aquella reunión en la residencia de uno de los capitanes de empresa de Monterrey, López Portillo reintegró a Raúl Salinas Lozano en la política, después de haber estado en el ostracismo durante los sexenios de Díaz Ordaz y Echeverría. Lo mandó a la Secretaría de Industria y Comercio, no como su titular, pero sí como el director de la Comisión Nacional de Precios en los momentos en que las liberaciones de precios en bienes y servicios, energéticos e incentivos fiscales eran cruciales para el empresariado.

Durante sus primeras semanas en Los Pinos, López Portillo se trasladó a Monterrey para firmar, ante seiscientos empresarios de todo el país, la Alianza para la Producción, flanqueado en el presídium por Bernardo Garza Sada, presidente de Grupo Alfa, y por Eugenio Garza Lagüera, presidente de Grupo Visa y heredero primogénito del malogrado patriarca Eugenio Garza Sada, víctima de la guerrilla auspiciada o tolerada —por omisión o complicidad— por el presidente Echeverría.

En ese pacto se anunciaba que el nuevo gobierno desplegaba un plan de dos años para salir de la crisis, dos años de consolidación para afianzar la nueva estrategia y dos años para el despegue. En el acto se anunciaba un paquete de incentivos fiscales y monetarios para reactivar la inversión, que incluía, entre otras cosas, la emisión de los llamados *petrobonos*, con los que cualquier mexicano podría participar comprando un trocito de la bonanza energética que se avizoraba, además de la autorización para operar depósitos en dólares a las empresas con el fin de facilitarles las operaciones de comercio exterior. La segunda promesa en aquella cena de campaña en Monterrey se concretaba.

ECHEVERRÍA A LAS ISLAS FIYI. Para 1978, López Portillo salió a cumplir la más difícil de sus promesas. Asentado ya durante más de un año en el poder, designó a su antecesor Luis Echeverría como embajador en Australia, Nueva Zelanda y las Islas Fiyi. Se cumplía la petición hecha por los empresarios de Monterrey de que al «hombre de la guayabera» se le tenía que mandar «al fin del mundo», para alejarlo de cualquier tentación de meter mano en la reconstrucción nacional. La designación diplomática de Echeverría fue una conmoción solo comparable a la que produjo el «exilio» que Lázaro Cárdenas le aplicó, en abril de 1936, a su antecesor Plutarco Elías Calles, a quien, mediante un contingente militar, sacó en pijama de su casa para conducirlo a un avión del Ejército que lo llevaría hasta California.

Meses más tarde, la cuarta de las promesas de López Portillo —reivindicar políticamente a Alfonso Martínez Domínguez— tomó su curso desde Estados Unidos. Para ello, el ya entonces presidente le sugirió al político neoleonés que fuera a dar una conferencia a la Universidad de Texas, en donde tendría que revelar, sin cortapisas ni dobles lenguajes, que el responsable de la matanza del Jueves de Corpus, la del 10 de junio de 1971, había sido el presidente Echeverría. Martínez Domínguez cumplió al pie de la letra. En ese entonces, como periodista y estudiante de aquella universidad, me correspondió cubrir la conferencia que fue publicada en primera plana, a ocho columnas, en el periódico *El Norte*.

Unas semanas después de dichas revelaciones, Martínez Domínguez consumaría su retorno a Monterrey, donde «las fuerzas vivas» lo esperaban en la estación del ferrocarril para aclamarlo como candidato del PRI a la gubernatura. Martínez Domínguez cumplió sus seis años como gobernador de Nuevo León, apoyado incondicionalmente por López Portillo, quien le dio el presupuesto suficiente para emprender una serie de grandes obras, como la Macroplaza en el centro de Monterrey y la Presa Cerro Prieto, que le garantizó a la urbe regia el abasto de agua potable por los siguientes 25 años. La venganza de Echeverría contra Martínez Domínguez sobrevino en 2001, durante el sexenio de Vicente Fox, cuando el ya entonces exgobernador fue acusado por la Fiscalía Especial para Movimientos Sociales y Políticos del Pasado (Femospp) por genocidio y homicidio ante lo sucedido en aquella represión de 1971. En sus declaraciones del 22 de agosto de 2002, Martínez Domínguez volvió a inculpar directamente a Echeverría, por escrito, aduciendo que las autoridades ejecutaban la obediencia debida al presidente en turno. Don Alfonso, como se le conocía por afecto, o don Halconso, como le decían sus detractores, escuchó las acusaciones en la cama de un hospital en el que convalecía. Dos meses y medio más tarde fallecería cargando en su conciencia hasta la tumba el *fardo* de tantos secretos de aquellos años de la «guerra sucia».

LA REFORMA DE REYES HEROLES. Pero, sin lugar a duda, los dos legados más trascendentes que dejó López Portillo como presidente —y que fueron a la vez su consumación y su perdición— fueron la reforma política y el *boom* petrolero que se dio a partir de 1978 y que, por decisiones estratégicas equivocadas, hundieron a su gobierno en una crisis económica más severa que la que él heredó de su antecesor Echeverría.

En el primer gran legado, el de la reforma política, fue crucial la figura de un abogado, jurista, maestro, politólogo, historiador y estadista, Jesús Reyes Heroles, quien impulsó la primera gran apertura política para darles espacios a las minorías, sobre todo de izquierda, que hasta entonces operaban en la clandestinidad. De la misma manera que Echeverría tenía, en 1970, la urgencia de deshacerse de la sombra de Tlatelolco al asumir la presidencia, López Portillo buscaba quitarse la culpa de no haber tenido un rival cuando fue el único candidato en la elección de 1976. Por eso, en abril de 1977, a cinco meses del inicio del sexenio de Portillo, Reyes Heroles anunció en Chilpancingo, Guerrero —la tierra de Genaro Vázquez y de Lucio Cabañas—, la consulta para redactar lo que se llamó Ley Federal de Organizaciones Políticas y Procedimientos Electorales, coincidentemente bautizada como la LOPPE, impulsada por López Portillo.

Bajo esa ley se integraría un colegio electoral y se les otorgaría el registro a los partidos que operaban hasta entonces en la clandestinidad, como el Partido Comunista. Se autorizaban las coaliciones políticas y se abrían tiempos oficiales en radio y televisión para todos los partidos. Sin duda, el cambio más significativo, y a la vez controvertido, sería el de la instalación de los legisladores plurinominales, con la distribución de cien curules de representación proporcional entre los partidos, de acuerdo con el porcentaje nacional de votos recibidos. Eso garantizaría una representación de todas las fuerzas políticas en la Cámara de Diputados. Y en su primera prueba en las urnas, en 1979, pudieron participar siete partidos que acabaron integrando la primera legislatura pluripartidista en México, que presidió la joven legisladora Beatriz Paredes Rangel.

A la par de estas reformas se alentó una ley de amnistía para exonerar a los militantes de grupos subversivos rurales y urbanos que hubieran participado en células guerrilleras, como la Liga Comunista 23 de Septiembre, el Movimiento de Acción Revolucionaria (MAR) o el Partido de los Pobres. La intención era borrar la afrenta de la llamada «guerra sucia» que arreció en el sexenio de Luis Echeverría, cuando Fernando Gutiérrez Barrios era el policía oscuro de aquel sexenio.

Como si la nueva relación con los empresarios y la amnistía a los grupos guerrilleros no fueran suficientes motivos para desafiar a Echeverría, el 26 de enero de 1979 se dio un tercero: la primera visita de un papa a México, el viaje de cinco días de Juan Pablo II, que incluyó la capital de México, Puebla, Oaxaca, Guadalajara y Monterrey, con una parada obligatoria en la residencia oficial de Los Pinos, en donde el sumo pontífice ofició una misa a petición de doña Refugio Pacheco de López, la madre del presidente; una atención para la más querida de «sus mujeres».

Esa fue la antesala que preparó la ruta para que Carlos Salinas de Gortari abriera de par en par, 12 años después, la puerta para que el Gobierno mexicano restableciera relaciones diplomáticas con la Santa Sede.

ADMINISTRAR LA ABUNDANCIA. Pero el sino histórico que caracterizó el sexenio lopezportillista se logró con el *boom* petrolero, que se convirtió en el paraíso y, al mismo tiempo, en el infierno de un sexenio que durante sus primeros cuatro años presagiaba la inserción de México en el primer mundo, pero, en los últimos dos, lo regresó a un tercer mundo en donde se reinsertó como la nación más endeudada del planeta. El *mantra* de aquel *ascenso celestial* con parada final en el *averno* de la desgracia tiene nombre: Complejo Cantarell.

La historia inició como en un increíble cuento, pues un pescador campechano, de nombre Rudesindo Cantarell, había descubierto una *mancha de aceite* que brotaba de las profundidades de la Sonda de Campeche, en el Golfo de México. En 1971, el hallazgo accidental despertó la alerta de los ingenieros de Pemex, quienes, tras años de intensa exploración en una franja marítima a 85 km de la ciudad de Campeche, lograron en 1979 poner en operación el primer pozo, llamado Chaac en honor al dios maya de la lluvia. Desde entonces, Cantarell se convirtió en el segundo campo petrolero mar adentro más grande del mundo, con reservas calculadas de cuarenta mil millones de barriles, solo superado por el Complejo Ghawar, en Arabia Saudita. Para medir su impacto, basta mencionar que durante sus primeras dos décadas de exploración el Complejo Cantarell generó las dos terceras partes del crudo que producía México.

El mundo venía, en 1973, de un «*shock* petrolero» y, en 1980, de una guerra entre Irán e Irak, episodios que elevaron el precio del crudo de cinco a 36 dólares por barril. Hasta entonces el consumo de petróleo mexicano era casi exclusivamente nacional, pero el presidente López Portillo decidió hacer del petróleo el motor del crecimiento. Durante el sexenio de Echeverría la producción no superaba el millón de barriles diarios. Para el cuarto año del gobierno de López Portillo ya se acercaba a los 2 000 000 de barriles diarios, lo que convertía a México en una de las potencias mundiales en la exportación de crudo.

Para López Portillo, el Complejo Cantarell significó la solución inmediata a los grandes problemas económicos heredados por Echeverría. De estar postrados por la crisis de 1976, se pasaría a los días de abundancia. El presidente que seducía a las multitudes con su palabra y su liderazgo de «macho alfa» supo vender aquel sueño. «Tenemos que acostumbrarnos a administrar la abundancia», repitió una y otra vez en sus discursos a lo largo y ancho del territorio nacional. Y contagió de esa ambición a los empresarios de México, especialmente a los de Monterrey, quienes emprendieron una descarnada lucha entre los corporativos de Alfa y Visa para demostrar, en medio del duelo de los primos Bernardo Garza Sada y Eugenio Garza Lagüera, quién podía crecer más. Sus deudas, como las del Gobierno, crecieron exponencialmente bajo el espejismo de que la abundancia estaba a la vuelta de la esquina.

INTRIGAS EN EL OLIMPO. Pero esa abundancia también despertó la codicia política dentro del gabinete lopezportillista, en donde se desplegaron dos corrientes en torno al manejo del gasto público. En primer lugar, la de la «dupla de Cambridge», integrada por Carlos Tello Macías y José Andrés de Oteyza. Ambos fueron recomendados al director de la Comisión Federal de Electricidad (CFE), José López Portillo, por su hijo José Ramón, cuando Tello y De Oteyza lo apoyaron en la elaboración de su tesis para titularse. Uno de ellos, Tello Macías, incluso alcanzaría a insertarse como subsecretario en el sexenio de Echeverría, cuando López Portillo fue designado secretario de Hacienda.

Al llegar a Los Pinos, López Portillo designó a Tello Macías como el primer titular de la recién creada Secretaría de Programación y Presupuesto, mientras que a De Oteyza lo designó para la Secretaría de Patrimonio y Fomento Industrial.

Muy pronto los conflictos de visiones sobre el *boom* petrolero arreciaron en el interior del gabinete. El director de Pemex, Jorge Díaz Serrano, y el secretario de Hacienda, Julio Rodolfo Moctezuma Cid, tenían una visión económica ortodoxa: emplear los recursos del petróleo para ampliar la exploración y extracción de crudo, a fin de lograr un máximo de 3 000 000 de barriles diarios que proporcionaran a las finanzas de México no solo un respiro, sino la fortaleza necesaria para emprender los grandes programas de infraestructura que elevaran la tasa de crecimiento nacional.

Pero la dupla de Cambridge —Tello y De Oteyza— promovía el endeudamiento para gastar por anticipado los beneficios petroleros. Su tesis para acelerar el gasto era que el petróleo estaba depositado bajo tierra y que, conforme fuera extraído, el Gobierno les iría pagando los préstamos a los bancos acreedores. El choque de visiones económicas alcanzó tal nivel de confrontación que el presidente López Portillo se vio obligado a pedirles la renuncia a Tello Macías y a Moctezuma Cid el 16 de noviembre de 1977, a menos de un año de iniciado el sexenio. A la Secretaría de Programación y Presupuesto entraría el hasta entonces subsecretario de Hacienda, Miguel de la Madrid. Para la Secretaría de Hacienda se designó a David Ibarra Muñoz, quien hasta entonces se desempeñaba como subdirector de Nacional Financiera.

EL FACTOR DÍAZ SERRANO. En esta ecuación política apareció de manera muy prominente un nombre técnico, el de un ingeniero del Politécnico Nacional de nombre Jorge Díaz Serrano, un sonorense hijo de la cultura del esfuerzo, quien mucho antes del *boom* petrolero global despuntó en el mundo de los negocios del crudo. Primero como ejecutivo y más tarde como un muy exitoso empresario.

Amigo desde su juventud de Luis Echeverría, José López Portillo y Arturo *el Negro* Durazo Moreno, sus inicios laborales se dieron en 1956 trabajando como representante en México de Fairbanks-Morse, para independizarse más tarde y fundar cinco empresas: Electrificación Industrial, S. A.; Servicios Petroleros EISA; Perforaciones Marítimas del Golfo (Permargo); Dragados, S. A., y Compañía del Golfo de Campeche.

Desde sus días como empresario petrolero, Díaz Serrano tejió profundas relaciones de negocios con un empresario petrolero de Texas, George H. W. Bush, a quien conoció gracias a su amigo Alfonso Adame. La relación entre el mexicano y los Bush se dio fácilmente. Papá Bush acabó vendiéndole a Díaz Serrano una plataforma flotante para extraer crudo en mar abierto, y los vínculos se estrecharon tanto entre sus empresas Permargo —de Díaz

Serrano— y Zapata Petroleum Corporation —de los Bush—. Tiempo después, quien había sido director de la Agencia Central de Inteligencia (CIA), vicepresidente y luego presidente de Estados Unidos ocupó una silla en el consejo de directores de las empresas petroleras de Díaz Serrano.

Nadie con la información suficiente regatea el rol estratégico que jugó Díaz Serrano en el despegue petrolero de México. Su genio y sus conocimientos colocaron a nuestro país en la cúspide mundial de los productores de crudo. México era una nueva Arabia Saudita y Díaz Serrano era visto como todo un jeque.

Al arrancar el sexenio, México producía 953 000 barriles de crudo al día. La meta era alcanzar los 2.2 millones de barriles al finalizar el gobierno de López Portillo. El genio de Díaz Serrano alcanzó esa meta dos años antes y el 18 de marzo de 1980 el mandatario anunció que se elevaría la producción de crudo a 2.75 millones de barriles diarios. Eso implicaba que las exportaciones de petróleo mexicano, que al arrancar el sexenio alcanzaban los 153 000 barriles, se multiplicaban por diez y aumentaban hasta los 1.5 millones de barriles diarios. El producto interno bruto (PIB) petrolero, que al iniciar el sexenio de López Portillo alcanzaba apenas el 2% de los ingresos nacionales, superaba el 13% en el cierre del sexenio. La venta de crudo mexicano al extranjero alcanzaría la cifra del 80% de total de las exportaciones, mientras que el monto de esas exportaciones llegó a significar el 45% del total de la recaudación fiscal del Gobierno. México se había petrolizado.

La relación de Díaz Serrano con Bush, sobre todo en su vinculación con los negocios petroleros de ambos, fue crucial en el sexenio de López Portillo. Entre otras cosas, pero principalmente por esa relación, el nombre del director de Pemex comenzó a considerarse en la lista de presidenciables para 1982, al lado de Jesús Silva Herzog, Ramón Aguirre Velázquez, Jorge de la Vega Domínguez, Fernando Solana Morales, Emilio Martínez Manautou, Javier García Paniagua y Miguel de la Madrid.

En medio de la *bonanza* petrolera, pocos imaginaron que el sexenio de López Portillo cerraría con malas cuentas. En relación con el manejo de los precios del petróleo se tomaron decisiones desatinadas.

Cuando el 22 de septiembre de 1980 se inició la guerra entre Irán e Irak, el precio del barril de petróleo se cotizaba en 39 dólares. Solo para tener una idea del nivel de aquellos precios, basta con imaginar que ese mismo barril, a precios de 2023, se cotizara por encima de los 150 dólares. Pero esa enorme alza en el precio de un energético, que unos años atrás se cotizaba hasta en cinco dólares el barril, ocasionó un doble efecto: la reducción de consumo de crudo de los países desarrollados ante el elevado precio y el incremento de la producción de los países árabes y las naciones en desarrollo —como México y Rusia— para compensar aquella caída de precios. El mundo se inundó de petróleo. El resultado fue que aquella alza de precios, que tanto beneficiaba a nuestro país, no solo se detuvo, sino que los precios del crudo comenzaron a desplomarse. Aquella nación que reaccionara con mayor rapidez para reducir los precios de su petróleo conservaría a sus clientes y sufriría menos daños en su economía.

Jorge Díaz Serrano, en su calidad de director de Pemex, entendió lo que estaba sucediendo y telefoneó directamente al presidente López Portillo para decirle que lo más prudente sería reducir el precio del crudo mexicano en cuatro dólares. El mandatario le dio su visto bueno. Pero José Andrés de Oteyza, secretario de Patrimonio y Fomento Industrial —y teóricamente el jefe superior del director de Pemex—, se unió con el secretario de Programación y Presupuesto, Miguel de la Madrid, para acusar a Díaz Serrano de que no fueron consultados ni involucrados en la crucial decisión. Entonces, obligaron a subir el precio cuatro dólares, lo que resultó en una enorme pérdida de clientes internacionales. La debacle petrolera se iniciaba.

Semanas más tarde, el presidente López Portillo se vio obligado a citar a una reunión de gabinete económico en la que Ignacio

Santiago de León, director de Finanzas de Pemex, explicaría que el endeudamiento de la paraestatal había alcanzado su tope y que, ante la baja de los ingresos de Pemex por la pérdida de clientes, las únicas posibilidades de continuar adquiriendo plataformas, barcos y equipos para crecer la producción sería bajo el sistema Sale and Leaseback, es decir, vender los equipos que se tenían para obtener capital y rentarlos a quien se los comprara. Y ahí, frente al presidente López Portillo, se dio la primera confrontación abierta entre De la Madrid y Díaz Serrano. El *round* lo perdió el secretario de Programación y Presupuesto, pero en la pelea el derrotado final fue el director de Pemex.

El 6 de junio de 1981 Díaz Serrano renunció a la dirección de Pemex y en su lugar entró Julio Rodolfo Moctezuma, quien después de su salida como secretario de Programación y Presupuesto fue enviado por López Portillo a la coordinación de Proyectos Especiales de la Presidencia. Con ello, Díaz Serrano, el presidenciable más poderoso en la lista, quedaba fuera del juego sucesorio de 1982 y su amigo, el presidente, lo enviaba como embajador de México ante la Unión Soviética, de donde regresaría solo unos meses después para ocupar un escaño en el Senado. Sabía que, con la llegada de De la Madrid a la presidencia, necesitaría algo más que un fuero para sobrevivir después de aquellos encontronazos de visiones sobre los precios petroleros.

Pero la buena estrella del director de Pemex, incluida su sociedad con los Bush, no resistió la venganza del sucesor de su amigo López Portillo. Y al llegar a la presidencia, bajo su mantra político «La renovación moral», De la Madrid acusó al senador Díaz Serrano de una malversación de 5 000 millones de pesos en la paraestatal, ordenó su desafuero y lo envió cinco años a prisión. Nunca fue posible fincarle responsabilidades. No existían pruebas.

LOS SALINAS Y LOS BUSH. Otro de los mexicanos que desde tiempo atrás entabló relaciones con George Bush padre —antes de que uno de sus hijos alcanzara la presidencia de México— fue

Raúl Salinas Lozano. Se dio en sus días como poderoso secretario de Industria y Comercio, en el sexenio de Adolfo López Mateos, cuando Bush padre necesitaba algunos favores burocráticos para operar con sus empresas petroleras en México, especialmente con Permargo, de Díaz Serrano. Esa relación acabó rindiendo enormes dividendos para México. George Bush padre y Carlos Salinas de Gortari —el hijo de su amigo Raúl— fueron, desde sus respectivos despachos presidenciales, los arquitectos del Tratado de Libre Comercio (TLC), mejor conocido internacionalmente como el North American Free Trade Agreement (Nafta), una estrategia que consolidó la zona comercial más poderosa del planeta. Pero tendría que transcurrir todavía el sexenio de Miguel de la Madrid para que el parto de la apertura comercial se concretara.

Mientras esa apertura llegaba, la relación peso-dólar exigía un equilibrio que permitiera sanas exportaciones con un costo justo en las importaciones. El presidente López Portillo lo entendió en su justa dimensión cuando acuñó su apotegma «Presidente que devalúa, se devalúa». Para entonces, la crisis en la caída de los ingresos petroleros ponía de rodillas a la economía mexicana. Una deuda de 85 000 millones de dólares en la apertura de 1982 exigía un pago anual de intereses por encima de los 8 000 millones de dólares.

En el sector privado, la crisis no era diferente. El caso más emblemático se dio con la quiebra técnica de Grupo Alfa, el conglomerado industrial y de servicios liderado por Bernardo Garza Sada, quien contagiado por el síndrome de la abundancia se había endeudado a límites inmanejables, como la mayoría de las grandes corporaciones mexicanas. Todo un escándalo fue el préstamo revelado en octubre de 1981 por el periodista Alan Riding en *The New York Times*. Se trató de un crédito de 12 000 millones de pesos que el gobierno de López Portillo le otorgó a Alfa a través del Banco Nacional de Obras y Servicios Públicos (Banobras), una banca de segundo piso dedicada a empréstitos para el desarrollo de obras públicas, pero no para financiar empresas. La garantía de ese cuestionado crédito fueron cinco millones de acciones del corporativo regiomontano. Y para cumplirlo, Banobras debió suscribir un préstamo por 680 millones de dólares. El riesgo cambiario era para el Gobierno.

EL PERRO QUE DEFIENDE AL PESO. Las especulaciones sobre una inaplazable devaluación del peso crecían tanto que el 5 de febrero de 1982, meses antes de concluir su sexenio, el presidente López Portillo pronunció un discurso en el Hospicio Cabañas de Guadalajara en donde acuñó la defensa del peso como otro de sus apotegmas económicos, que exhibía una elevada pátina de tintes políticos: «Esa es la estructura que conviene al país. Esa es la estructura que me he comprometido a defender como perro».

Doce días después de aquel «ladrido» presidencial (18 de febrero), el Banco de México decidió abandonar el mercado cambiario. La fuga de capitales era imparable y se decretó la flotación del peso. Lo que el 17 de febrero cotizaba a 27 pesos alcanzaba los 36.85 pesos por dólar la mañana siguiente. Para el 26 de febrero, el precio del dólar era de 45.75 pesos. Error tras error, el pánico se apoderó de todos: empresarios, inversionistas y mexicanos en general. El Banco de México anunció en agosto un sistema cambiario múltiple con tres tipos de cotización del dólar: Preferencial, de 49.13 pesos; «Mexdólar», de 69.50; y Oficial, de 75 pesos. Pero la especulación galopaba sin freno y en el mercado negro la divisa norteamericana se cotizaba en 150 pesos.

En marzo de 1982, para amortiguar el severo deterioro de los salarios, producto de la devaluación del peso y la consecuente carestía, el presidente López Portillo decidió decretar aumentos salariales del 10, 20 y 30%. Y en un vuelo en helicóptero hacia Campeche, en donde iban el mandatario, el secretario de Hacienda, David Ibarra, y el secretario de Patrimonio y Fomento Industrial, José Andrés de Oteyza, se desató una agria discusión. Ibarra le decía al presidente López Portillo que no era prudente la escalada salarial, que tanto el país como la economía se irían a la quiebra. El presidente López Portillo, apoyado por De Oteyza, sentenció que la decisión no estaba en discusión. En ese momento, Ibarra le pidió al «inquilino» de Los Pinos que le aceptara su renuncia como secretario de Hacienda. En su lugar entró Jesús Silva-Herzog Flores, quien fue el responsable de enfrentar las turbulencias económicas no solo del cierre del sexenio lopezportillista, sino de la mitad del nuevo sexenio de Miguel de la Madrid.

Tras la salida de Ibarra de la Secretaría de Hacienda, el empresariado, con quienes el presidente López Portillo pactó desde el arranque de su sexenio la Alianza para la Producción, salió a cuestionar severamente la estrategia económica frente a la crisis. Y en un comunicado del 13 de agosto denunciaron lo siguiente:

Las principales causas de los problemas económicos se encuentran en el interior: el excesivo y deficitario gasto público; la multiplicación de empresas estatales, cuyas pérdidas gravitan sobre las finanzas públicas; el crecimiento monstruoso de la burocracia; los subsidios crecientes a diversos bienes y servicios nacionales; el crecimiento desproporcionado del circulante y los controles de precios, entre otras. Esto sin desconocer que la situación económica externa traduce sus efectos hacia el interior del país; la paridad dual del Peso es discriminatoria para los ciudadanos, pues concentra en el Estado el flujo de divisas propiciando la corrupción, el favoritismo, la especulación y la desconfianza. Para alcanzar el futuro extraordinario que puede ofrecer el país, es necesario [que] el Estado demuestre sensatez económica, austeridad en el gasto, un «hasta aquí» al sistema de extorsión-corrupción, cautela, serenidad y reflexión en las decisiones económicas.

Cuando el 1.º de septiembre de 1982, el presidente López Portillo rindió su sexto y último informe, la fuga de divisas por las erráticas políticas cambiarias alcanzaba ya los 50 000 millones de dólares. Eso era el equivalente a más del 65% de la deuda pública y privada registrada y a la mitad de los pasivos totales del Sistema

Bancario Mexicano. El mandatario se lanzó abiertamente contra una banca a la que acusó de especulativa, sin solidaridad nacional, acuñando una nueva proclama: «Es ahora o nunca. Ya nos saquearon. México no se ha acabado. ¡No nos volverán a saquear!».

La conmoción por la estatización de la banca sacudió a la nación entera, porque, a diferencia de la estatización de la industria petrolera con Lázaro Cárdenas o de la industria eléctrica con Adolfo López Mateos, la de José López Portillo golpeaba severamente la economía de todos los mexicanos. El sentimiento se traducía en un encabezado a ocho columnas publicado en el diario *El Norte*, en el que el empresario Eugenio Clariond Reyes-Retana, presidente de Grupo IMSA, calificaba a ocho columnas la decisión presidencial de estatizar la banca: «Se le botó la canica».

La luna de miel entre el presidente López Portillo y los empresarios llegó a su fin. Los últimos tres meses de gobierno solo fueron un áspero reparto de culpas. El mandatario endosaba a los banqueros la fuga de capitales al alentar entre sus clientes la dolarización de sus carteras y a los empresarios les reclamaba su falta de capacidad para ingresar divisas por exportaciones. En respuesta, los empresarios —en particular los del norte del país— culpaban al gobierno de López Portillo de un mal manejo de la economía, sobre todo de la política petrolera, un gasto público excesivo y descontrolado, mal compensado con un aumento sin control del circulante y grandes escándalos de corrupción con el desvío millonario de recursos públicos.

La respuesta empresarial consistió en una serie de reuniones bajo el mantra «México en la libertad», en las que ideólogos como Francisco Calderón y Federico Müggenburg, del Consejo Coordinador Empresarial (CCE), Luis Felipe Bravo Mena y Fernando Illanes y empresarios como Manuel Clouthier, Andrés Marcelo Sada, Emilio Goicoechea, Alejandro Gurza, Jorge del Rincón, Prudencio López y Fernando Pérez Jiménez, entre otros, iniciaron una cruzada ciudadana para concientizar sobre la pérdida de libertades. Se dieron reuniones de miles de personas en Monterrey, León, Culiacán, Chihuahua, Jalisco y Mexicali. Las tensiones entre el Gobierno y los empresarios en los últimos treinta días del sexenio crecieron tanto que el presidente del CCE, el sinaloense Manuel Clouthier, decidió aplazar las reuniones del Distrito Federal, Oaxaca y Hermosillo. En el ocaso de su sexenio, López Portillo lamentaba ver reflejada su imagen en el espejo negro de Tezcatlipoca.

Ya como expresidente, López Portillo intentó lavar su deteriorada imagen publicando un libro de 1300 páginas titulado *Mis tiempos*, en el que con una profunda autocomplacencia se defiende y defiende a sus amigos de todas las acusaciones públicas. En respuesta, los periodistas Carlos Monsiváis y Óscar Hinojosa publicaron en el semanario *Proceso* sendos textos sobre el libro presidencial y el mausoleo que el exmandatario se edificó en Cuajimalpa y que fue bautizado como la «Colina del Perro», en referencia a aquella promesa incumplida de que defendería el peso como un perro.

Y mientras eso sucedía, dice la leyenda, que nunca es de fiar pero que a estas alturas es imposible desmentir, el regente del DDF, Carlos Hank González, lleno de sí, sonriente como el imperio de la fortuna, carismático como una ilimitada cuenta bancaria, le regaló a la familia López Portillo unos terrenos, allí al alcance visual de quienes fueran a Toluca o de allí vinieran, y convenció al presidente de mudarse al paraíso, buen clima, arboledas, el *smog* quedó atrás. Quien bien trabaja vivir bien se merece [Monsiváis, *Proceso* 565].

Cruzan todo el libro los juicios generosos sobre los amigos, casualmente también colaboradores suyos, de atributos y méritos que solo contados seres humanos llegan a poseer. Seres sin par, casi míticos, los que figuran a los costados del presidente López Portillo: Carlos Hank, Jorge Díaz Serrano, Rosa Luz Alegría, Guillermo Rosell, Roberto de la Madrid, José Ramón López Portillo. José López Portillo: Zeus al mando del Olimpo [Hinojosa, *Proceso* 628].

Al final de su gobierno, López Portillo debió compartir el descrédito del drama nacional con su antecesor, Luis Echeverría. Su enorme fracaso era el vasto reflejo en el espejo negro de Tezcatlipoca. Y sus dos sexenios fueron empacados en uno solo, que acabó bautizado como la «docena trágica».

JOSÉ LÓPEZ PORTILLO
1976–1982

LO QUE LE HEREDARON ←→ *LO QUE HEREDÓ*

CRECIMIENTO DEL PIB
PROMEDIO ANUAL, PORCENTAJE

5.96% ✓ 6.73%

PIB PER CÁPITA
PRECIOS CONSTANTES EN DÓLARES DE 2015 AL CIERRE DEL SEXENIO

6 735 ✓ 8 025

DEUDA PÚBLICA
PORCENTAJE DEL PIB AL CIERRE DEL SEXENIO

35.21% ✗ 134.19%

PRODUCCIÓN PETROLERA
PROMEDIO DIARIO, ÚLTIMO AÑO DEL SEXENIO, BARRILES DIARIOS

831 000 ✓ 2 740 000

BALANZA FISCAL
PORCENTAJE DEL PIB, AGREGADO DE TODO EL SEXENIO

0.33% ✗ −9.44%

TIPO DE CAMBIO
PESOS POR DÓLAR EN EL ÚLTIMO DÍA DEL SEXENIO

22* ✗ 70*

INFLACIÓN
PROMEDIO ANUAL, PORCENTAJE

12.83% ✗ 29.66%

Fuentes: Inegi, Banco Mundial, OCDE, Banxico, SHCP y CNH.
** Dato nominal es de 22.00
** Dato precio y devaluación que eliminó tres ceros a la cotización.

6

MIGUEL DE LA MADRID
SALINAS DE LLENO
AL GABINETE

Dónde estaba Luis Echeverría: A LA BAJA. *Confinado en su residencia de San Jerónimo Lídice, en la capital de México, atendiendo actividades del Centro de Estudios Económicos y Sociales del Tercer Mundo (Ceestm), su creación y refugio tras la presidencia. Operando con Cuauhtémoc Cárdenas, Porfirio Muñoz Ledo, Joaquín Hernández Galicia y Carlos Jonguitud Barrios el asalto sobre el PRI con la «Corriente Democrática».*

Dónde estaba Raúl Salinas Lozano: AL ALZA. *Celebrando que su hijo Carlos Salinas de Gortari era incluido en el primer círculo del gabinete económico del presidente Miguel de la Madrid, ocupando la Secretaría de Programación y Presupuesto y colocándose en la antesala de la sucesión presidencial de 1988. Mientras, su hijo Raúl era designado director en la Compañía Nacional de Subsistencias Populares (Conasupo).*

Péndulo político: CENTRO-DERECHA

En marzo de 1977, apenas en los primeros meses del sexenio de José López Portillo, el subsecretario de Hacienda, Miguel de la Madrid Hurtado, debatía en la soledad de su despacho si le presentaba su renuncia al presidente López Portillo. Simplemente, De la Madrid no se entendía con el entonces secretario de Hacienda, Julio Rodolfo Moctezuma, quien acordaba los temas propios del cargo de De la Madrid con su director de Crédito, Gilberto Escobedo.

Alguien le propuso al subsecretario de Hacienda buscar en su lugar una embajada —la de París, por ejemplo— para esperar mejores tiempos políticos. Pero De la Madrid se resistía a ir a un país en el que ni él ni su familia dominaban el idioma, sus hijos estaban en edades que demandaban concluir esa etapa en su escuela y con sus amigos en México. Y como lo hizo siempre en múltiples encrucijadas, De la Madrid decidió flotar. Al final, su paciencia para sortear los desdenes internos le pagó elevados dividendos. Cuando el presidente López Portillo decidió hacer un severo ajuste en su gabinete, removiendo al secretario de Gobernación, Jesús Reyes Heroles; al de Relaciones Exteriores, Santiago Roel; y al de Programación y Presupuesto, Ricardo García Sainz, fueron designados en su lugar, respectivamente, Enrique Olivares Santana, Jorge Castañeda y Álvarez de la Rosa y Miguel de la Madrid.

De personalidad reservada, cuidadoso en extremo de su discurso, con aproximaciones más técnicas que políticas hacia los grandes problemas nacionales, el colimense graduado en Harvard descubrió la fórmula para ir conquistando el afecto, el favor y el picaporte de la oficina presidencial: integrar a su equipo de trabajo a los dos personajes más cercanos a los afectos sentimentales del presidente López Portillo.

Por eso, a unos días de ser designado secretario de Programación y Presupuesto, De la Madrid acudió al despacho presidencial. Y ahí le planteó al mandatario la controvertida propuesta de designar a su hijo José Ramón López Portillo como subsecretario de Programación. En principio, el presidente López Portillo se resistió. Sabía que las críticas y los cuestionamientos sobre el nepotismo serían suicidas. Pero De la Madrid le insistió, haciéndole ver al «inquilino» de Los Pinos que su hijo era la mejor opción, el más preparado. La designación de José Ramón fue de escándalo y a su padre, el presidente, la defensa solo le alcanzó para bautizarlo como el «orgullo de mi nepotismo».

La tríada perfecta de los afectos presidenciales en la Secretaría de Programación y Presupuesto la completaría Rosa Luz Alegría, a quien desde la campaña presidencial relacionaban sentimentalmente con López Portillo. Mujer imponente, física e intelectualmente, una explosiva mezcla de hormonas, neuronas y feromonas fue en sus años universitarios pareja de Marcelino Perelló, cuando ambos eran integrantes del Consejo Nacional de Huelga (CNH) en 1968. Graduada en Física, con maestría en Ciencias por la UNAM, logró un doctorado en el Instituto Francés del Petróleo en París. Contrajo matrimonio con Luis Vicente Echeverría Zuno, hijo del entonces secretario de Gobernación Luis Echeverría, quien se convertiría años más tarde en presidente de México. Alegría coordinó el Centro para el Estudio de Medios y Procedimientos Avanzados de la Educación (Cempae) y el primer canal de televisión educativa en América Latina, desde donde impulsó la educación abierta a través del Instituto Tecnológico y de Estudios Superiores de Monterrey.

Diez años duró su matrimonio con Luis Vicente Echeverría. Rosa Luz Alegría se incorporó a la campaña presidencial de José López Portillo, en la que fue asesora de discurso del candidato. Y ya iniciado el sexenio, fue designada subsecretaria de la Presidencia y, más tarde, subsecretaria de Evaluación en Programación y Presupuesto, con De la Madrid. A lo largo del sexenio se le relacionó sentimentalmente con el presidente López Portillo, quien acabó por designarla secretaria de Turismo, convirtiéndose en la primera mexicana que alcanzaba una posición como secretaria de Estado. Ese fue uno de los severos quiebres entre López Portillo y Echeverría. El presidente se veía involucrado con la exnuera del «hombre de la guayabera».

Fue esa tríada De la Madrid-José Ramón-Rosa Luz la que acabó por ganarse el derecho permanente de picaporte en el despacho presidencial, para ir tejiendo lo que fue, sin duda, uno de los factores para que en 1981 el presidente López Portillo inclinara la candidatura presidencial hacia el secretario de Programación y Presupuesto, por encima de personajes que gozaban de mayores simpatías políticas, como David Ibarra, Pedro Ojeda Paullada, Jorge de la Vega, Fernando Solana y Javier García Paniagua.

Pero los hombres que integraban el círculo íntimo de Miguel de la Madrid venían acompañándolo desde sus días en la Subdirección de Finanzas de Pemex y en la Subsecretaría de Hacienda. La lista incluía a Ramón Aguirre, Francisco Labastida, Francisco Rojas, Bernardo Sepúlveda y por supuesto a Carlos Salinas de Gortari, el hijo del exsecretario de Industria y Comercio, Raúl Salinas Lozano, antagonista político de los presidentes Díaz Ordaz y Echeverría.

Ramón Aguirre fungía como subsecretario de Egresos, Francisco Rojas se convirtió en asesor de De la Madrid, mientras que Francisco Labastida fue designado director de Promoción Fiscal, y Bernardo Sepúlveda, director de Asuntos Hacendarios Internacionales. De todos ellos, Carlos Salinas de Gortari registró el ascenso más espectacular. Escaló cuatro posiciones en solo tres años, hasta alcanzar la dirección general de Planeación Hacendaria, cuando apenas superaba los 30 años.

A esos cinco hombres cercanos a De la Madrid se le sumó un segundo círculo: el de aquellos que ya tenían una trayectoria política propia. Entre ellos se encontraba Manuel Bartlett, a quien De la Madrid confiaría la *cartera* política del grupo debido a sus vinculaciones políticas con Gobernación, con Relaciones Exteriores, con el PRI y su breve paso como asesor en Hacienda. También incluyó en ese segundo círculo a su amigo Sergio García Ramírez, a quien conoció desde sus tiempos en la UNAM, y a Antonio Enríquez Savignac, quien, después de su paso por el Fondo Nacional de Fomento al Turismo (Fonatur), transitó por las mismas posiciones que De la Madrid dejó en Pemex y Hacienda. En esa lista también se insertaron Héctor Hernández Cervantes, quien pasó por Hacienda y Comercio, además de Jesús Silva Herzog Flores, quien lideraba el difícil cierre del sexenio de López Portillo.

Su paso por Banco de México y Hacienda los convirtió en colaboradores muy cercanos. Y habría que sumar a todos ellos el nombre de Emilio Gamboa Patrón, quien fue secretario particular del secretario de Programación y Presupuesto, Ricardo García Sainz, y acabaría en la misma posición, en la misma dependencia, con Miguel de la Madrid. Gamboa, ya con el control del picaporte del despacho presidencial, se transformaría en un poderoso operador que apoyó a Carlos Salinas de Gortari a abrirse paso rumbo a la presidencia en 1988.

De todos sus allegados al momento de su candidatura, De la Madrid eligió a cinco para integrar su «cuarto de guerra» electoral en el PRI. Instaló a Manuel Bartlett como secretario general, haciéndolo responsable de la coordinación de la campaña. Designó a Miguel González Avelar en la Secretaría de Prensa y Propaganda. A Carlos Salinas de Gortari lo nombró director general del Instituto de Estudios Políticos, Económicos y Sociales (Iepes), el epicentro intelectual que redactaría el programa de gobierno. A Francisco Rojas lo instaló en la Secretaría de Finanzas, como responsable de la recaudación de los fondos de campaña.

Todos ellos, los del primero y segundo círculo delamadridista, pasarían, ya en el Gobierno, a ocupar posiciones de primera fila en el gabinete. Bartlett en Gobernación, Salinas de Gortari en Programación, García Ramírez en la Procuraduría de Justicia, Hernández en Comercio y Fomento Industrial, Francisco Rojas en la Contraloría, desde donde se operaría la prometida «renovación moral», Enríquez Savignac en Turismo, Aguirre Velázquez en la regencia del Distrito Federal y Silva Herzog repetiría como secretario de Hacienda, para acabar de cerrar con la banca internacional y los organismos multinacionales la renegociación de la deuda heredada por López Portillo.

Esta camada política delamadridista fue la que sentó las bases del desplazamiento del llamado «nacionalismo revolucionario» para allanar el camino a lo que más tarde se consolidó como el «neoliberalismo» o «liberalismo social». En otras palabras, dejar atrás el manejo estrictamente político de la nación para entrar en una etapa de consolidación más técnica y pragmática hacia un crecimiento económico con desarrollo sostenido.

El sexenio de Miguel de la Madrid fue un periodo de claroscuros tanto en lo político como en lo económico. Uno de sus mayores logros fue la estabilización de la economía, que colapsó tras la «borrachera» petrolera del sexenio lopezportillista. El papel desempeñado por Jesús Silva Herzog desde la Secretaría de Hacienda resultó crucial para lograr el entendimiento con el Fondo Monetario Internacional (FMI) y con el Banco Mundial, quienes le impusieron a México un régimen económico de austeridad, ajustes fiscales, venta de empresas paraestatales y, sobre todo, la apertura comercial. Todas esas condiciones estaban contenidas en el llamado Consenso de Washington, que definió las reglas del juego para las naciones latinoamericanas que buscaran apoyos de la banca internacional para salir de sus recurrentes y cada vez más profundas crisis. Adiós al populismo y al estatismo, y bienvenida la economía de mercado, abierta y global. Desde el rubro del gasto público, el cargo de Carlos Salinas de Gortari como secretario de Programación fue crucial para acelerar los recortes necesarios y reorientar las inversiones prioritarias del Gobierno.

Sin duda, otro de los grandes logros del gobierno delamadridista fue la inscripción en el GATT (General Agreement on Tariffs and Trade), que inauguró la entrada de México en el acuerdo internacional de comercio y que se convirtió en la antesala para que su sucesor concretara el Tratado de Libre Comercio (TLC).

Pero uno de los momentos más críticos dentro del gobierno de De la Madrid se dio con dos tragedias. Una, en 1984, con las explosiones de los tanques almacenadores de gas licuado en San Juan Ixhuatepec —mejor conocido como San Juanico—, en donde fallecieron cerca de quinientas personas y unas 2 000 resultaron lesionadas. La otra, el 19 de septiembre de 1985, cuando la Ciudad de México despertó con un terremoto de magnitud 8.1, el cual tuvo una duración de dos minutos y devastó a la capital de la ciudad. La cifra de muertos fue incalculable. Las optimistas los ubican en 3 000, los pesimistas en 20 000. Pero lo que ese movimiento telúrico evidenció fue la nula capacidad del Gobierno para articular un plan de contingencia, que al final acabó por ser implementado por la sociedad civil, con lo que se rebasó a una autoridad que petrificada y soberbia no dimensionó el alcance de la tragedia. Siempre serán recordadas aquellas palabras del presidente De la Madrid con las que rechazó, en los primeros días del sismo, la ayuda internacional: «Estamos preparados para atender esta situación y no necesitamos recurrir a ayuda externa. Agradecemos las buenas intenciones, pero somos autosuficientes», dijo un atribulado presidente De la Madrid al mundo, quien tuvo que recular y acabar por aceptar la abundante ayuda que llegó del extranjero. Pero la gran herencia del terremoto de 1985 fue el surgimiento de innumerables organizaciones no gubernamentales que significarían no solo una respuesta de la sociedad civil a un gobierno pasivo, sino la articulación de esa sociedad frente a la nueva política que amplió los espacios democráticos, sobre todo en la Ciudad de México.

Pero el verdadero punto de quiebre político en el sexenio delamadridista se dio en 1987, cuando el presidente decidió apostar su sucesión al más joven y brillante de sus colaboradores, Carlos Salinas de Gortari, el egresado de Harvard y proveniente de una de las familias políticamente más influyentes en el terreno económico durante los últimos 25 años. Una familia cuyo patriarca, Raúl Salinas Lozano, disputó, en su momento, su boleto en la sucesión presidencial de 1964. Fue marginado durante los sexenios de Díaz Ordaz y de Echeverría, aunque regresó 12 años más tarde para que fuera su hijo quien cumpliera aquel sueño paterno de ocupar la silla presidencial. Pero esa decisión del presidente De la Madrid significó para el expresidente Echeverría al menos dos sexenios más de marginación. Y fue entonces que se dio el quiebre en el seno del PRI con el surgimiento de la llamada Corriente Democrática. De esa manera, el clan Echeverría se rebeló contra el presidente Miguel de la Madrid y desafió la candidatura del delfín del clan Salinas.

6.1

ANDERSON, BUENDÍA, EL BÚFALO, CAMARENA BARTLETT, EL INTOCABLE

De la mano de Fernando Gutiérrez Barrios, Manuel Bartlett Díaz aparece como uno de los políticos más poderosos y oscuros, figura clave en las últimas seis décadas del sistema político mexicano. Quizá hoy —a sus 88 años— es el más longevo de los políticos en activo que se cultivaron al amparo del clan Echeverría y de quien todos se preguntan *¿quién le otorgó ese sello de intocable que trasciende sexenios?*

Sobreviviente de mil batallas, en las que se urdieron y pactaron mil y una componendas, sobran los cuestionamientos del porqué este poblano de origen pudo adaptarse como *rara avis* dentro del gobierno de la «Cuarta Transformación». El principio de esa respuesta es que, aunque nació en Puebla, su padre Manuel Bartlett Bautista fue gobernador de Tabasco en 1953, el año preciso en que nacía, en ese mismo estado, el ahora presidente

Andrés Manuel López Obrador. «Pejelagartos de las mismas escamas nadan juntos».

Nadie le regatea a Manuel Bartlett su privilegiada inteligencia. Egresado de la facultad de Derecho de la UNAM con promedio de 9.6, en 1959 fue becario de Derecho Público del Gobierno de Francia en la Universidad de París; en 1963, becario de Derecho Comparado en la Universidad de Estrasburgo. Para 1968, ya tenía una maestría y un doctorado en Ciencias Políticas en la UNAM. También fue becario de Administración Pública en la Universidad Victoria, de Mánchester, en el Reino Unido, en 1968.

Su carrera política se inició en 1962, durante el sexenio de Adolfo López Mateos, cuando se colocó como secretario auxiliar de Javier Rojo Gómez, el político hidalguense que era entonces el secretario general de la Confederación Nacional Campesina (CNC) y quien fuera jefe del Departamento del Distrito Federal, gobernador de Hidalgo y gobernador del territorio de Quintana Roo. Rojo Gómez fue el padre de una estirpe política hidalguense que instaló a cinco gobernadores, incluidos su hijo Jorge Rojo Lugo, José Lugo Guerrero, Bartolomé Vargas Lugo, Adolfo Lugo Verduzco y Humberto Lugo Gil. Su hijo Jorge Rojo Lugo también fue secretario de la Reforma Agraria en el sexenio de José López Portillo. Además, Adolfo Lugo Verduzco fue presidente del PRI en el sexenio de Miguel de la Madrid, precisamente cuando Bartlett fungía como secretario de Gobernación.

Pero su inmersión más completa en la política se dio en el sexenio de Gustavo Díaz Ordaz, cuando Bartlett se convirtió en el secretario auxiliar del presidente del PRI, Carlos Alberto Madrazo, el político tabasqueño que en algún tiempo fue rival político de su padre, y quien muriera trágicamente en un muy cuestionado accidente aéreo en las montañas aledañas a Monterrey, en los días en que Madrazo pugnaba con la democratización del partido en el poder. En aquellos días, Bartlett fue enviado como delegado del PRI a Sinaloa para enfrentar la rebeldía del gobernador Leopoldo Sánchez Celis, quien rechazaba la apertura que proponía

Madrazo para acabar con el llamado «dedazo», la designación de un candidato por decisión exclusiva del presidente.

La primera incursión de Bartlett en la Secretaría de Gobernación se dio en el sexenio de Díaz Ordaz, cuando el subsecretario Mario Moya Palencia lo designó subdirector general de Gobierno. Ya en el sexenio de Echeverría, Moya Palencia ocuparía la Secretaría de Gobernación y Bartlett ascendería a director general de Gobierno, donde llegaría a ocupar, en 1976, la Secretaría de la Comisión Federal Electoral, su primera incursión en los procesos electorales.

Con Rodolfo Echeverría Ruiz, sobrino de Luis Echeverría, creó el Movimiento Juvenil priista, una nueva corriente de la que saldrían políticos como Manuel Camacho Solís y Patricio Chirinos. En el sexenio de José López Portillo, se sumó como director para Asuntos Políticos a la Secretaría de Relaciones Exteriores, que encabezaba Santiago Roel. Y cuando Miguel de la Madrid fue designado secretario de Programación y Presupuesto, se mudó a su equipo para manejar el área política, convirtiéndose en el portador del estandarte «De frente, De la Madrid para presidente». Su apuesta rindió frutos y, tras ser designado coordinador general de aquella campaña presidencial, acabó ocupando la Secretaría General del Comité Ejecutivo Nacional (CEN) del PRI, desde donde trazó la ruta de la victoria de De la Madrid. Su recompensa por sacar adelante la elección de 1982 fue la Secretaría de Gobernación, donde se convirtió en un poderoso y controvertido vicepresidente *in pectore*, que en 1987 figuró en las listas de los precandidatos a la presidencia, a la par de Alfredo del Mazo y de Carlos Salinas de Gortari.

Durante sus seis años como secretario de Gobernación, Bartlett enfrentó momentos cruciales, como el de la conmoción nacional por el asesinato del periodista Manuel Buendía, tipificado como un «crimen de Estado» y en cuya presunta autoría habrían estado involucrados el nombre de Bartlett y algunos de sus más cercanos subalternos, como José Antonio Zorrilla Pérez. También fue testigo, y a la vez negociador, en los reiterados ataques desde Estados

Unidos al presidente Miguel de la Madrid, a través de las columnas del periodista Jack Anderson, quien acusaba una escandalosa corrupción presidencial. Pero el escándalo que le costaría su postulación sería el del secuestro y asesinato del agente de la Administración de Control de Drogas (DEA), Enrique *Kiki* Camarena Salazar, y sus presuntas complicidades sobre la existencia del rancho El Búfalo, propiedad del capo Rafael Caro Quintero.

La primera crisis se presentó cuando el columnista Jack Anderson publicó el 15 de mayo de 1984 en *The Washington Post* que el presidente De la Madrid poseía una cuenta de entre 13 y 14 millones de dólares en Suiza, y que los ingresos del mandatario desde que inició su gobierno, 17 meses atrás, ya superaban los 162 millones de dólares. Sus fuentes, decía Anderson, eran la Agencia Central de Inteligencia (CIA) y la Agencia de Seguridad Nacional (NSA, por sus siglas en inglés). La publicación de aquella columna se dio el mismo día en que el presidente De la Madrid aterrizaba en la Base Andrews, para realizar una visita de Estado en Washington con el presidente Ronald Reagan. Los temas de la agenda eran la deuda externa, el conflicto en Centroamérica, la entrada de México al Acuerdo General sobre Aranceles Aduaneros y Comercio (GATT, por sus siglas en inglés) y la situación de los trabajadores mexicanos indocumentados. Las especulaciones se centraron en que la publicación de la columna de Anderson era simplemente una artimaña para suavizar el tono de la negociación entre Reagan y De la Madrid. *The Washington Post* terminó disculpándose y publicando el desmentido.

Quince días después del ataque de Jack Anderson emergió otro escandaloso caso: el asesinato del periodista Manuel Buendía Téllez Girón, quien con su columna «Red Privada», publicada diariamente en el periódico *Excélsior*, exponía la corrupción oficial, sus vínculos con el crimen organizado y el mundo de las drogas en México. Fueron reveladoras sus columnas relacionadas con las actividades de la CIA en México, con la corrupción, los negocios y las componendas de Pemex, y sobre todo lo que acontecía en el interior del gabinete del presidente en turno. Sus relaciones con los distintos clanes políticos venían de los tiempos en que operó tanto para el PAN, cuando trabajaba para su periódico *La Nación*, como para el PRI, cuando Alfonso Martínez Domínguez era su presidente nacional y Buendía era su director de Prensa y Relaciones Públicas.

EL asesinato de Buendía ocurrió la tarde del 30 de mayo de 1984, al año y medio de iniciado el gobierno de Miguel de la Madrid. Fue una ejecución a sangre fría y el primer funcionario federal que se hizo presente en la escena del crimen fue José Antonio Zorrilla Pérez, titular de la Dirección Federal de Seguridad (DFS), la misma dependencia de la que fue director Fernando Gutiérrez Barrios, de quien, por cierto, Zorrilla Pérez fue secretario particular en el sexenio de Echeverría.

Se decía entonces que el director de la DFS era uno de los principales informantes de Buendía; pero, al mismo tiempo, tenía la consigna de Bartlett de cultivar la confianza del periodista para conocer por anticipado los detalles de las investigaciones que publicaría los días posteriores, en lo que era la columna más leída en la prensa mexicana en ese entonces. Las teorías sobre los motivos del crimen transitaron desde que Buendía revelara las delicadas operaciones de la CIA en México y sus vinculaciones con la operación de los Contras para derrocar, en Nicaragua, al Frente Sandinista de Liberación Nacional. Buendía tenía la intención de publicar documentos que revelaban una escandalosa corrupción en el sindicato petrolero e incluso un supuesto tráfico de armas, operado desde la Secretaría de la Defensa, hacia Medio Oriente. La presunción de los temas espinosos incluía la advertencia de que publicaría una red de homosexualismo entre prominentes miembros del gabinete delamadridista que buscaban perpetuar la influencia de su cofradía en las próximas administraciones. Incluso alcanzó a especularse que Buendía, por petición de Zorrilla Pérez, habría filtrado a Jack Anderson las presuntas cuentas en Suiza del presidente De la Madrid. Bartlett crearía el problema y Bartlett mismo lo resolvería al más puro estilo Echeverría-Gutiérrez Barrios.

El asesinato de Buendía fue un escándalo no solo nacional, sino internacional, por sus repercusiones en México para la libertad de expresión. El periodista Miguel Ángel Granados Chapa calificó el sacrificio de Buendía como «el primer asesinato de la narcopolítica en México». José Antonio Zorrilla Pérez, sentenciado como el presunto autor intelectual del asesinato, salió libre en febrero de 2009. Pero las presiones del gremio periodístico lo obligaron a regresar a prisión, aunque fue liberado definitivamente el 10 de septiembre de 2013. Cumplió lo que restaba de su sentencia en arresto domiciliario argumentando motivos de salud.

Sin duda, los dos casos más espinosos, los que fueron cruciales para que De la Madrid dejara fuera de la carrera presidencial a Bartlett, fueron el descubrimiento del rancho El Búfalo y el asesinato del agente de la DEA en México, Enrique *Kiki* Camarena Salazar. El descubrimiento del rancho en el municipio de Jiménez, Chihuahua, fue todo un hallazgo que le dio la vuelta al mundo. Se trataba de un plantío de 544 hectáreas en donde se sembraban, cosechaban y empaquetaban unas 2 500 toneladas de marihuana, cultivada por entre 3 000 y 10 000 jornaleros, dependiendo de la temporada, que vivían en condiciones de esclavitud, con la presunta protección de 450 elementos de la Secretaría de la Defensa, a cargo del general Juan Arévalo Gardoqui. El rancho El Búfalo era propiedad de Rafael Caro Quintero y surtía a todos los capos del llamado Cártel de Guadalajara. *¿Cómo era posible que un plantío de marihuana de esas dimensiones, con una operación casi industrial e incluso con la protección de militares, pasara inadvertido para Gobernación y la Secretaría de la Defensa?*

En alguna ocasión, al inicio del sexenio de Ernesto Zedillo, encontré, en un evento público, al general Juan Arévalo Gardoqui, a quien le endosaban la protección de El Búfalo, pero nadie pudo sostener una acusación para inculparlo. Como periodista, no resistí la tentación de preguntarle cómo fue posible que librara sin acusación alguna aquella presunta protección militar al rancho de Rafael Caro Quintero. Su respuesta fue tan cándida como sorprendente:

A ver, don Ramón Alberto, ¿usted cree que una finca así puede operarse inadvertidamente, no solo para las autoridades mexicanas o las norteamericanas? Ese era un plantío sembrado de mutuo acuerdo con Estados Unidos. Ellos necesitaban la marihuana para surtir de la droga a los miles y miles de adictos que regresaban de la guerra de Vietnam, y los americanos solo tenían dos opciones. O dejaban el mercado abierto para que los cárteles de todo el mundo surtieran esa demanda, lo que acabaría con una guerra entre capos, o se garantizaba un suministro controlado. Y eligieron a México para que desde aquí se les surtiera la droga. Nosotros no cuidábamos los intereses de los capos, eran —al igual que lo hacía la DEA y la CIA— los intereses del Gobierno norteamericano. Para ellos, era un asunto de salud, para nosotros, de seguridad nacional. ¿Se imagina a los millones de norteamericanos adictos sin su dosis diaria de droga?

La explicación era muy clara; aunque, la verdad, en ese momento no entendí su mención de la CIA.

El general Arévalo Gardoqui dejaba en claro por qué las máximas autoridades mexicanas, presuntamente involucradas en la custodia de El Búfalo, no podían ser ni acusadas, ni condenadas, por sus presuntos ilícitos: era un acuerdo Gobierno-Gobierno.

Pero la respuesta más definitiva a lo que sucedió con el secretario Manuel Bartlett en el caso Camarena, y a lo que Jorge Carrillo Olea, un experimentado personaje del mundo oscuro de la inteligencia mexicana, calificó como «Gobernación: la antesala del infierno», en su libro *Torpezas de la inteligencia*, se dio meses después del hallazgo de El Búfalo, con el secuestro y el asesinato de Enrique *Kiki* Camarena Salazar.

La versión oficial reveló que el agente de la DEA fue secuestrado y asesinado por el Cártel de Guadalajara, operado por los capos Caro Quintero, Félix Gallardo y Fonseca Carrillo, bajo la protección de la familia Zuno, suegro y cuñado del expresidente Luis

Echeverría. El móvil del secuestro habría sido que Camarena Salazar fue el delator de la existencia del rancho El Búfalo e incluso llegaron a inculparlo de ser doble agente, trabajando para la DEA y para los propios capos del narcotráfico. Es decir, habría muerto por una traición, acusado de que presuntamente «se vendió», y con su trágica muerte pagó las consecuencias.

En las investigaciones donde participaron los altos mandos de la inteligencia estadounidense, se inculpó tanto al secretario de Gobernación, Manuel Bartlett, como al secretario de la Defensa, Juan Arévalo Gardoqui, no solo de conocer del secuestro del agente de la DEA, sino de haber estado presentes durante su tortura, perpetrada en una finca, propiedad de Rubén Zuno Arce, cuñado del expresidente Echeverría. Infructuosos habrían sido los intentos del médico jalisciense Humberto Álvarez Machain, quien habría estado presente en la tortura de Camarena Salazar con el encargo de mantenerlo vivo. Camarena Salazar murió y su cadáver apareció semanas después en Michoacán.

Pero nuevos hallazgos, provenientes de testigos protegidos como el exagente de la DEA, Héctor Berrellez, revelan algunos de los pormenores de la llamada «Operación Leyenda», un despliegue creado con un cuerpo élite de investigación dedicado a esclarecer el caso Camarena. A partir de ahí se llegó a otras conclusiones, muy alejadas de la versión oficial. Esas pesquisas alcanzaban no solo a la DEA, la agencia para la que trabajaba Kiki, sino a la CIA y al Gobierno mexicano. La nueva tesis fincaba el secuestro de Camarena Salazar en la urgencia que tenía la CIA de saber si el agente de la DEA conocía las vinculaciones, tanto del rancho El Búfalo como de otros plantíos de marihuana en Veracruz, incluidas en un presunto contubernio entre el Cártel de Guadalajara, el cártel de Colombia y la CIA. La historia revela que el gran descubrimiento de Camarena Salazar habrían sido los acuerdos que se dieron entre la CIA y los capos mexicanos y colombianos que dominaban en ese entonces el envío de droga a Estados Unidos.

Se insiste que, en aquellos años, el Gobierno estadounidense bloqueó la ruta de Miami para trasegar el suministro de la cocaína de Pablo Escobar y José Gonzalo Rodríguez Gacha. Esos capos habrían buscado el apoyo de sus pares mexicanos, a quienes les propusieron que les facilitaran, en el rancho El Búfalo, el trasiego de su droga, lo que iniciaría la gran alianza de los cárteles mexicanos y colombianos. Pero en la escena apareció un tercer jugador —la CIA—, que, habiendo descubierto los acuerdos entre los zares de la droga, les habría propuesto un pacto: ninguna molestia y todas las facilidades para trasegar su droga, necesaria para los adictos en Estados Unidos, a cambio de que aportaran un porcentaje de sus multimillonarias utilidades al financiamiento de las operaciones que la CIA tenía en Nicaragua para derrocar, a través de los Contras, al Frente Farabundo Martí para la Liberación Nacional.

Eso explicaría una extraña presencia en la casa de Rubén Zuno Arce durante los días de la tortura a Camarena Salazar: Félix Rodríguez, un agente cubanoamericano de la CIA, quien en 1967 participó en Bolivia en la captura y ejecución de Ernesto *Che* Guevara. Los temores de los capos, la CIA y los Contras se basaban en la presunta amenaza de Kiki de dar a conocer públicamente aquellos acuerdos, lo que para Estados Unidos desencadenaría un escándalo mundial tan grande como el del escándalo Irán-Contra.

Curiosamente, tres años más tarde, el 24 de mayo de 1987, el mismo Jack Anderson publicó una columna titulada «Mexico's Next President» [«El próximo presidente de México»], en la que advertía, a cinco meses del destape del candidato presidencial del PRI, que el presidente De la Madrid ya había elegido a su sucesor y que el nombre elegido era Manuel Bartlett Díaz, a quien calificaba como «la mejor elección para los intereses de Estados Unidos». Anderson, usualmente crítico y reacio al elogio fácil, se desvivía en su columna en alabazas al secretario de Gobernación, pronosticando que Bartlett se sobrepondría a sus rivales Alfredo del Mazo y Carlos Salinas de Gortari.

El artículo «arqueó más de unas cejas» en Los Pinos y la sombra de la duda se precipitó sobre Bartlett. El columnista estadounidense, el enemigo del presidente De la Madrid, estaba convertido en el principal porrista y promotor del secretario Bartlett. Está claro que Anderson falló en sus pronósticos, pero era lo de menos. La CIA, usual informante del columnista de *The Washington Post*, le habría pagado de esa manera a Bartlett por sus servicios, ya que les habría evitado otra crisis, como la que se dio con el caso Irán-Contra, en el que una parte de las utilidades de la venta de armas al régimen del ayatolá Jomeini fue a parar a la Contra nicaragüense a través de coronel Oliver North. Ni el secretario de Gobernación, ni el de la Defensa del gobierno delamadridista fueron llamados jamás a testificar sobre su presunta presencia en el lugar de la tortura a Camarena Salazar. Sabían demasiado, ocultaron demasiado y, hasta hoy, para Bartlett —el sobreviviente—, ese silencio es su mejor coraza para evitar su extradición.

6.2

LA «CORRIENTE DEMOCRÁTICA» ECHEVERRÍA VS. SALINAS

Luis Echeverría y Fernando Gutiérrez Barrios temían el retorno político no solo de su archirrival Raúl Salinas Lozano durante el sexenio de José López Portillo, sino la inclusión de su hijo Carlos en los epicentros del poder. Y temían que, a pesar de su corta edad, el joven del clan Salinas llegara a la silla presidencial. Por eso ordenaron espiarlo desde diez años antes de que alcanzara ese sueño de llegar a Los Pinos.

Con López Portillo en el poder, y cumpliendo uno de los acuerdos del pacto con los empresarios de Monterrey, Raúl Salinas Lozano fue reinstalado en la Dirección General de Control de Precios de la Secretaría de Comercio. Pero el beneficio también alcanzó a su hijo, Carlos Salinas de Gortari, quien en marzo de 1978 —recién llegado de Harvard— fue designado subdirector general de Planeación en la Secretaría de Hacienda y Crédito Público.

Desde entonces, cuando Salinas de Gortari apenas tenía 29 años, los echeverristas olfateaban lo que para ellos era un peligro. Por eso, desde la Dirección Federal de Seguridad (DFS) y la Dirección General de Investigaciones Políticas y Sociales (DGIPS) —bajo la tutela de Gutiérrez Barrios—, se ordenó espiar todos los pasos de la naciente y joven promesa política del clan Salinas.

Los detalles de esa labor de espionaje muy personal fueron desclasificados apenas en 2019, al arrancar el sexenio de Andrés Manuel López Obrador. Son mil fojas de reportes que están contenidas en las cajas 98 y 99 del Archivo General de la Nación. Los documentos incluyen detalladas descripciones de los viajes nacionales e internacionales del funcionario, así como vacaciones en las que la familia Salinas-Occelli llegó a utilizar el avión presidencial. Por ejemplo, en un viaje a las playas de Ixtapa-Zihuatanejo, fueron alojados en la casa del Fondo Nacional de Fomento al Turismo (Fonatur).

Pero estaba claro que lo que buscaban esas investigaciones era anticipar el futuro político del joven Carlos. Un reporte de la DFS, fechado el 3 de diciembre de 1984 y titulado «Raúl Salinas Lozano», revela que Carlos Salinas de Gortari —en ese entonces secretario de Programación y Presupuesto en el gobierno de De la Madrid— era señalado como «posible candidato del PRI a gobernador de Nuevo León para el 7 de julio de 1985». Pero el mismo reporte descartaba esa posibilidad, al advertir que «solo en razón de su alto encargo lo incluyen en la lista y porque está registrado como nativo de Agualeguas. Sus miras son mayores». Sabían que buscaba la presidencia.

La animosidad de esos reportes de inteligencia deja en claro la rivalidad que existía entre el clan Echeverría y el clan Salinas. Se buscaba desacreditar a Raúl Salinas Lozano, entonces senador con 78 años. En los documentos de la DFS calificaban al padre de Carlos Salinas de Gortari como una persona «inmoral», asegurando que a su paso por los gobiernos de Adolfo Ruiz Cortines y Adolfo López Mateos su fama era «como en El Tenorio, en todas partes mala fama dejó». Los mismos reportes redactados desde las oficinas de Gutiérrez Barrios advertían que «su voracidad fue proverbial [...]. En la dirección de Precios [Salinas Lozano], autorizó a los comerciantes e industriales a que subieran las tarifas una y muchas veces, sin justificación. En Economía —en los tiempos de López Mateos—, fue el ministro más censurado por su inmoralidad. Es de Agualeguas. Ahora es Senador».

Por lo tanto, desde que Carlos Salinas de Gortari se instaló como secretario de Programación y Presupuesto y se le incluyó en la lista de los precandidatos presidenciables del PRI, Echeverría encendió todas las alertas. Lo último que le podía suceder era que, tras dos sexenios exiliado y congelado —con López Portillo y con De la Madrid—, un miembro de su repudiado y archienemigo clan Salinas se convirtiera en presidente de México. Para Echeverría significaría otros tantos años de marginación política y el fin de su carrera de servicio público. Si eso sucedía, el «hombre de la guayabera» se vería fuera del círculo de poder hasta su muerte. Así que se propuso asestar un golpe político en el interior del PRI.

Para ese golpe político, Echeverría convocó a dos políticos de toda su confianza, Porfirio Muñoz Ledo y Cuauhtémoc Cárdenas. Ambos se conocieron, literalmente, desde el kínder. Asistieron juntos en 1940 al primer jardín de niños preescolar «Brígida Alfaro», en la capital de México. Fue el primer plantel de educación preescolar y se puso en marcha en el sexenio del presidente Lázaro Cárdenas del Río. Muñoz Ledo era expresidente del PRI y Cárdenas, en ese momento, gobernador de Michoacán. Después de largas pláticas y de la convocatoria de otros respetados actores políticos, como Ifigenia Martínez y Rodolfo González Guevara, acordaron rescatar al PRI para impedir que terminara dominado por los tecnócratas y neoliberales del gobierno delamadridista, liderados por Carlos Salinas de Gortari.

El plan de Echeverría, secundado por Muñoz Ledo y Cárdenas, incluía unir a la causa a los dos más poderosos brazos que concentraban históricamente el poder real dentro del partido tricolor: el sindicato petrolero y el sindicato de maestros. Los petroleros eran la chequera del partido en el poder. Su abultada tesorería, engrosada con las canonjías acumuladas desde los tiempos de la expropiación que decretó Lázaro Cárdenas —el padre de Cuauhtémoc—, serían suficientes para costear la nueva aventura política. Los maestros eran el brazo electoral, quienes en cada elección movilizaban a millones para garantizar los votos y la vigilancia de las casillas. Como el sindicato más numeroso de América Latina, los maestros siempre eran garantía de millones de sufragios. La ecuación era perfecta: Cárdenas ligado a los intereses del sindicato petrolero por la expropiación que decretara su padre, y Muñoz Ledo, quien fuera secretario de Educación en el sexenio de López Portillo, cercano al sindicato de maestros.

Las relaciones tensas entre los dos líderes sindicales con el secretario de Programación y Presupuesto, quien frenaba la ampliación de sus privilegios sindicales pagados del erario, facilitaron el quiebre. Sobre todo en el caso de la Quina, quien recelaba en esos años de la creación de Pemex Internacional (PMI), una entelequia legal cuya paternidad le atribuía a Carlos Salinas de Gortari. Constituida en el extranjero, con socios fundadores estadounidenses, PMI le permitiría al Gobierno mexicano colocar el crudo en los mercados internacionales a través de *brokers* y sin el estricto escrutinio de los órganos de control de Pemex y del Congreso.

Así, en la mesa en la que originalmente se sentaron Echeverría, Muñoz Ledo y Cárdenas, también fueron sentados Joaquín Hernández Galicia y Carlos Jonguitud Barrios. De la estrategia ideada por Echeverría emergió la llamada «Corriente Democrática», que en sus inicios buscaba imponer presión para transparentar las reglas en la designación del candidato presidencial para la elección de 1988. Ya no querían otro tecnócrata en la Presidencia. El péndulo se había mantenido en la derecha durante los sexenios de López Portillo y De la Madrid. Los hijos de la socialdemocracia, liderados por Echeverría, buscaban reconquistar el destino político, el cual sería difícil de recuperar con otro presidente tecnócrata y neoliberal, como Salinas de Gortari.

Por eso los reclamos de los priistas inconformes también exigían retomar la orientación socialdemócrata del partido, al que acusaban de abrazar el modelo neoliberal. Pero nada cambió en el interior del PRI. Jorge de la Vega Domínguez, presidente del partido tricolor, anunció el 4 de octubre de 1987 la designación de Carlos Salinas de Gortari como candidato a la presidencia. Era un joven de apenas 39 años, una edad presidenciable solo equiparable a la de Lázaro Cárdenas del Río, quien se instaló en la ruta presidencial también a los 39 años.

Los líderes de la llamada «Corriente Democrática» protestaron con movilizaciones, primero en la capital de México y luego en todo el país, hasta consumar la mayor fractura histórica del partido en el poder desde su fundación en 1929. Se desarrolló entonces una campaña presidencial con serias confrontaciones que culminó el día de la elección en la famosa «caída del sistema». Y ya sentado en la presidencia, después de amplias negociaciones con sus rivales, Cuauhtémoc Cárdenas, Manuel *Maquío* Clouthier y Rosario Ibarra de Piedra, para lograr instalarse en la silla presidencial, Salinas de Gortari no volvió a confiar el PRI a uno de sus militantes tradicionales. Por eso le otorgó la presidencia a uno de sus más cercanos, a Luis Donaldo Colosio. La trágica ruta hacia Lomas Taurinas comenzaba a dibujarse.

MIGUEL DE LA MADRID HURTADO
1982–1988

LO QUE LE HEREDARON →← *LO QUE HEREDÓ*

CRECIMIENTO DEL PIB
PROMEDIO ANUAL, PORCENTAJE

6.73%   ✗   0.11%

PIB PER CÁPITA
PRECIOS CONSTANTES EN DÓLARES DE 2015 AL CIERRE DEL SEXENIO

8 025   ✗   7 214

DEUDA PÚBLICA
PORCENTAJE DEL PIB AL CIERRE DEL SEXENIO

134.19%   ✓   60.19%

PRODUCCIÓN PETROLERA
PROMEDIO DIARIO, ÚLTIMO AÑO DEL SEXENIO, BARRILES DIARIOS

2 740 000   ✗   2 510 000

BALANZA FISCAL
PORCENTAJE DEL PIB, AGREGADO DE TODO EL SEXENIO

−9.44%   ✗   −24.56%

TIPO DE CAMBIO
PESOS POR DÓLAR EN EL ÚLTIMO DÍA DEL SEXENIO

70*   ✗   2.295

INFLACIÓN
PROMEDIO ANUAL, PORCENTAJE

29.66%   ✗   92.86%

Fuentes: Inegi, Banco Mundial, OCDE, Banxico, SHCP y CNH.
* Dato precio y devaluación que eliminó tres ceros a la cotización.

7

SALINAS DE GORTARI
EL REDISEÑO NEOLIBERAL

Dónde estaba Luis Echeverría: **A LA BAJA.** *Curándose las heridas que le produjo la fallida «Corriente Democrática», que, a través del Frente Democrático Nacional (FDN), fue incapaz de impedir la llegada de un Salinas a la presidencia. Operando la defensa de su familia política —los Zuno-Arce—, acusada de estar involucrada en el secuestro y asesinato del agente de la DEA, Enrique Camarena. Solo un acuerdo para bajar la animosidad entre los Echeverría y los Salinas permitió que Fernando Gutiérrez Barrios se instalara en la Secretaría de Gobernación, en el gabinete salinista.*

Dónde estaba Raúl Salinas Lozano: **AL ALZA.** *Festejando que su hijo Carlos alcanzara por fin el sueño familiar de instalar a un Salinas en la presidencia de México, aunque el proyecto original concebido en la mente de don Raúl dictaba que debió ser su primogénito, Raúl, y no Carlos, el hombre en Los Pinos.*

Péndulo político: A LA DERECHA

Si algún presidente en los tiempos modernos logró despertar la admiración nacional e internacional ese fue Carlos Salinas de

Gortari, quien en sus primeros cuatro años de gobierno logró levantar a México de la postración política y económica que heredó de los sexenios de Echeverría, López Portillo y De la Madrid, para colocarlo en la vanguardia global de las economías que dominarían el inminente siglo XXI.

Pero lo más trascendente fue que, por primera vez en casi dos décadas, un joven político con renovadas ideas era capaz de darles un vuelco a las expectativas en los ciudadanos de una nación que se estaba acostumbrando a sobrevivir en lo que parecía una interminable secuela de crisis sobre crisis: la cambiaria, la petrolera y la bursátil. El nuevo mantra del joven Salinas de Gortari era la apertura, no solo la comercial frente al mundo, sino la religiosa, la económica y la política. Su ruta hacia el nuevo México incluyó la negociación del Tratado de Libre Comercio (TLC) con Estados Unidos y Canadá, la restauración de relaciones diplomáticas con el Vaticano, la privatización de cientos de empresas estatizadas en los tres sexenios que le antecedieron, la reprivatización de la banca, la apertura para que la oposición creciera con gubernaturas y un programa social, el Programa Nacional de Solidaridad (Pronasol), que fue el inicio de los programas asistenciales institucionales. Bastó el primer año de gobierno para que la figura de Salinas de Gortari fuera reconocida como el mejor perfil del nuevo líder en casi todos los foros internacionales.

Pero todas esas virtudes, que fueron desplegándose a lo largo de los primeros cuatro años y medio de su gobierno, se eclipsaron cuando, a partir de mayo de 1993, el sistema de gobierno colapsó. El asesinato del cardenal Juan Jesús Posadas Ocampo en Guadalajara, el estallido de la revolución zapatista en Chiapas, el magnicidio de Luis Donaldo Colosio, candidato priista a la presidencia, y el asesinato de José Francisco Ruiz Massieu, perfilado para ser el secretario de Gobernación en el sexenio de Ernesto Zedillo, lo trastocaron todo. Incluso sacudieron los mercados financieros en el despertar del nuevo sexenio, lo cual propició, junto con un mal manejo de la crisis, el llamado «Error de diciembre», que volvió a desplomar la economía. Bajo el conocido «efecto tequila», emborracharon las finanzas de todo el planeta.

De la admiración internacional se transitó al escarnio global en pocos días. El encarcelamiento de su hermano Raúl, acusado de ser el autor intelectual del asesinato de Ruiz Massieu, y el forzado exilio para Salinas de Gortari y su familia en Irlanda, lo obligaron a una profunda reflexión que acabó por traducirse en su regreso a México, al darse, con Vicente Fox, el llamado «sexenio del cambio», donde las alianzas entre el PRI y el PAN para frenar el avance imparable de Andrés Manuel López Obrador forzaron la creación del llamado Prian, en el que Salinas de Gortari fue un eje central.

DE PADRE DE NEGOCIOS Y MADRE LIBERAL. Con apenas cuatro décadas a cuestas y una inteligencia privilegiada, el hijo de Raúl Salinas Lozano creció en el seno de una familia con dos rostros encontrados. Por un lado, el de su padre, un economista pragmático cercano a los hombres de negocios, el primer egresado de Harvard en ocupar en México una cartera ministerial, la de Industria y Comercio en el sexenio de Adolfo López Mateos, desde donde se proyectó como precandidato para la sucesión presidencial de 1964, en la que el elegido fue el secretario de Gobernación, Gustavo Díaz Ordaz.

Por otro lado, su madre, Margarita de Gortari Carvajal, profesora de Economía y perteneciente a una familia muy respetada en los círculos liberales y de cultura de México. Su tío fue Elí de Gortari, un reconocido filósofo e historiador de la ciencia e ingeniero, autor del primer libro sobre lógica dialéctica que se editó y distribuyó en la Unión Soviética. La participación de Elí de Gortari en el movimiento estudiantil de 1968 le valió el encarcelamiento en la Crujía M del penal de Lecumberri, donde purgó una pena de tres años en los días en que Luis Echeverría fungía como secretario de Gobernación, y Fernando Gutiérrez Barrios, como subsecretario responsable, entre otras funciones, de enviar a la cárcel a los jóvenes rebeldes post-68, considerados entonces una amenaza para el interés nacional.

Entre el pragmatismo para los negocios del padre y las ideas liberales y reivindicadoras de la familia de su madre, los cinco hermanos Salinas de Gortari crecieron sin escasez, pero siempre conscientes del drama de los desposeídos. De hecho, pasaron semanas enteras viviendo en Batopilas, en Coahuila, un ejido creado en 1976 bajo principios de organización maoístas, adonde Carlos y Raúl Salinas acudieron con sus amigos de juventud: Alberto Anaya, Hugo Andrés Araujo y Adolfo Orive Berlinguer, para palpar de cerca los problemas agrarios, económicos y políticos del campo. Ahí, sin duda, se inoculó, desde la década de 1970, la semilla de Pronasol.

Si el trauma político de Luis Echeverría, al sentarse en la silla presidencial, fue la sombra de la represión del 68 en Tlatelolco, el de Carlos Salinas de Gortari fue el regateo a su legitimidad para sentarse en la silla presidencial. Su triunfo en medio de la «caída del sistema» y la frágil secuencia de negociaciones con sus candidatos rivales le inocularon ese trauma. El joven mandatario tenía que demostrar, en el menor tiempo posible y más allá de cualquier discurso, sus méritos para ocupar, a sus 40 años, la más alta responsabilidad de la nación. Al mismo tiempo, debía establecer las directrices para rescatar a México de la llamada «década perdida», que incluyó los últimos cuatro años del sexenio de Luis Echeverría y los seis de López Portillo.

Bastaron cuarenta días para que Salinas de Gortari diera su primer gran golpe en la ruta hacia esa legitimidad. El 10 de enero de 1989 fue arrestado en su hogar Joaquín Hernández Galicia, alias la Quina, el poderoso líder petrolero que imponía su ley en Pemex, aun por encima de quienes eran sus directores generales sexenales. Los cargos que se le imputaban a la Quina eran homicidio calificado, acopio y almacenamiento de armas de uso exclusivo del Ejército —el líder petrolero acusó hasta su muerte que se las «sembraron»—, introducción ilegal de aeronaves con valor superior a los 10 millones de dólares, evasión fiscal por más de 3 500 millones de pesos y atentados contra la seguridad nacional.

Hernández Galicia era un antiguo adversario del nuevo presidente, con quien jamás pudo entenderse, desde que Salinas de Gortari fue designado a la Secretaría de Programación y Presupuesto. La Quina se quejaba de que el joven tecnócrata no tenía visión política y le frenaba sus desbordados presupuestos y las canonjías otorgadas históricamente al sindicato. Tal era la animadversión de Hernández Galicia hacia Salinas de Gortari que tan pronto se le mencionó como presidenciable, el líder sindical patrocinó la impresión de un folleto titulado «¿Puede un asesino ser presidente?», en el que intentaba revivir el pasaje en el que los hermanos Raúl y Carlos Salinas de Gortari le habrían quitado la vida accidentalmente a una empleada doméstica, cuando eran niños y jugaban con un arma de fuego. Ya ungido Salinas de Gortari como candidato del PRI a la presidencia, Hernández Galicia fue uno de los abiertos apoyos de la disidencia del partido tricolor que fundó la «Corriente Democrática», que, a través del Frente Democrático Nacional (FDN), acabaría por postular a Cuauhtémoc Cárdenas como candidato y rival en la elección presidencial de 1988.

La gota que derramaría el vaso —y que precipitaría su detención— fue el discurso que la Quina pronunció el 8 de enero de 1989, dos días antes de su captura, en el Centro de Convenciones del sindicato petrolero. Ahí, a solo cinco semanas de iniciado el sexenio salinista y ante 12 000 trabajadores, Hernández Galicia sentenció que no permitiría que la industria petrolera se entregara un solo milímetro a los particulares y amenazó con una huelga general si se intentaban entregar a la iniciativa privada, nacional o extranjera, los recursos petroleros de la nación. Además de esa advertencia, el dirigente petrolero anunció una investigación contra el director de Pemex, Mario Ramón Beteta, por el presunto alquiler fraudulento de barcos petroleros.

Ambas posiciones serían un abierto desafío al presidente Salinas de Gortari, quien siete días antes, el 3 de enero, habría recibido a la Quina en su despacho presidencial para el saludo de Año Nuevo. Mauro Estrada, escolta del líder petrolero, reconoció que Salinas de Gortari no le daba confianza y lo declaró al diario *El Sol de Tampico*: «El día 3 de enero fuimos a darle el abrazo al presidente y el día 10 de enero nos amoló. Yo le dije a don Joaquín: "Ese señor tiene cara de diablo. Hay que tener cuidado". Joaquín le respondió: "No tengas miedo, no pasa nada"».

Una semana más tarde, el 10 de enero de 1989, a las nueve de la mañana, la Quina y 19 líderes sindicales más, incluyendo el secretario general del sindicato, Salvador Barragán Camacho, eran recluidos en el «infierno». Fueron sorpresivamente detenidos en sus casas y confinados en el Reclusorio Oriente. La industria petrolera se paralizó por unos días al grito de «Ni gas, ni gasolina, libertad para la Quina». Además del discurso pronunciado por Hernández Galicia dos días antes, en la mente del presidente Salinas de Gortari todavía se escuchaba la advertencia que en enero de 1986 le había remitido el líder petrolero José Sosa, facturándole al presidente De la Madrid una sentencia por anticipado: «Si se hunde Pemex, se hunde usted y nos hundimos todos; se hunde el país». Tras el apoyo de Hernández Galicia a Cuauhtémoc Cárdenas en las cuestionadas elecciones de 1988, Salinas de Gortari entendió que, si no frenaba al desafiante y sempiterno líder petrolero, jamás dejaría de ser una amenaza para la principal industria generadora de ingresos de la nación y, sobre todo, sería un freno para los planes de apertura del sector energético al privado.

Valentín Campa, uno de los dirigentes de izquierda, fue muy claro en esos días de tormenta al sentenciar:

> El golpe del 10 de enero no ha sido contra la corrupción en el sindicato petrolero, de la que el Gobierno ha sido, cuando menos, cómplice. El problema principal radica en la contradicción que surgió entre los dirigentes corruptos del sindicato y el gobierno de Salinas, en tanto que la política reaccionaria de éste afectaba a la dirección del sindicato. Los líderes se alarmaron cuando conocieron los planes para fraccionar y

privatizar Pemex, que significaba subordinarlo al imperialismo. No es casual que el presidente Bush y el embajador Pilliod hayan felicitado desmesuradamente a Salinas por el golpe a la Quina.

Los apellidos Salinas y Bush salían de nuevo a relucir, vinculados al mundo de los negocios energéticos.

Sorprendida la nación frente a lo que siempre pareció imposible, el sometimiento de la Quina y del sindicato petrolero, el resto pareció miel sobre hojuelas para que Salinas de Gortari acabara de acomodarse en la silla presidencial.

El paso natural en el reemplazo de los añejos liderazgos sindicales era el del Sindicato Nacional de Trabajadores de la Educación (SNTE), donde Carlos Jonguitud Barrios desplegaba todo su poder. Desde el 22 de septiembre de 1972, alcanzó esa posición gracias al apoyo del entonces presidente Luis Echeverría. Por ese padrinazgo no fue difícil que Jonguitud Barrios se uniera a la «Corriente Democrática» antisalinista.

Por eso al presidente Salinas de Gortari le era urgente, como lo fue con la Quina, desplazar al viejo líder sindical. Y para ello instruyó un operativo a una tríada de mano dura. Su secretario de Gobernación, Fernando Gutiérrez Barrios, su secretario de Educación, Manuel Bartlett Díaz, y su secretario del Trabajo, Arsenio Farell.

Ellos fueron los responsables de persuadir a Jonguitud Barrios de renunciar a su liderazgo en el grupo interno del SNTE, llamado Vanguardia Revolucionaria, y a su asesoría permanente a dicho sindicato. Media hora de audiencia en el despacho del presidente Salinas de Gortari bastó para que el 23 de abril de 1989, a tres meses y medio de la detención de la Quina, Jonguitud Barrios aceptara, sin rebeldía alguna, su propia salida.

Como secuela del encarcelamiento de la Quina, se desplegó con humor una especie de anécdota en alusión a que el líder de los maestros habría acudido ante Salinas de Gortari para decirle: «Señor presidente, yo con una cachetada tengo».

La nueva líder magisterial sería Elba Esther Gordillo, cercana en algún tiempo a Jonguitud Barrios, y quien ya operaba con el nuevo gobierno salinista a través del regente del Distrito Federal, Manuel Camacho Solís, como delegada política de la Gustavo A. Madero. Jamás se imaginarían que el poder que obtendría la Maestra, como se le llama todavía a la más poderosa mujer de México, la que manejaba el más grande sindicato de América Latina, transitaría por su respaldo casi en cogobierno con Marta Fox, en el llamado «sexenio del cambio». El papel de Elba Esther, de la mano de Salinas de Gortari, fue crucial en la creación del Tucom (Todos Unidos Contra Madrazo), que permitió la conformación del Prian, el abandono del PRI a la candidatura presidencial de Roberto Madrazo y la llegada forzada del panista Felipe Calderón a Los Pinos. Todo para frenar cualquier posibilidad de triunfo del entonces jefe de Gobierno del Distrito Federal, Andrés Manuel López Obrador, el llamado «peligro para México».

Al momento que sometía a los dos mayores sindicatos, que casi le costaron su elección en 1988, el presidente Salinas de Gortari despejó el camino y se armó de la legitimidad suficiente para refundar la República, reconstruyendo la *mesa de tres patas* del poder que Echeverría había destruido: la de la fe, con la Iglesia; la de la esperanza, con los militares; y la de la caridad, con los hombres de negocios. Para realizar esto, integró uno de los gabinetes más sólidos, profesional y técnicamente hablando, de los que se tenga memoria en el México moderno. En ese elenco se incluía a Pedro Aspe Armella en la Secretaría de Hacienda, a Jaime Serra Puche en la Secretaría de Comercio, a Ernesto Zedillo en la Secretaría de Programación, a Arsenio Farell en la Secretaría del Trabajo, a Carlos Hank González en la Secretaría de Turismo y a Manuel Camacho como regente del Distrito Federal. A Luis Donaldo Colosio le dio el timón del debilitado PRI que tendría que ser arrancado de las manos de los añejos cacicazgos de la llamada *nomenklatura*. Y las figuras centrales de aquel vetusto buró político eran los integrantes del clan Echeverría.

Casos especiales dentro del gabinete salinista fueron el de Fernando Gutiérrez Barrios en la Secretaría de Gobernación y el de Manuel Bartlett en la Secretaría de Educación. La decisión salinista sobre Bartlett puede entenderse como una factura de agradecimiento por acabar asumiendo la responsabilidad de la «caída del sistema». Mientras que la selección de Gutiérrez Barrios siempre se interpretó como un abierto intento por reducir las históricas fricciones entre el clan Salinas y el clan Echeverría. Personaje de todas las confianzas del «hombre de la guayabera», la presencia de don Fernando significaba un puente que abría la posibilidad de una necesaria tregua en la disputa que neutralizó dos sexenios a Raúl Salinas Lozano y dos sexenios a Luis Echeverría. Además, la inclusión de un hombre de mano dura como Gutiérrez Barrios, conocedor de casi todos los secretos de la clase política, empresarial y mediática de México, le serviría de algo a un sexenio que buscaba cambios profundos, radicales, confrontativos, para someter las resistencias. Y Gutiérrez Barrios pasó con excelencia la primera prueba —la de la captura de la Quina— para comenzar a tejer la confianza que el presidente Salinas de Gortari le exigiría. Una sola condición fue puesta sobre el escritorio para darle a Gutiérrez Barrios la poderosa silla de Bucareli: que se comprometiera a no jugar en la sucesión presidencial de 1994. Y don Fernando lo aceptó... pero al final no cumplió. Y coincidencia o casualidad, a partir de esa diferencia que desató un descomunal quiebre político que vino aparejado después con un sacudimiento económico se inició el desastre del cierre del sexenio salinista.

A DIOS ROGANDO. La recomposición en la mesa del poder de la *pata de la fe* se fue articulando de la mano del cardenal de Monterrey, Adolfo Suárez Rivera, quien, como presidente de la Conferencia del Episcopado Mexicano, fue el representante de la Santa Sede ante el gobierno de Salinas de Gortari para promover las reformas a los artículos 3.º y 130 constitucionales. Era una reforma que se inició con la restauración de la libertad religiosa y culminó en 1992 con el restablecimiento de las relaciones diplomáticas entre el Vaticano y el Estado mexicano. Originario de San Cristóbal de las Casas, en Chiapas, Suárez Rivera era tío político de Manuel Camacho Solís, quien estaba casado con Lupita Velasco Siles, hija de Manuel Velasco Suárez —el médico de cabecera de Luis Echeverría—, quien lo instaló como gobernador de Chiapas en reconocimiento a sus servicios y amistad.

Suárez Rivera fue obispo de Tepic y de Tlalnepantla. Fue designado arzobispo en Monterrey en 1983 e investido por el papa Juan Pablo II como cardenal en 1994. Amigo muy cercano del obispo Samuel Ruiz, el cardenal Suárez Rivera jugó un papel central —al lado de su sobrino Manuel Camacho— en dos sucesos que amenazaron el cierre del sexenio salinista. En primer lugar, conseguir el permiso del Vaticano para que el presidente Salinas de Gortari pudiese asistir al sepelio del cardenal Juan Jesús Posadas Ocampo, quien fuera asesinado el 24 de mayo en las afueras del aeropuerto de Guadalajara. Algunos altos prelados de la Iglesia católica se oponían a la presencia del mandatario, porque algunas versiones pretendían involucrar a algunos integrantes de la familia Salinas de Gortari en la tragedia.

El otro hecho en el que el cardenal Suárez Rivera se vio involucrado, también de la mano de su sobrino Manuel Camacho y de su amigo Samuel Ruiz, fue en las pláticas de paz cuando, en la madrugada del 1.º de enero de 1994, se levantó en armas el Ejército Zapatista de Liberación Nacional (EZLN), en Chiapas. Después de todo, había sido vicario general de San Cristóbal de las Casas, el epicentro de la insurrección, y posteriormente obispo en Tepic. En ambos casos, el presidente Salinas de Gortari salió airoso. Al final del sexenio, pudo presumir que, con la reanudación de las relaciones diplomáticas, logró reinstalar a la Iglesia católica en el centro de las grandes decisiones, incluyendo su programa Pronasol, el de la ayuda a los más desposeídos.

REIVINDICACIÓN VERDE OLIVO. El otro sector al que el presidente Salinas de Gortari regresó a la mesa del poder fue a los militares, que comenzaron a ser marginados del terreno político en el sexenio de Luis Echeverría, después de los desencuentros que se dieron cuando el entonces presidente «de la guayabera» acabó acusando a los «hombres de verde olivo» de la Masacre de Tlatelolco y del Jueves de Corpus.

En el sexenio de Miguel de la Madrid, el involucramiento de las fuerzas armadas en la custodia de plantíos de droga —como el del rancho El Búfalo, en Chihuahua— obligó a endurecer la política en relación con la permanencia de los militares en los cuarteles. Sin embargo, iniciado el sexenio de Salinas de Gortari, los militares volvieron a la Cámara de Diputados y al Senado, como un valor necesario en tareas civiles, sobre todo en los momentos en que las negociaciones del TLC obligaban a algunos jefes de las fuerzas armadas a sentarse a la mesa de la seguridad regional con el Pentágono, la Marina y el Departamento de Estado de Estados Unidos.

Mención especial merece el caso del general Jorge Carrillo Olea, el militar a quien el presidente Salinas de Gortari le entregó la gubernatura de Morelos y quien, en su tránsito por los organismos de la inteligencia mexicana, confrontó directamente los desplantes autócratas y soberbios, tanto de Fernando Gutiérrez Barrios como de Manuel Bartlett. En el expediente del general Carrillo Olea, sin embargo, existe una serie de personajes adiestrados bajo su tutela, algunos de los cuales se convertirían, años más tarde, en el dolor de cabeza y la vergüenza del sistema nacional de seguridad. Entre esos discípulos figuran Jorge Tello Peón, Wilfrido Robledo, Monte Alejandro Rubido y, por supuesto, Genaro García Luna. A partir de los llamados «hijos de Carrillo Olea» se desplegó el mayor desastre de inteligencia y de seguridad nacional durante los años de Vicente Fox, Felipe Calderón y Enrique Peña Nieto.

REINVENTANDO LA CARIDAD. La tercera pata de la mesa del poder salinista era la del capital, que debía rehacerse después de los sacudimientos estatistas, tanto de Echeverría como de López

Portillo y De la Madrid, en mucho menos medida. Entonces, llegó uno de los mayores planes de privatización de los que se tenga memoria, el cual redefinió el perfil del empresariado en México.

El presidente Salinas de Gortari puso a la venta Telmex, la empresa que ostentaba el monopolio de la telefonía, entregándosela al financiero Carlos Slim, quien en unos años se convertiría en el hombre más rico del planeta, gracias al cobro de las tarifas más caras del mundo y obstaculizando la apertura a la competencia en el terreno de las telecomunicaciones, lo que quebrantaba los compromisos que adquirió al ganar la licitación. En el sexenio salinista también se privatizaron Altos Hornos de México, Siderúrgica Lázaro Cárdenas, Fertimex, Dina e Imevisión. Así, los nombres de Alonso Ancira, Ricardo Salinas Pliego, Julio Villarreal y Raymundo Gómez Flores se integraron a la lista de los nuevos magnates de las corporaciones privatizadas.

Además, se dio la privatización de la banca, que incluyó la venta de 18 instituciones, entre las que se incluían Bancomer, Banamex, Serfín, Comermex y Somex. A los propietarios originales de la banca y algunos operadores bursátiles, que ya dominaban el mercado financiero antes de la estatización de López Portillo, como Eugenio Garza Lagüera, Roberto Hernández y Adrián Sada. En el sexenio salinista también se subastaron 3.2 millones de hectáreas de reservas minerales que en su mayoría fueron a parar a manos de empresarios nacionales como Carlos Slim, Alejandro Baillères y Germán Larrea, así como a mineras extranjeras canadienses, estadounidenses e inglesas.

Durante los sexenios de Zedillo, Fox y Calderón, el proceso privatizador continuó con la venta de Ferrocarriles Nacionales de México y los servicios aeroportuarios, con excepción del de la capital de México. La venta incluyó nombres como Aeroméxico y Mexicana de Aviación, Aseguradora Hidalgo, Grupo Azucarero de México y Luz y Fuerza del Centro.

En 1982, al terminar el sexenio de López Portillo, el Estado mexicano poseía 1155 empresas. Para finales de 1999, al terminar el sexenio de Zedillo, el número se redujo a 203.

7.1

EL BRINDIS DE DON FERNANDO «POR LOS CAMBIOS QUE VIENEN»

Cuando en diciembre de 1988 Carlos Salinas de Gortari tomó posesión como presidente de México, una de sus designaciones más controvertidas en el gabinete fue la de Fernando Gutiérrez Barrios como secretario de Gobernación. El círculo salinista se preguntaba qué impulsaba al nuevo mandatario a entregarle la cartera política al brazo derecho de Luis Echeverría, el «verdugo» que envió dos sexenios a su padre a la congeladora, el que impulsó la creación de la llamada «Corriente Democrática» que puso en peligro la llegada del apellido Salinas a la presidencia.

Algunos justificaron la decisión presidencial argumentando que el nuevo inquilino de Los Pinos promovería cambios políticos radicales que necesitarían de una mano firme, como la de Gutiérrez Barrios. Otros, quizá los más políticos y avezados, advirtieron en esa designación la intención de Salinas de Gortari de construir un puente para reducir las tensiones entre el clan Salinas y el clan Echeverría. No obstante, para ir adelante en la designación de Gutiérrez Barrios, se estableció como condición que don Fernando no entraría «a jugar» la sucesión presidencial de 1994. Después de todo, durante los últimos sexenios, quien ocupara la Secretaría de Gobernación era precandidato obligado, sobre todo después de que Díaz Ordaz y Echeverría salieron de Bucareli para instalarse en Los Pinos.

Durante los primeros cuatro años del gobierno salinista, todo fue miel sobre hojuelas. Gutiérrez Barrios cumplía a cabalidad con todas las encomiendas presidenciales, que pasaron por momentos tan críticos como la captura y el encarcelamiento del poderoso líder petrolero Joaquín Hernández Galicia, así como la deposición del líder de los maestros, Carlos Jonguitud Barrios. Conforme avanzaba el sexenio, los méritos de Gutiérrez Barrios iban en aumento, al igual que su ego, que le susurraba al oído que tenía méritos suficientes para participar en la sucesión del 94. A su vez, Carlos Salinas de Gortari detectó los movimientos de don Fernando, quien pretendía su espacio en el partido y en las listas. Entonces, en noviembre de 1992, Salinas decidió enviar a Manuel Camacho Solís con un mensaje que le recordara a don Fernando que estaba fuera de la sucesión.

Manuel Camacho tenía una de las mejores relaciones con Gutiérrez Barrios dentro del gabinete salinista. Después de todo, en ese entonces era el jefe de Gobierno del Distrito Federal y había crecido entre los círculos cercanos del expresidente Luis Echeverría. Esto quedaba reflejado en su matrimonio con Guadalupe Velasco Siles, la hija de Manuel Velasco Suárez, el médico de cabecera del «hombre de la guayabera», quien más tarde se convertiría en gobernador de Chiapas. Por esta razón, los echeverristas, como don Fernando, veían en Camacho a uno de los suyos. Al mismo tiempo, los salinistas —y más tarde los colosistas— desconfiaban de las afinidades y fobias de quien le disputaba la candidatura presidencial a Luis Donaldo Colosio.

Camacho acudió a cumplir la encomienda del presidente Salinas de Gortari. No obstante, al recordarle a don Fernando que estaba fuera de la sucesión presidencial, el secretario de Gobernación le manifestó su disgusto por el mensaje, recordándole que ya era tiempo de que un político y no un tecnócrata ocupara la Presidencia de México. Señaló que los sexenios de López Portillo, De la Madrid y Salinas ya habían sido suficientes para la tecnocracia. «Mire, Manuel —le habría dicho Gutiérrez Barrios a Camacho Solís—. Yo entiendo que el señor presidente me imponga un veto, pero al menos tenemos el derecho de apoyar la candidatura de un político como usted, que sí entiende los verdaderos problemas nacionales». Palabras que me confiaría en su momento el entonces jefe del Departamento del Distrito Federal, con quien me unía una cercana amistad. Camacho Solís salió del despacho del secretario de Gobernación sin haber cumplido plenamente su misión, pero confiando en que él, y no Colosio, era la opción de la clase política echeverrista para ser el candidato del PRI. El presidente Salinas de Gortari previó la circunstancia y actuó en consecuencia.

En los primeros días de 1993 recibí una llamada de Luis Donaldo Colosio, secretario de Desarrollo Social en ese entonces, para darme el saludo de Año Nuevo. Le pregunté que dónde había pasado el fin de año y yo mismo no le di tiempo para su respuesta. Le contesté que seguramente en el *besamanos* del gabinete, en Los Pinos o en la casa presidencial. Me dijo: «Sí, pero no. Sí la pasamos con el presidente Salinas, pero fue una cena muy peculiar». «¿Por qué lo dices?», le pregunté. «Pues porque fue una cena en *petit comité*, con una lista muy singular de invitados», me respondió. «Estábamos el presidente, Patrocinio, Carpizo, Córdoba y yo». Colosio hacía referencia al entonces gobernador de Chiapas, Patrocinio González Garrido; al entonces presidente de la Comisión de Derechos Humanos, Jorge Carpizo; al jefe de asesores presidenciales, José Córdoba Montoya; y por supuesto, a él mismo.

Le expresé mi sorpresa por el singular elenco de aquella cena para recibir el año, pues en 1993 se definirían los candidatos presidenciales para la elección de 1994. Pero no pude evitar preguntarle a Colosio de qué habían hablado. «Brindamos por los cambios que vienen», me dijo. «¿Por los cambios que vienen?», le pregunté intrigado. «Sí, ¡por los cambios que vienen!», me respondió Colosio.

LOS CAMBIOS EN MARCHA. Dos días después sobrevino un «sacudimiento» dentro del gabinete salinista. Salía Gutiérrez Barrios de la Secretaría de Gobernación y en su lugar entraba Patrocinio González; salía Ignacio Morales Lechuga de la Procuraduría General de la República y su nuevo titular era Jorge Carpizo McGregor. En ese momento comprendí el significado de los invitados tan singulares a la cena en Los Pinos. También entendí el significado de aquel brindis que no demoró más de cuatro días en hacerse realidad: «Por los cambios que vienen». Los cambios estaban en marcha.

Días después de los cambios del gabinete recibí una llamada de Fernando Gutiérrez Barrios. «Eso que está usted comentando con algunos amigos sobre la cena de Año Nuevo con el presidente, ¿lo tiene de buena fuente?», me cuestionó el ya exsecretario de Gobernación. «Por supuesto, don Fernando. No me atrevería a comentar algo así, si no lo tengo verificado», le respondí. «Muchas gracias, don Ramón Alberto. Espero verlo pronto», dijo don Fernando. Y colgó. Por el tono de su voz intuí de inmediato la sorpresa que le produjo aquella información, de la que evidentemente no tenía la menor pista.

Para él, quien se jactaba de ser el mexicano mejor informado, los cambios que llegaron, sobre todo porque involucraban su salida, fueron interpretados «como una traición» del presidente Salinas. El rompimiento con el poderoso hombre que controlaba la inteligencia del Gobierno mexicano, desde los años de Adolfo López Mateos, significó un nuevo y quizá el más violento quiebre del clan Salinas con el clan Echeverría. El presidente había despejado el camino para consolidar la candidatura de Luis Donaldo Colosio, pero la factura que tendría que pagar al dejar fuera del juego a una de las esperanzas del clan Echeverría sería muy alta.

A partir de la salida de Gutiérrez Barrios de Gobernación, comenzaron los dolores de cabeza para el sexenio salinista. Y toda la cadena de sucesos trágicos, que iniciaron en mayo de 1993 y culminaron en septiembre de 1994, registraron un común denominador: el nombre de Fernando Gutiérrez Barrios.

La tesis que gira en torno a la venganza del clan Echeverría advierte que, tras la traición por la salida de su «delfín» de Gobernación, con el que buscaban recuperar la silla presidencial en 1994, se gestó una serie de acciones que tenían como meta destruir el trípode sobre el que descansaba la mesa del poder salinista: la fe (la Iglesia), la esperanza (los militares) y la caridad (el empresariado).

UN QUIEBRE CON LA IGLESIA. El primer paso sería confrontar al gobierno salinista con la Iglesia católica, que, tras el restablecimiento de las relaciones diplomáticas con el Vaticano en 1992, representaba uno de los pilares del poder en ese sexenio. Quizá por ello se buscó un choque frontal con el asesinato del cardenal Juan Jesús Posadas Ocampo, para que la Santa Sede acabara por romper sus relaciones con el gobierno de Salinas de Gortari. Dos de los tres escenarios que se plantearon sobre las causas del asesinato del prelado tienen relación con los Arellano Félix, quienes desde mediados de la década de 1980 tomaron el control del Cártel de Tijuana y se hicieron cargo de las operaciones del desaparecido Cártel de Guadalajara, antes dirigido por la familia política del presidente Luis Echeverría. Desde que les heredaron las operaciones de Guadalajara, Echeverría habría comisionado a Gutiérrez Barrios para tener siempre bajo control a los capos de Baja California.

De acuerdo con las investigaciones, la primera y la segunda teoría del asesinato del prelado de la Iglesia católica indican dos posibilidades. En primer lugar, un fuego cruzado entre los cárteles de Sinaloa y Tijuana —Joaquín *el Chapo* Guzmán y los Arellano Félix—, en donde el cardenal Posadas fue ejecutado, en medio de la refriega. El lugar incorrecto en el momento incorrecto. En segundo lugar, que los Arellano Félix habrían contratado, en el barrio de Logan, en California, a sicarios que tendrían la consigna de asesinar al Chapo, quien llegaría al aeropuerto de Guadalajara vestido de negro, en un Grand Marquis color blanco. La orden se había cumplido, pero el personaje vestido de blanco, en el auto blanco, no era el Chapo, sino el cardenal Posadas. ¿Trampa o coincidencia? Si en estas primeras dos tesis estaban involucrados los Arellano Félix, como se presume, también podría inferirse que aquello pudo contar con la anuencia de Gutiérrez Barrios, el presunto custodio de sus operaciones desde el poder.

Existe una tercera tesis que se desprende de las declaraciones del testigo Marco Enrique Torres García, un exmilitar involucrado en los hechos, quien dijo que el asesinato del cardenal Posadas fue producto de un plan orquestado por destacados políticos, entre los que mencionó a altos funcionarios, quienes pretendían recuperar documentos que una mujer había entregado al cardenal Posadas, los cuales demostraban la relación de ese grupo político con algunos cárteles de la droga.

En un artículo firmado por José Alberto Villasana, publicado en el periódico *Nuevo Criterio*, medio de comunicación editado por la curia mexicana en julio de 2000, se estableció que la tesis del complot premeditado «coincide con la opinión de la agencia antidrogas de Estados Unidos, la DEA, la cual sostiene que Rodolfo León Aragón, director de la Policía Judicial Federal, era el brazo operativo de Raúl Salinas de Gortari, de Justo Ceja, secretario particular del presidente de la República, y de Mario Ruiz Massieu, subprocurador de la PGR, en el trato con los capos de diversos cárteles de la droga».

El análisis de Villasana establece que primero se intentó hablar con el cardenal Posadas para convencerlo de que devolviera la información, pero se negó. Luego sucedió el intento de robo de los documentos en su casa, donde también se falló. «La última instrucción, antes de que el cardenal pudiera entregar los documentos al nuncio Prigione para que llegaran al papa, fue quitárselos por la fuerza, lo cual requirió tener que asesinarlo primero». Hay quienes establecieron en su momento que esta última tesis fue creada por un grupo ligado a Gutiérrez Barrios, con el fin de desviar los reflectores y generar animadversión hacia el clan Salinas.

Las tensiones por el asesinato del cardenal Posadas crisparon al Vaticano, y solo por la intervención de Manuel Camacho, quien utilizó los buenos oficios de su tío, el cardenal Adolfo Suárez Rivera, fue posible negociar que la Santa Sede autorizara la presencia del presidente Salinas de Gortari en las exequias que tenían lugar en la catedral de Guadalajara. La intentona del quiebre entre el gobierno salinista y la Iglesia católica falló.

No obstante, para el clan salinista, el episodio dejó un saldo positivo. Camacho, el político que en su juventud creció dentro del círculo echeverrista y que tuvo la habilidad de insertarse con éxito en el primer círculo salinista, volvía a salvar al presidente. La primera ocasión fue en 1988, cuando el jefe de Gobierno del Distrito Federal negoció con los candidatos Cárdenas, Clouthier y Piedra Ibarra los resultados de la elección presidencial en la que «se cayó el sistema». Aun en medio de agrias protestas, Salinas de Gortari pudo tomar posesión. Ahora, en la intentona de quiebre con la Iglesia, Camacho volvía a la primera fila de las grandes negociaciones y de nuevo le salvaba la cara al presidente al concretar su asistencia al sepelio del cardenal Posadas. Por eso se avivaron las esperanzas de que, por méritos y en agradecimiento a sus servicios, el presidente se decidiría al final por la candidatura en favor de Camacho.

Durante los siguientes seis meses, entre finales de mayo y finales de noviembre, ni el Gobierno ni el país reportaron mayores sobresaltos. El clan Echeverría esperaba paciente que la decisión favoreciera a Camacho Solís. El hombre que «le había salvado la vida» en dos ocasiones al presidente Salinas de Gortari estaba muy confiado en que así sería. Pero el 28 de noviembre sobrevino el destape de Luis Donaldo Colosio y el enojo de Camacho se cristalizó con su renuncia inmediata como jefe de Gobierno del Distrito Federal. México volvió a la zona de turbulencia, pues 33 días después de la designación del candidato priista estalló en Chiapas la rebelión del Ejército Zapatista de Liberación Nacional (EZLN).

La sublevación del subcomandante insurgente Marcos en la Selva Lacandona venía gestándose desde hacía meses. Pero el aplazamiento del gobierno de Salinas de Gortari para salirle al paso propició la oportunidad para que la irrupción de aquella violencia indígena se cristalizara y le declarara la guerra al Ejército Mexicano. Era el primer desafío de un ejército alterno a las fuerzas armadas institucionales, desde que terminó la Revolución mexicana. La intención final era desarticular la segunda pata de la mesa del poder salinista, su relación con la esperanza, sus buenos oficios con los militares. De nuevo, volvió a asomarse el fantasma de Gutiérrez Barrios, el personaje de la inteligencia mexicana que custodiaba el pacto con Fidel Castro y los grupos guerrilleros del continente para mantener a México alejado de cualquier intento de subversión. ¿Estaba el eterno brazo derecho de Luis Echeverría escondido bajo el pasamontañas del subcomandante insurgente Marcos?

Fui testigo de que, al menos cinco meses antes de su estallido, el gobierno salinista tenía suficiente información para hacerle frente y sofocar el movimiento insurgente. Pero las negociaciones del Tratado de Libre Comercio (TLC), primero, y la designación del candidato presidencial del PRI, después, aplazaron las acciones que pudieron haber evitado aquella Declaración de la Selva Lacandona, que se dio en la madrugada del Año Nuevo, en 1994. Era un pronunciamiento marxista-leninista que buscaba el derrocamiento del presidente electo y el establecimiento de una democracia participativa a través de la reivindicación de los derechos indígenas.

Transcurría la noche del viernes 27 de agosto de 1993 cuando acudí a una cena de parejas en la casa de Luis Donaldo y Diana Laura Riojas de Colosio. A la reunión fueron convocados también el empresario Adrián Sada y el historiador Enrique Krauze, todos acompañados por sus esposas. Colosio, quien buscaba entre empresarios e intelectuales las simpatías en los meses previos a su destape, llegó a su propia cena con más de una hora de retraso. Diana Laura solo alcanzó a exculparlo diciendo que venía tarde de una gira por Chiapas. Al llegar, el rostro del secretario de Desarrollo Social no era el mejor. Y al pasar a la mesa le pregunté, en privado, por qué traía esa cara de preocupado, como ausente. Me pidió que al final no me fuera, que dejáramos ir a los invitados para conversar. Ya solos, me confesó que venía no solo preocupado, sino alarmado, por lo que le mostró el general Miguel Ángel Godínez, quien fuera jefe del Estado Mayor en el gobierno de López Portillo, y quien dirigía, como jefe, la zona militar de Chiapas.

Colosio me describió enormes galerones con armas y equipo de subversión decomisado por el Ejército a grupos guerrilleros que se estaban armando para un levantamiento contra el Gobierno. «¿Qué crees que debo hacer?», me preguntó Luis Donaldo. «¡Pues darle el parte de inmediato al presidente!», le respondí. «No me gusta ser el portador de tan malas noticias», me replicó. «Pues si no se lo dices con esa crudeza y esa angustia con la que me lo estás revelando, no vas a tener país que gobernar. Tienes que actuar», le recriminé. «Tienes razón. El lunes mismo iré a hablar con él [con Salinas de Gortari]».

A principios de septiembre, me llamó Pelochino, como solían llamarle sus amigos a Colosio. Me pidió algunas informaciones y antes de colgar le pregunté si ya había hablado con el presidente sobre lo que vio en Chiapas. «Sí, caray. Ya lo sabía, quizá no en la dimensión en que se lo platiqué, pero ya lo sabía. Me dijo que por ahora no se puede hacer nada, mientras el Congreso de Estados Unidos no le dé el visto bueno al Tratado de Libre Comercio. ¡Imagínate una represión o un baño de sangre en la antesala de ese momento histórico! Puede echar por tierra todas las negociaciones», me respondió. Pasado el 17 de noviembre, el día en que fue aprobado el acuerdo comercial, volvimos a hablar. «Después de este enorme éxito del presidente Salinas, el camino está despejado para el destape», me dijo Luis Donaldo.

Y volví a preguntarle sobre Chiapas. «Sí, ya lo volvimos a hablar y será después de que se dé la designación del candidato presidencial, no antes».

Seis días después, el 23 de noviembre, Colosio era ungido por el PRI como su candidato presidencial. Volvimos a hablar un par de días después de aquel «destape». Lo felicité, evaluamos el «berrinche» de Camacho, me pidió que le transmitiera al nuevo secretario de Relaciones Exteriores un par de mensajes y volví a preguntarle: «¿Y Chiapas?». Su respuesta fue un nuevo aplazamiento: «Ya está tomada la decisión y será tan pronto como pasen Navidad y Año Nuevo. Hay que pasar las fiestas en paz», me dijo el ya candidato presidencial.

En la madrugada del 1.º de enero de 1994 el Ejército Zapatista de Liberación Nacional (EZLN) irrumpió en San Cristóbal de las Casas y, a partir de ese momento, el rostro con pasamontañas y pipa se apoderó del inconsciente colectivo de la nación. Manuel Camacho, quien tras su renuncia al Gobierno del Distrito Federal fue enviado a ocupar la Cancillería, renunciaba a ser investido como coordinador para el Diálogo y la Reconciliación en Chiapas. Las confusiones creadas por las señales cruzadas, como la de darle el nuevo cargo sin goce de sueldo, elevaron las tensiones entre el candidato Colosio y el comisionado Camacho, quien, por la dimensión de la encomienda, dominaba el espectro mediático frente a la naciente y débil candidatura de Colosio. La confusión era tan cierta y profunda que obligó al presidente Salinas a lanzar la sentencia: «¡No se hagan bolas!».

Para la mayoría, el estallido de Chiapas aquella noche de Año Nuevo de 1994 era una protesta armada, desde la Selva Lacandona, contra la entrada en vigor del TLC, que se hacía efectivo desde las primeras horas del 1.º de enero. Yo, sin embargo, no podía dejar de pensar en aquel brindis, exactamente un año antes en Los Pinos. Quizá el hombre que custodió por tantos años que en México no penetrara la guerrilla aparecía 12 meses después, la noche de Año Nuevo, para devolver aquella copa: «¡Por los cambios que vienen!».

7.2

EL «BERRINCHE» DE CAMACHO
RECLAMO DE HERENCIA

Cuando el 4 de octubre de 1987 el presidente nacional del PRI destapó a Carlos Salinas de Gortari como su candidato presidencial, Manuel Camacho Solís —uno de sus más cercanos colaboradores— declaró: «Soy el más político del grupo». Con esa declaración, Camacho marcaba su territorio en el círculo íntimo del salinismo. Y en la primera oportunidad que tuvo, lo demostró.

Hijo de militar —Manuel Camacho López—, estudió Economía en la UNAM, donde trabó amistad con Carlos y Raúl Salinas de Gortari, José Francisco Ruiz Massieu y Emilio Lozoya Thalmann, entre otros propósitos, para integrar la Asociación Civil Política y Profesión Revolucionaria A. C. Pero como todos ellos provenían de familias con economías familiares muy por encima del promedio universitario se les bautizó como el grupo de los Toficos, que era el nombre de una golosina de la época, cuyo anuncio comercial acababa con una pegajosa frase: «Toficos, ¡mmmmm, qué ricos!».

Al igual que Carlos y Raúl Salinas de Gortari, Camacho también se relacionó con algunos personajes del llamado «movimiento de masas», como Alberto Anaya, Hugo Andrés Araujo, Adolfo Orive, Rolando Cordera y Gustavo Gordillo de Anda, quienes hacían incursiones en zonas de pobreza y miseria para poner en práctica sus tesis sociales. Lo hicieron en Durango, Coahuila, Nuevo León y Tamaulipas. De esas incursiones entre quienes menos tenían, saldría aquel experimento que fue bautizado como «Tierra y Libertad» y que acabaría por ser la simiente del actual Partido del Trabajo (PT).

Por su noviazgo con Guadalupe *Lupita* Suárez Siles, hija de Manuel Velasco Suárez —médico de Luis Echeverría—, Camacho tuvo acceso al puñado de jóvenes que entraban y salían de la casa del entonces presidente «de la guayabera». Entre ellos se incluían Porfirio Muñoz Ledo, Beatriz Paredes y José Murat.

Después de trabajar en el Banco de México, Camacho se fue a la Universidad de Princeton para cursar un doctorado, y a su regreso volvió a hacer mancuerna con Carlos Salinas de Gortari, quien tomó, en la campaña de De la Madrid, la dirección del Instituto de Estudios Políticos, Económicos y Sociales (Iepes), con su amigo Camacho en la subdirección. De ahí, también junto a Salinas de Gortari, fue a la Secretaría de Programación y Presupuesto, donde ocuparía la Subsecretaría de Desarrollo Regional. Por eso su proclamación como «el político del grupo». Porque en el círculo cercano al secretario Salinas dominaban los técnicos neoliberales con limitadas capacidades de interacción y negociación, que fue uno de los factores que en su momento le valió a Camacho su cercanía con quien sería el próximo presidente de México.

Pero antes de que ese día llegara, y tras los sismos de 1985 que exhibieron una muy pobre respuesta del gobierno de De la Madrid al reclamo popular para la reconstrucción, Camacho sería enviado a la Secretaría de Desarrollo Urbano y Ecología. Ahí se dedicó a la reconstrucción de la capital de México, una tarea que le permitiría mapear los liderazgos de la capital, lo que le valdría después ser designado jefe de Gobierno del Distrito Federal por el ya entonces presidente Salinas. Con un equipo célebre, integrado por Enrique Márquez, Alejandra Moreno Toscano, Marcelo Ebrard, Juan Enríquez Cabot, Ignacio Marván y Oscar Argüelles, los camachistas le dieron un serio impulso al futuro de la capital de México con el desarrollo de Santa Fe, la construcción del Auditorio Nacional, el Papalote Museo del Niño, el nuevo Zoológico de Chapultepec y el inicio de la rehabilitación del Centro Histórico y los canales de Xochimilco, así como una lucha por la calidad del aire que se estrenó con el programa vehicular del Hoy No Circula.

Pero lo que elevó sustancialmente los bonos políticos de Camacho fue la elección presidencial de 1988, en la que participó como secretario general del PRI, operando para el candidato Salinas de Gortari. Fue el mismo domingo 6 de julio en el que Camacho se hizo cargo de su primer proceso de «pacificación», el poselectoral. Y sentó a la mesa a los «comandantes» de los distintos frentes políticos. En esa mesa estaban Cuauhtémoc Cárdenas, del Frente Democrático Nacional (FDN); Manuel Clouthier, del PAN; y Rosario Ibarra de Piedra, del Partido Revolucionario de los Trabajadores (PRT). Todos estaban en abierta rebeldía, reclamando un presunto fraude electoral, apoyados en la llamada «caída del sistema».

Los opositores al candidato del PRI se negaban a reconocer su victoria frente al «desaseo» y al acuse de fraude que se dio con el sistema de conteo de votos, implementado por el secretario de Gobernación, Manuel Bartlett. Después de largos días de negociaciones, Camacho pudo llegar a un acuerdo entre Salinas y sus opositores, y convencerlos de que le permitieran cruzarse la banda presidencial y llegar a Los Pinos. A cambio se colocaban sobre la mesa promesas de acciones de apertura política, a las que se comprometía el nuevo presidente con Camacho como albacea. A partir de ese momento el exjefe de Gobierno del Distrito Federal estaba convencido de que esa negociación lo colocaba al frente de los afectos y las preferencias de su amigo, el nuevo presidente. Su camino para pavimentar la sucesión de 1994 estaba en marcha. A sus amigos Camacho les compartía el sentimiento de que le había «salvado la vida» al presidente Salinas.

Pero en mayo de 1993, a solo seis meses de la decisión presidencial sobre quién debería ser el candidato presidencial del PRI, Camacho tuvo una segunda oportunidad para «enmendarle la plana» a su amigo, el presidente Salinas. Y en medio de la condena por el asesinato en Guadalajara del cardenal Juan Jesús Posadas Ocampo, el jefe de Gobierno del Distrito Federal articuló sus buenos oficios con el Vaticano, a través de su tío, el cardenal Adolfo Suárez Rivera, para que no se satanizara al gobierno salinista y se le permitiera al presidente acudir a dar sus condolencias a los cardenales y obispos congregados en la catedral de Guadalajara. Camacho también tenía todo el tejido de relaciones no solo de quien fuera su suegro y exgobernador de Chiapas, Manuel Velasco Suárez, sino las del obispo Samuel Ruiz, que desde San Cristóbal tenía tanta simpatía por los jefes zapatistas.

Camacho me contaría entonces lo satisfecho que estaba el presidente Salinas con aquella negociación, que habría pacificado los ánimos de una Iglesia católica dolida, frente al desconcierto de no saber quién y por qué había asesinado a uno de sus príncipes. Sus méritos frente al presidente Salinas iban en ascenso. Y Manuel se sentía ya con la candidatura en la bolsa. Lo mismo sucedía en el círculo político del clan Echeverría, en donde preferían la candidatura de Camacho, un político al que sentían transitable para sus intereses, que la de Colosio, quien era un técnico, hijo reservado para los intereses de Salinas de Gortari.

Por eso la tranquilidad volvió desde aquel sepelio en Guadalajara hasta que el 28 de noviembre se anunció que Luis Donaldo Colosio sería el elegido del PRI para la boleta presidencial. El desencanto y la incredulidad se apoderaron de Camacho Solís. «Se indignó», dijeron unos. «Hizo berrinche», decían otros. Lo cierto es que sus mismos colaboradores ya pronosticaban que, en los últimos meses previos al destape, Camacho estaba rebasado por el ego y un dejo de soberbia. Tenía la certeza de que su amigo el presidente Salinas no le iba a fallar. Sentía segura su nominación con tanta anticipación.

Enrique Márquez, uno de los asesores más cercanos al entonces jefe de Gobierno del Distrito Federal, en su libro *Por qué perdió Camacho*, escribió un consejo que le compartió a su amigo precandidato:

> Debes tener cuidado: que no te cultiven la vanidad, la autocomplacencia. Que Camacho no sea víctima de su propia corte. No debemos presionarnos tanto por la campaña de desprestigio que nuestros amigos siguen armando en Estados Unidos [...]. No se puede aspirar a la presidencia —insistí— si se carece de voluntad para comenzar a gobernar los humores o los temores de quienes están también en el juego político o de quienes quieren estarlo.

La indignación de Camacho tras la designación de Colosio tenía su origen en que alguien le habría dado la certeza —o al menos el jefe de Gobierno del Distrito Federal así habría interpretado las señales— de que él sería el elegido. Y estaba claro que, si tal certeza o tales señales acaso existieron, el único que pudo darlas era el mismo presidente Salinas. Pero el mandatario, aunque tenía una gran amistad y una enorme admiración por Camacho, no tenía la certeza de que pudiera ser el sucesor que le diera continuidad a su proyecto. A diferencia de Colosio, quien giraba en la órbita presidencial, Salinas reconocía que Camacho tenía su propia estela y eso significaba un riesgo. Por eso se decidió por el secretario de Desarrollo Social.

A diferencia de lo que algunos opinan, Camacho jamás participó en complot alguno, de la llamada nomenklatura, para asestar el golpe contra Colosio, como se pretendió vender ante la opinión pública los días posteriores al magnicidio. Tal vez el pecado del jefe de Gobierno de la capital de México fue dejar que le tripularan su ego. Los echeverristas y los antisalinistas lo conminaban con facilidad a reclamar sus espacios ganados. Y en el momento de la decisión le tripularon su rebeldía.

La mejor prueba de que Camacho solo buscaba el reconocimiento a sus méritos en el sexenio salinista se dio en aquella cena del miércoles 16 de marzo entre Colosio y Camacho, en la casa del delegado político de Azcapotzalco, Luis Martínez Fernández, en Gelati 99, colonia San Miguel Chapultepec. En esa reunión, se habrían limado las asperezas que obligaron al presidente Salinas a salir a proclamar su «No se hagan bolas...». En esa cena, los personajes alcanzarían un acuerdo benéfico para ambos. Camacho saldría a apoyar sin regateos la candidatura de Colosio y, a cambio de ese espaldarazo, el abanderado del PRI le habría prometido un sitio de privilegio en su gabinete. Hay quienes reconocen que lo prometido era la Secretaría de Gobernación. Y desde ahí, Camacho tendría la oportunidad de volver a tejer su camino para la candidatura presidencial de 2000.

Al margen de cualquier promesa, el hecho es que el martes 22 Camacho convocó a una conferencia de prensa en la que declaró que «entre buscar una candidatura a la Presidencia de la República y la contribución que pueda hacer al proceso de paz en Chiapas, escojo la paz». Camacho también dijo que actuaría de acuerdo con las reglas de la convicción, de la verdadera política y del compromiso público. «No lo haré con las reglas de la sumisión ni las del silencio». Con ese posicionamiento, Camacho asumía el fin de su rebeldía, descartaba buscar la presidencia por algún otro partido y sentía que salvaba la cara en medio del acuerdo con Colosio. Junto a esa declaración, el pacificador de Chiapas anunció que convocaría al día siguiente a una conferencia en San Cristóbal, para hacer un anuncio importante. Esa conferencia jamás se concretó. Acabó abortada, sofocada por el anuncio del magnicidio en Lomas Taurinas.

¿Alguien se habría dado cuenta de que Camacho ya no era un «rebelde útil», que ya había pactado con Colosio y que no existía posibilidad de descarrillar aquella candidatura? Bajo esa nueva realidad, la única salida posible era quitarle la vida al candidato del PRI.

El resto de la historia fue una auténtica pesadilla para Camacho, quien al presentarse en el sepelio de Colosio fue exhortado por Diana Laura Riojas de Colosio a abandonar la funeraria Gayosso, en medio de los gritos de «¡Colosio sí, Camacho no!». El 16 de junio, días antes de la elección presidencial, Camacho renunciaría a su rol de pacificador en Chiapas después de que el candidato Zedillo criticó su trabajo como comisionado de paz. Se retiró a escribir un libro de sus memorias, al que sus detractores temían por lo que ahí se revelaría. Por eso se fabricaron unas memorias apócrifas que fueron filtradas a dos medios. Buscaban desacreditar las originales que estaban por salir al público. Más tarde, Camacho fundaría el Partido del Centro Democrático, con el que apoyó en 2006 la llegada de Andrés Manuel López Obrador a la jefatura de Gobierno del Distrito Federal. Pero en la votación apenas alcanzó el 0.6% de los votos y perdió su registro. Sin ser militante del PRD, Camacho fue postulado por el partido del sol azteca como candidato a diputado federal, y en 2012 fue incluido en la lista plurinominal al Senado. El eterno negociador no pudo concluir su encomienda en la Cámara Alta. Sucumbió ante su larga lucha contra el cáncer y falleció el 5 de junio de 2015. Marcelo Ebrard se instaló como su heredero, solo para recibir de López Obrador el mismo trato que Salinas le dio a Camacho en aquel fatídico 1994.

7.3

COLOSIO Y RUIZ MASSIEU
NOMENKLATURA CON PLOMO

Disipada la niebla del «No se hagan bolas», Luis Donaldo Colosio visitó Monterrey el fin de semana anterior a su asesinato. Y el domingo 20 de marzo, por la mañana, hizo una visita al periódico *El Norte* para conversar con directivos y redactores sobre el relanzamiento de su campaña, después de los sobresaltos del zapatismo y del camachismo.

Lo recibimos Rodolfo Junco, media docena de colaboradores y yo. Al final, ya en la calle, dispuestos para despedirnos, junto con Liébano Sáenz, su coordinador de campaña, se me acercó Pelochino —como solían llamarle al candidato algunos de sus amigos más cercanos— para solicitarme un favor: «Me dicen que en aquella camioneta está un empresario de Monterrey que quiere dar una aportación para la campaña. Me da pena que al saludarlo no recuerde su nombre. ¿Por qué no vas y te asomas y así me dices de quién se trata?». Por supuesto que me dirigí al vehículo que me dijo, y al ver a la persona en el asiento trasero me di cuenta de que para mí era un total desconocido, de muy mala facha, y que distaba mucho de ser un empresario regiomontano. Al menos no era ninguno de los que yo conocía. Volví a la banqueta donde se hacían los últimos comentarios y le reporté a Colosio: «Perdóname, pero ese personaje que subieron a la camioneta nada tiene que ver con Monterrey. Ten cuidado, porque me da la impresión de que es alguien con quien no te conviene que te vean, mucho menos que te tomen alguna fotografía». Luis Donaldo me vio fijamente, hizo una mueca de disgusto y giró la cabeza.

Días después de aquel encuentro en Monterrey hablamos, y no pude contener mi curiosidad de preguntarle quién era el personaje que se había subido en aquella camioneta. «Lo que te imaginaste», me dijo, «un enviado de alguno de los jefes de la droga, para decirme que me traía 10 millones de dólares de los primeros treinta que estaban dispuestos a aportar para la campaña». «¿Y qué le respondiste?», le pregunté a Colosio. «Que le agradecía mucho, que no se ofendiera, pero que los fondos de campaña estaban siendo muy vigilados por el Instituto Federal Electoral y que no podíamos correr riesgos. Que para él era como si se hubieran aportado».

Este es solo uno de los tantos episodios que debió enfrentar el candidato del PRI cuando grupos de interés, en particular del crimen organizado, se aproximaban a él intentando apadrinar sus aspiraciones políticas; lo que buscaban era cobrar esos favores una vez que el sonorense se instalara en Los Pinos. De hecho, una de las líneas de investigación dentro del magnicidio fue que algunos grupos del crimen organizado —en particular el Cártel del Golfo— se sentían decepcionados sobre el candidato tricolor porque no podían establecer comunicación directa y eso les provocaba desconfianza a sus líderes. Lo que deseaban era poder operar con libertad durante su gobierno. Una de esas líneas la pretendieron fincar a Raúl Salinas de Gortari, el «hermano incómodo», de quien se insistía existían presuntos vínculos con algunos personajes del crimen organizado. Esas versiones se debatían con insistencia en las reuniones que Colosio sostenía con empresarios y políticos, e incluso se alcanzó a decir que el candidato habría compartido en Los Pinos algunas de esas conversaciones y que los comentarios habrían llegado a oídos del mismo Raúl. El hecho mismo de que el magnicidio se dio en Lomas Taurinas, un enclave popular de Tijuana —la tierra del Cártel de los Arellano Félix— siempre abonó a vincular el magnicidio con capos del narcotráfico.

Sin embargo, lo que al final resulta en el asesinato de Luis Donaldo Colosio, el 23 de marzo de 1994, fue el clímax de la disputa de los dos poderosos clanes políticos y familiares: el clan Echeverría y el clan Salinas.

Muy pocos compran la tesis del asesino solitario, Mario Aburto —alias Caballero Águila—, quien, por motivos aún no esclarecidos, decidió por sí mismo, o por influencia de alguien, terminar con la vida de Colosio.

El objetivo de este libro no es abundar en las decenas de conjeturas o escudriñar los miles de hojas que se han escrito sobre los testimoniales del caso Colosio, sino profundizar en una tesis que instala el asesinato del candidato de Magdalena de Kino como un abierto intento del clan Echeverría por impedir la prolongación del sexenio salinista en la interpósita persona de Luis Donaldo. Para ellos, los echeverristas, tres sexenios confinados en la congeladora —López Portillo, De la Madrid y Salinas— ya eran suficientes. Prolongar su ostracismo político en el inminente sexenio de Colosio era intolerable. Más cuando se insistía en que dentro de ese clan el destino del nuevo presidente priista sería el de consumar la última jugada en el ajedrez del Tratado de Libre Comercio: la privatización de Pemex, que acabaría por ser entregado —directa o indirectamente— a intereses ligados a las familias Bush y Salinas.

Luis Echeverría Álvarez es transparente. No oculta los motivos y acaba por confesar muy directamente que fueron sus políticos afines, los llamados «dueños del PRI», quienes buscaron reencauzar ese partido hacia sus metas históricas y abre el expe-

diente para especular sobre su intervención en el descarrilamiento del proyecto salinista. El expresidente «de la guayabera»
lo mencionó en una entrevista que le concedió, en el verano de
1997, a Francisco de Paula León Olea, entonces director de la revista *Conciencia Mexicana*, y en la que con un mensaje muy claro
sintetiza, con una crudeza que asombra, lo ocurrido en los últimos
años en México.

Dice Echeverría, cito textualmente:

Realmente nuestro partido fue víctima de una persecución
desde el interior de las altas esferas oficiales en donde se
pensó que debía ser sustituido por otro organismo, por otro
partido supuestamente solidarista, cuyos fines obedecían a
intereses personalistas y de un pequeño grupo «compacto»,
y hasta de intereses familiares y nepóticos. Afortunadamente, esta maniobra fue frustrada por las mismas fuerzas al interior de nuestro partido y ahora es reencauzado hacia sus metas
históricas, como quedó demostrado en la XVII Asamblea
Nacional.

La traducción a lo declarado por Echeverría sería:

Realmente nuestro partido [el PRI] fue víctima de una persecución desde el interior de las altas esferas oficiales [la presidencia de la República; o sea, Carlos Salinas] en la que se
pensó que debía ser sustituido por otro organismo, por otro
partido supuestamente solidarista [Partido Solidaridad, promovido por Carlos Salinas], cuyos fines obedecían a intereses personalistas [de Carlos Salinas] y a un pequeño grupo
«compacto» [Aspe, Serra, Córdoba, Lozoya, los Rojas, Farell,
etcétera] y hasta de intereses familiares [Raúl Salinas Lozano, el
adversario de Echeverría] y nepóticos [Raúl Salinas de Gortari,
el «hermano incómodo»]. Afortunadamente, esta maniobra fue
frustrada [con el magnicidio de Lomas Taurinas] por las mismas
fuerzas al interior de nuestro partido y ahora es rencauzado

hacia sus metas históricas, como quedó demostrado en la XVII Asamblea Nacional.

La «cándida» o «cínica» confesión del expresidente Echeverría no era sino la respuesta a la entrevista que, en enero de 1997, me concediera Carlos Salinas de Gortari, la primera en la que rompía el silencio desde que se fue exiliado a Dublín, en 1994. En esa entrevista, publicada el 4 de febrero de 1997 en *El Norte*, denunciaba un complot para tratar de imponer su relevo. Y esa emboscada, revelada entonces, fue encabezado por el expresidente Echeverría. Textualmente, Salinas dijo:

Si hasta ahora no se han determinado en la indagación elementos para poder afirmar que hubo un complot para victimar a Luis Donaldo, sí creo que hubo un complot para tratar de imponer su relevo. Y quienes lo promovieron parece que siguen sin descanso en la tremenda lucha por el poder. Antes del sepelio del 25 de marzo, ya se había desatado una verdadera lucha por asumir su candidatura. La misma noche del 23 de marzo llegó a Los Pinos de improviso el licenciado Luis Echeverría Álvarez para proponerme a quien, según él, no podía ser señalado como responsable de tener alguna relación con los hechos: Emilio Gamboa. Y finalmente se movilizaban algunos excolaboradores de Colosio con la pretensión de imponer un veto a quien finalmente resultó el candidato.

Al hablar de Colosio, el expresidente Salinas dijo textualmente:

La nominación de Luis Donaldo Colosio era un factor esencial para consolidar las reformas sustantivas que se venían realizando y que habíamos agrupado bajo el Liberalismo Social. Su postulación dejó molestos sobre todo a quienes veían en él un factor esencial para consolidarlo. En la madrugada [del día del asesinato] tuvimos que celebrar una reunión de emergencia del gabinete económico para decidir cómo íbamos a enfrentar la inminente crisis cambiaria que anticipábamos en las primeras horas de la mañana. Y si bien los bancos cerraron el día 24 durante más de una semana, tuvimos las salidas de capitales más altas de la historia. En medio del drama personal y nacional, y el peligro cambiario, se desató la lucha política por ocupar el lugar de Luis Donaldo. Fue la crisis más grande que vivió mi gobierno, la más peligrosa y la más triste. Fue acaso la crisis política más delicada en más de sesenta años en nuestro país. Y para mí, de todo lo sucedido en mi vida política, eso ha sido lo más abrumador, pues la ausencia de Luis Donaldo es irremediable.

GUTIÉRREZ BARRIOS. Carlos Salinas destaca en aquella entrevista:

Al señor Fernando Gutiérrez Barrios lo invité a que fuera secretario del despacho de Gobernación, siendo él gobernador de Veracruz, por su experiencia en cuestiones de seguridad nacional y de los movimientos guerrilleros de los años setenta.

Y cuando cuatro años después de ejercer la responsabilidad en Gobernación le comenté a Gutiérrez Barrios que haría relevo en ese despacho, fue porque llegué a la convicción de que era necesario contar con una conducción política de esa dependencia más propicia a la solución de los aspectos de la sucesión presidencial en términos que finalmente ocurrieron en noviembre de 1993.

Bajo esa perspectiva de los intereses que rodeaban a Luis Donaldo Colosio, se debe analizar la carta que el coordinador de campaña Ernesto Zedillo le envió al candidato del PRI, en la que le hacía algunas recomendaciones para reconciliar fuerzas con el presidente Carlos Salinas de Gortari. El contenido íntegro de esa carta fue revelado por el periódico *Reforma*, el 3 de octubre de 1995, y tuvo dos lecturas. Para algunos se trató de una carta en la que Zedillo, quien presentía su inminente relevo como coordinador de la campaña presidencial del PRI, buscaba dejar por escrito que, si bajo su coordinación no se había alcanzado el éxito deseado, se debía al cambio de las circunstancias, la irrupción de la rebeldía de Camacho, la falta de decisión del presidente Salinas para evitar la incertidumbre y, por supuesto, a errores dentro del partido y del equipo de campaña. Fue un texto para justificar su salida ante la historia. Para otros, sin embargo, esa carta acabó por interpretarse como la prueba de que las relaciones entre el presidente Salinas y el candidato Colosio no eran buenas. Lo propuesto a Colosio lo decía todo: concretar «una alianza política» con el inquilino de Los Pinos. Se buscaba hacer creer que, a pesar del «No se hagan bolas» decretado por Salinas, el presidente no estaba del todo cómodo con el desempeño de Colosio y el clima era propicio para un relevo, que acabó por darse por la ruta del magnicidio. A la luz de los años transcurridos, vale la pena releer esa carta, cuya autoría es endosada a Zedillo, pero en los círculos cercanos al PRI se advierte que venía con la inspiración intelectual de José María Córdoba Montoya, el todopoderoso asesor presidencial, quien indujo a Salinas a designar a Zedillo como coordinador de la campaña.

Lic. Luis Donaldo Colosio Murrieta Presente
Señor candidato:

Considero indispensable externarte algunas reflexiones. Lo hago por este medio para ordenar mejor las ideas y tomarte menos tiempo. Es oportuno, dado que estamos cerca de concluir el primer recorrido por el país y además el entorno de la campaña continúa siendo particularmente complejo.

Quiero iniciar con algo estrictamente personal. A la luz de lo ocurrido en estos meses, la convicción que tuve hace ya algunos años de que tú debieras ser el próximo presidente de México se ha reafirmado profundamente. Hoy me congratulo más que nunca de haber tomado muy pronto una decisión

muy firme y no haber especulado con ninguna otra posibilidad. Es quizá más desde esta situación que, como parte del
equipo de campaña, deseo expresarte mis puntos de vista,
aunque irremediablemente mi experiencia de estos últimos
meses los alimenta.

Reitero primero lo muy sabido. Las condiciones de campaña han resultado ser substancialmente distintas a las que,
quizá imprudentemente, previmos en diciembre. Yo supu-
se que una vez descontando la nueva pluralidad mexicana,
esta campaña contaría con las condiciones más propicias en
varios sexenios. En los hechos y atendiendo a la situación
política, esta será la contienda presidencial de mayor dificultad en varias décadas. Los amplios grados de libertad que
tuvimos en diciembre sencillamente desaparecieron a partir
del 1 de enero, y más señaladamente el 10 de enero. **La mayor dificultad obliga a asumir una actitud rigurosamente
crítica**. En lo que a mí respecta, debo admitir que en las condiciones de diciembre me pareció sensato ser sumamente
condescendiente y hasta indiferente respecto a decisiones
cuya racionalidad entonces no entendí o no compartí. Naturalmente, después del 10 de enero mi visión de la tarea ha
variado radicalmente, pero sin que ello haya permitido superar las condiciones que se fijaron en diciembre para conten-
der con una situación muy distinta. No tiene caso repasar lo
sucedido. Lo importante es elucidar lo que se enfrenta de
ahora en adelante y proponer soluciones. A riesgo de incurrir
en exageraciones, es conveniente perfilar el escenario menos
favorable, ya que es este el que debe guiar cualquier estrategia de campaña.

La situación que enfrentamos tiene como rasgos principales los siguientes:

1. Como es de esperar —y legítimo desde cualquier
   punto de vista—, **la prioridad del señor presidente
   es concluir satisfactoriamente su mandato.** Así servirá

él mejor al país y a su enorme orgullo de auténtico hombre de Estado. En la lista de tareas para lograrlo, el cuidado de la sucesión tuvo hasta el 10 de enero la más alta prioridad. Las circunstancias —auténticas o inducidas— que ha ido enfrentando han variado esa jerarquía. Ahora el mantenimiento de la paz social y la estabilidad financiera son propósitos que aparecen con mucha mayor importancia que el cuidado de una sucesión, digamos ortodoxa. Lo anterior, que es desde luego entendible, se ha acentuado por la influencia creciente de personal malintencionado en el ánimo del presidente. **La combinación de la soledad del 6.º año, la pérdida, la anulación o el distanciamiento de hombres de confianza y la tarea calculada y deliberada de algunos dan una mezcla sumamente propicia para que vaya perdiendo importancia en el ánimo presidencial el cuidado de la sucesión.** Después de todo, él debe pensar que su parte más importante —la de, en su oportunidad, apoyar tu candidatura— ya la cumplió, y que con ese impulso inicial la tarea por cumplir es esencialmente tuya. Es de esperar que se esté dando una influencia muy tenaz para desacreditar el valor de tus capacidades y de tu lealtad. Por otra parte, es un hecho que, a pesar de los acontecimientos de Chiapas, el presidente conserva una enorme popularidad, que él valora y tratará de preservar frente al riesgo de otros acontecimientos negativos inesperados.

2. No obstante lo ocurrido el pasado 28 de noviembre, Manuel Camacho —antes o después de lo de enero— decidió continuar jugando un papel protagonice en la política nacional y ha actuado con un plan muy preciso para cumplir con ese objetivo, aprovechando y cultivando en todo momento las nuevas prioridades

del señor presidente. Para tener ese papel protagonice, ha visualizado diversas opciones. Desde la substitución directa del candidato del PRI, hasta convertirse a partir de 1995 en el líder de una fuerza opositora importante y decisiva en el curso del país. Sus opciones pasan también por ser candidato de un partido distinto al PRI, o beneficiarios de la presidencia como resultado de una negociación poselectoral. Es obvio que, de acuerdo con las ambiciones de Camacho, cualquiera de esas opciones es superior a la de esperar que el próximo presidente, si acaso, lo llame a algún puesto de su gabinete. Desde su perspectiva, no tiene absolutamente nada que perder, ya que en el peor de los casos se contempla a sí mismo como un fuerte líder de la oposición con oportunidad de acceder desde ahí a la presidencia en el año 2000.

3. Frente a la situación de incertidumbre y de mayor competencia, existen claras deficiencias en el partido y el equipo de campaña. Calidad insuficiente en los recursos humanos, falta de coordinación, una suerte de inconciencia acerca de la situación que se enfrenta y un aprovechamiento ineficaz de las fortalezas del candidato son los problemas más evidentes. Todo esto alienta las tentaciones de Manuel Camacho y acentúa el riesgo de distanciamiento por parte del señor presidente.

4. El PRD, que se perfila con al menos la misma fuerza electoral que el PAN, es una oposición errática que no trabaja únicamente para ganar los votos. Se comporta como una fuerza que va por el desorden, el conflicto poselectoral y una negociación en la que obtengan algo de lo que no les dará la vía electoral. Sueñan con una gran crisis en la que estrepitosamente se extermine al PRI, o al menos, obtengan algunas posiciones de

Gobierno otorgadas por el próximo presidente a cambio de su apaciguamiento.

Considero que es de la mayor urgencia que se enfrente cada uno de los 4 aspectos anteriores. A reserva de proporcionarte mayores detalles, si así lo deseas, mis principales recomendaciones respecto a cada uno de los 4 puntos, en el mismo orden, son las siguientes:

1. Tal como te lo propuse desde enero, debe establecerse clara y precisamente una alianza política con el señor presidente. Debes ofrecer toda tu lealtad y apoyo para que él concluya con gran dignidad su mandato; no debes pedirle más que su confianza en tu lealtad y capacidad, externarle tu convicción de que él ya cumplió con la parte más importante de la sucesión y que ahora tú harás la que a ti te corresponde; que como parte de la estrategia de campaña se requiere un candidato que la gente sepa que no será manipulado por el presidente Salinas, pero que goza de su confianza y aprecio, y para eso es necesario que haya un acuerdo explícito sobre cómo se producirá esa percepción en la opinión pública. Cada vez que haya que señalar tareas pendientes y deficiencias del Gobierno, mediará notificación previa y se será receptivo a observaciones sobre la forma de decirlo. Insisto, mi propuesta de celebrar este pacto es independiente de mi admiración y agradecimiento por el señor presidente. Es una recomendación elemental, yo diría de libro de texto, de estrategia política.

2. Debe asumirse plenamente la oposición de Manuel Camacho. No es conveniente que siga siendo oposición activa sin tener los riesgos y dificultades de una oposición declarada y formal. Mucho menos debe

aceptarse que continúe ganando puntos con el señor presidente una persona que durante muchos años lo ha engañado y abusado de su confianza. Conciliando en la medida de lo posible el propósito del logro de la paz en Chiapas, debe procurarse, a la brevedad, que opte por ser candidato de un partido de la oposición. Esta debe ser tu opción más atractiva. Estoy convencido de que es la que dará menos problemas antes y después del 21 de agosto, incluyendo el sexenio 1994-2000. Además, derrotarlo en la elección daría una reserva de legitimidad de gran valor para la gobernabilidad que necesitarás como próximo presidente.

3. Debe mejorarse sustancialmente el desempeño de la campaña. Ello servirá para todos los propósitos. El principio para hacerlo ya lo dijiste el 6 de marzo. Hay que asumir plenamente la competencia. Para ello hay que hacer lo indispensable para tener un verdadero aparato de campaña (en el sentido riguroso de la palabra). Se requiere «el ejército, la disciplina y la estrategia». Partamos de reconocer que estamos fallos en todo esto. Reestructuración del partido, del equipo de campaña, selección de candidatos (personas y método) y la implantación de una nueva disciplina de trabajo son tareas urgentes.

4. El acuerdo recién logrado debe ser la base de un eficaz proyecto de neutralización del PRD. Debemos montarnos en ese acuerdo para lavar culpas pasadas y construir una credibilidad de la que hasta ahora se carece. Debemos proclamar ese acuerdo como el paso definitivo hacia la construcción de un sistema democrático moderno en nuestro país y expresarnos dispuestos a asumirlo hasta sus últimas consecuencias. Si se actúa con eficacia, las probabilidades de éxito de cualquier agresión perredista serán muy reducidas.

Obviamente los cuatro puntos anteriores pueden ser desarrollados. Créeme que estoy profundamente convencido de lo que te expreso. En mis recomendaciones no hay interés personal alguno. Simplemente creo que es lo mejor para México.

Fraternalmente,

ERNESTO ZEDILLO

Como se mencionó anteriormente, aquellos cercanos a los cuarteles priistas de 1994 advierten que la reveladora carta no tuvo la autoría única de Zedillo. En su redacción habría participado también José María Córdoba Montoya, cuya apuesta real fue por la candidatura de Zedillo, a pesar de decir que apoyaba la candidatura de Colosio. Y quizá por ello la huella del *consigliere* de origen francés se deja ver en la carta de Zedillo a Colosio, en donde en dos ocasiones en lugar de escribir «protagónico» se desliza la palabra «protagonice», que significa «protagonizar» en francés. ¿Será que la carta de Zedillo a Colosio pasó por el corrector «francés» de la computadora del intrigante Jean Marie Córdoba?

7.4

ECHEVERRÍA Y CÓRDOBA MONTOYA
LAS INTENTONAS GOLPISTAS

Ernesto Zedillo fue el candidato del descarte, el presidente accidental. Su amigo cercano, el intrigante y misterioso doctor José Córdoba Montoya, siempre juró que el secretario de Programación y Presupuesto del salinismo sería el candidato del PRI a la presidencia. Pero al final del día imperó la confianza y la lealtad que el presidente Salinas le tenía a su proyecto personal, el de su amigo Luis Donaldo Colosio.

Aún recuerdo que en los meses anteriores al destape del candidato priista, en la sala del Consejo de Grupo Reforma, cruzábamos apuestas entre los directivos sobre el destino que tomaría la decisión del candidato presidencial. Alejandro Junco, presidente y director general, decía que el candidato sería Ernesto Zedillo, que Córdoba Montoya se lo había confiado. Yo, en cambio, apostaba a que el elegido sería Luis Donaldo Colosio. El mismo Pelochino me lo había dicho: «Solo una crisis me dejaría sin la candidatura». Me lo confió cuando comíamos en una fonda del Centro Histórico, brindando con jerez Fino La Ina, su aperitivo favorito. También lo sabía por un café que tomé, meses antes del destape, con el presidente Salinas en Los Pinos. El mandatario fue muy directo en su consejo y me advirtió: «No se le separe a su amigo Colosio». Entendí el críptico mensaje rematado con una amplia sonrisa. Y en efecto, acabé «ganando» el primer *round* aquel 28 de noviembre en que se designó a Colosio. Apenas ocho días antes habíamos consumado el oportuno lanzamiento del diario *Reforma*, el 20 de noviembre, en la capital de México. Pero al final Alejandro Junco ganaría aquella apuesta —la definitiva—, cuyo último round se disputó el 29 de marzo tras el magnicidio. Zedillo acabó —como siempre lo pronosticó José Córdoba Montoya— designado candidato presidencial. Y aquel economista de Baja California terminó sentado en la silla del «Águila», como consecuencia de que Colosio perdiera la vida en manos de un Caballero Águila, aquel que respondía al nombre de Mario Aburto.

Pero la selección de Zedillo como el relevo del candidato fue producto de una perversa combinación. Por un lado, lo que más tarde se percibió como una intentona golpista, desde el seno del PRI, que buscaba encumbrar a Emilio Gamboa Patrón como el candidato del relevo. Por el otro, las maquinaciones e intrigas sembradas por José Córdoba Montoya, el poderoso jefe de la Oficina de la Presidencia, quien manipuló mensajes y fabricó situaciones para que su desconcertado jefe, en ese entonces, el presidente Salinas, golpeado anímicamente por el magnicidio de su amigo Colosio, acabara por tomar la decisión del descarte en favor de Zedillo. La historia que narraré a continuación es producto de encuentros con los actores de esta trama, cuyas piezas de un rompecabezas lleno de intrigas prefiguran aquella intentona golpista, desde la llamada nomenklatura del viejo PRI. Estas son las piezas del complejo rompecabezas que se armó en marzo de 1994.

Cuando el presidente Salinas regresaba de Magdalena de Kino tras dar el pésame a la familia de Luis Donaldo Colosio, invitó a un bloque de colosistas a viajar de regreso con él de Hermosillo a la capital de México en el avión presidencial. Ya en plataforma, antes de subir al TP-01, Raúl Salinas de Gortari se fue aproximando a algunos de aquellos colosistas para decirles que una vez en vuelo su hermano los llamaría uno a uno para consultarlos sobre quién debería ser el candidato del relevo. Y el llamado «hermano incómodo» acabó por sugerirles que la decisión debía inclinarse por otro sonorense, por Manlio Fabio Beltrones. Nadie atendió la sugerencia de Raúl Salinas de Gortari y ninguno planteó la propuesta. Al menos eso dicen los colosistas.

De regreso en la capital de México, el presidente Salinas se dirigió a su despacho en Los Pinos, donde lo esperaba Luis Echeverría. El expresidente «de la guayabera» le propondría que el candidato del relevo fuera Emilio Gamboa Patrón, el poderoso secretario de Comunicaciones y Transportes. El presidente Salinas le hizo ver a Echeverría que la tarea no solo era difícil, sino hasta imposible, por la dificultad del candado legal que exigía la renuncia de cualquier cargo público seis meses antes de la postulación a un cargo público. Esa misma condición dejaba fuera de toda posibilidad no solo a Gamboa, sino también a Pedro Aspe. De hecho, el presidente Salinas, bajo las reglas vigentes, solo tenía cuatro opciones a elegir: Fernando Ortiz Arana, presidente del PRI; Francisco Rojas, director de Pemex; Genaro Borrego, director general del Seguro Social; y, por supuesto, Ernesto Zedillo, en ese momento coordinador general de la campaña de Luis Donaldo Colosio.

El expresidente Echeverría le habría sugerido al presidente Salinas que, dadas las circunstancias de excepción tras el magnicidio, se podría cabildear con el PAN y con los priistas, quienes en principio opondrían resistencia, una modificación acelerada para quitar los impedimentos para designar candidato a un integrante del gabinete. El mandatario escuchó a Echeverría y, aunque lo veía poco probable, prometió que lo intentaría. Después de todo, una candidatura presidencial en favor de Gamboa Patrón o de Aspe quedaría dentro del llamado círculo íntimo. Solo era cuestión de recordar que, como secretario particular del presidente De la Madrid, Gamboa fue el picaporte a la oficina presidencial. Era él quien, en los momentos en que el presidente De la Madrid estaba «de buenas», llamaba al secretario de Programación, Carlos Salinas de Gortari, para sacar adelante sus acuerdos. Y cuando el mandatario estaba «de malas», el turno era para el secretario de Gobernación, Manuel Bartlett —el otro presidenciable—, quien, a causa del genio presidencial, acababa sus acuerdos con más dificultades para conseguir lo que buscaba.

Tan reconocido se vio el secretario Salinas con Gamboa que, cuando asumió la presidencia, le pidió que le escribiera en una servilleta el cargo político que el yucateco quería ocupar en su gabinete. Para no acorralar al presidente, Gamboa le escribió Infonavit, Seguro Social y Comunicaciones y Transportes. El «castigo» que debió pagar Gamboa, por su falta de decisión para pedir lo que quería, fue que, de 1988 a 1991, ocupó la dirección del Infonavit; de 1991 a 1993, la dirección del Seguro Social; y de 1993 a 1994, la Secretaría de Comunicaciones y Transportes. Su agradecido amigo, el presidente Salinas, le cumplió la lista completa.

De Pedro Aspe poco hay que justificar. Era el hombre de mayor estatura económica y financiera que, ante su excelente desempeño sobre las finanzas nacionales, se tenía ganado el respeto y la admiración de las comunidades de negocios y de finanzas no solo de México, sino del extranjero. Sería, si fuera posible, el candidato perfecto para el relevo.

Bajo ese pretexto de la propuesta del expresidente Echeverría, el presidente Salinas citó en su despacho al líder nacional del PRI, Fernando Ortiz Arana, y al secretario de Comunicaciones, Emilio Gamboa. Les pidió que hicieran una auscultación nacional para pulsar la reacción al cambio de los candados, buscando habilitar a algunos secretarios del gabinete como candidatos del relevo. A Ortiz Arana le correspondería hacer la consulta entre los gobernadores y líderes estatales del PRI. A Gamboa Patrón, en ese momento el mejor conducto con la clase empresarial y de los medios de comunicación a quienes les prodigaba todo tipo de favores, le correspondería encuestar a los empresarios, a los hombres del capital. Al presidente Salinas de Gortari le correspondería auscultar al PAN y a su líder, Carlos Castillo Peraza, para ver si se contaba con la buena fe y el apoyo en la Cámara de Diputados para aprobar la eliminación del candado.

Por supuesto, la propuesta salinista cayó como balde de agua fría sobre Ortiz Arana, a quien le quedaba claro con esa consulta que los astros no lo favorecían, pese a estar habilitado para ser candidato del relevo por no ser integrante del gabinete. A Gamboa Patrón, en cambio, le venía como anillo al dedo esa posibilidad que, de aprobarse, lo insertaría de inmediato como potencial candidato del relevo. El presidente Salinas les pidió a ambos que regresaran a la mañana siguiente con los resultados de las auscultaciones.

Dicen que, así como en el pedir está el dar, en el preguntar está la respuesta. Y fue claro que la pregunta del priista Ortiz Arana se dio de tal manera que 29 de los 31 gobernadores rechazaron la eliminación de los candados. Y lo mismo sucedió con los dirigentes estatales del PRI. Sentían que la modificación a la ley estaría hecha a la medida de dos personajes y, lo más importante, dejaba fuera del juego a su líder nacional del PRI. Gamboa, sin embargo, cuestionó de tal forma a los empresarios y a los dueños de los medios de comunicación sobre el cambio a la ley que les hizo sentir que el beneficiario sería Pedro Aspe, a quien todos admiraban y respetaban. Obvia decir que la respuesta unánime fue positiva. ¡Que se dé el cambio!

Seguro de que a la mañana siguiente acudiría a Los Pinos y se eliminarían los candados, Gamboa citó a Aspe para una reunión muy temprano, «de urgencia», antes de la cita que el secretario de Comunicaciones tenía con el presidente Salinas. En esa reunión tempranera, Gamboa le confió a Aspe los resultados de su consulta y le aseguró que se abrirían aquellos candados, lo que daba la posibilidad para que Gamboa mismo o Aspe fueran los candidatos. La propuesta de Gamboa fue entonces que él le cedía la candidatura presidencial al secretario de Hacienda, a cambio de que, una vez instalado en la presidencia, Aspe se comprometiera a nombrar a Gamboa Patrón como secretario de Gobernación y a Manlio Fabio Beltrones como secretario de Comunicaciones y Transportes. El secretario de Hacienda arqueó las cejas y le dijo a Gamboa Patrón que lo pensaría.

Pero Aspe se fue directo a ver al presidente Salinas para darle los pormenores de aquella que consideraba una «propuesta indecorosa», planteada en lo «oscurito». El mandatario entendió que la recurrencia de los intentos en favor de Gamboa evidenciaba el intento de un «golpe» a sus espaldas para imponer al candidato del relevo. Y aunque él ya había tomado su decisión de no modificar la ley, porque el líder del PAN, Carlos Castillo Peraza, le había rechazado la propuesta, de cualquier manera quiso conocer los resultados de las auscultaciones y, sobre todo, medir el clima en torno a la sucesión.

El primero que habló en aquella reunión matutina fue Gamboa Patrón, quien venía de su encuentro con Aspe. Le comunicó al mandatario que la clase empresarial apoyaba abrumadoramente la apertura de esos candados. Ortiz Arana, en cambio, le dijo todo lo contrario. Que los priistas rechazaban la propuesta porque «iba con dedicatoria». Al presidente Salinas de Gortari le pareció extraña la enorme diferencia de opiniones entre políticos y empresarios y les pidió a ambos que volvieran más tarde, que él reflexionaría la decisión. Alguien fue llamado de inmediato, apenas unos momentos después de abandonar el despacho presidencial: Ortiz Arana. El presidente Salinas le expresó sus temores sobre la intentona de una imposición sobre Gamboa Patrón y le puso sobre el escritorio un videocasete que contenía un fragmento del discurso de Luis Donaldo Colosio, en el que el candidato del PRI a la presidencia elogiaba a su coordinador de campaña, Ernesto Zedillo. El presidente Salinas le dijo a Ortiz Arana que, ante la imposibilidad de eliminar los candados, el hombre elegido era Zedillo, una noticia que no dejó de sorprender al presidente nacional del PRI, quien ya tenía conocimiento de que los días de Zedillo como coordinador de la campaña presidencial de Colosio estaban contados y que, tras el mitin de Lomas Taurinas, se anunciaría el relevo.

Pero aquel videocasete no salió de la nada. Al presidente Salinas se lo había puesto sobre el escritorio José María Córdoba, el eterno impulsor de la candidatura de Zedillo, y la orden presidencial a Ortiz Arana era que instruyera a Manlio Fabio Beltrones para que fuera él, un sonorense, quien introdujera ese video en la reunión de la cúpula priista donde se daría a conocer la decisión. Sería el propio Luis Donaldo Colosio, quien con su elogioso discurso «destaparía» a Ernesto Zedillo como el candidato del relevo.

La designación de Zedillo como el nuevo candidato tomó por sorpresa a la mayoría de los priistas que conocían las diferencias que existían entre él y el candidato Colosio. De hecho, el sonorense ya había confiado a media docena de sus cercanos que el relevo de Zedillo estaba en puerta y que el mismo Colosio le había solicitado al presidente Salinas de Gortari que le facilitara a Carlos Rojas, quien había sido el relevo en la Secretaría de Desarrollo Social cuando Colosio se fue a la candidatura presidencial, para que asumiera la coordinación de la campaña. Sin embargo, Salinas rechazó la petición.

Meses más tarde, en octubre de 1995, ya con Zedillo en Los Pinos, por la confianza de un amigo y privilegiado personaje llegó a mis manos una reveladora carta que el coordinador Zedillo le dirigía al candidato Colosio en la que le proponía buscar un pacto con el presidente Salinas para cerrar filas en torno a la campaña, después de los sucesos de diciembre y enero. Los dos párrafos de la misiva de Zedillo a Colosio dejan claro lo que sucedía con el presidente Salinas y el comisionado Camacho.

El coordinador Zedillo le dice al candidato Colosio:

1. Tal como te lo propuse desde enero, debe establecerse clara y precisamente una alianza política con el Señor Presidente. Debes ofrecer toda tu lealtad y

apoyo para que él concluya con gran dignidad su mandato; no debes pedirle más que su confianza en tu lealtad y capacidad, externarle tu convicción de que él ya cumplió con la parte más importante de la sucesión y que ahora tú harás la que a ti te corresponde; que como parte de la estrategia de campaña se requiere un candidato que la gente sepa que no será manipulado por el Presidente Salinas, pero que goza de su confianza y aprecio, y para eso es necesario que haya un acuerdo explícito sobre cómo se producirá esa percepción en la opinión pública. Cada vez que haya que señalar tareas pendientes y deficiencias del Gobierno, mediará notificación previa y se será receptivo a observaciones sobre la forma de decirlo. Insisto, mi propuesta de celebrar este pacto es independiente de mi admiración y agradecimiento por el Señor Presidente. Es una recomendación elemental, yo diría de libro de texto, de estrategia política.

2. Debe asumirse plenamente la oposición de Manuel Camacho. No es conveniente que siga siendo oposición activa sin tener los riesgos y dificultades de una oposición declarada y formal. Mucho menos debe aceptarse que continúe ganando puntos con el Señor Presidente una persona que durante muchos años lo ha engañado y abusado de su confianza. Conciliando en la medida de lo posible el propósito del logro de la paz en Chiapas, debe procurarse, a la brevedad, que opte por ser candidato de un partido de la oposición. Esta debe ser tu opción más atractiva. Estoy convencido que es la que dará menos problemas antes y después del 21 de agosto, incluyendo el sexenio 1994–2000. Además, derrotarlo en la elección daría una reserva de legitimidad de gran valor para la gobernabilidad que necesitarás como próximo presidente.

Para quienes estaban entonces inmersos en la campaña colosista, la carta de Zedillo habría sido solo un pretexto, porque, como coordinador de campaña, sabía que sería relevado y quería dejar asentado, en papel, los diferendos que impidieron que la campaña tomara la altura que todos esperaban. En cuestión de días, Zedillo pasó de ser el coordinador que sería relevado a ser el candidato del relevo. Cuando aquella carta fue publicada por el diario *Reforma*, el ya presidente Zedillo recriminó al medio el haber hecho «algunas insinuaciones y conjeturas respecto a un crimen que sigue agraviando a los mexicanos».

En la entrevista que me concedió en enero de 1997 —en el tercer año del sexenio zedillista—, y con la que rompió el silencio de dos años en el exilio, el expresidente Salinas fue directo para decir: «Si hasta ahora no se han determinado en la indagación elementos para poder afirmar que hubo un complot para victimar a Luis Donaldo, sí creo que hubo un complot para imponer su relevo. Y quienes lo promovieron parece que siguen sin descanso en la tremenda lucha por el poder». Y por si quedaba alguna duda, el expresidente Salinas reveló en esa misma entrevista que «antes del sepelio del 25 de marzo ya se había desatado una verdadera lucha por asumir su candidatura. La misma noche del 23 de marzo llegó a Los Pinos, de improviso, el licenciado Luis Echeverría Álvarez, para proponerme quien, según él, no podría ser señalado como responsable de tener alguna relación con los hechos: Emilio Gamboa». El exmandatario en el exilio dijo que «finalmente se movilizaban algunos excolaboradores de Colosio con la pretensión de imponer un veto a quien finalmente resultó el candidato». Los colosistas rechazaban a Ernesto Zedillo. Si el presidente Salinas los hubiera escuchado, otra habría sido la historia.

CARLOS SALINAS DE GORTARI
1988–1994

LO QUE LE HEREDARON ←——→ *LO QUE HEREDÓ*

CRECIMIENTO DEL PIB
PROMEDIO ANUAL, PORCENTAJE

0.11%	✓	4.06%

PIB PER CÁPITA
PRECIOS CONSTANTES EN DÓLARES DE 2015 AL CIERRE DEL SEXENIO

7 214	✓	8 186

DEUDA PÚBLICA
PORCENTAJE DEL PIB AL CIERRE DEL SEXENIO

60.19%	✓	41.25%

PRODUCCIÓN PETROLERA
PROMEDIO DIARIO, ÚLTIMO AÑO DEL SEXENIO, BARRILES DIARIOS

2 510 000	✓	2 750 000

BALANZA FISCAL
PORCENTAJE DEL PIB, AGREGADO DE TODO EL SEXENIO

−24.56%	✓	0.47%

TIPO DE CAMBIO
PESOS POR DÓLAR EN EL ÚLTIMO DÍA DEL SEXENIO

2.29	✗	3.43

INFLACIÓN
PROMEDIO ANUAL, PORCENTAJE

29.66%	✓	16.95%

Fuentes: Inegi, Banco Mundial, OCDE, Banxico, SHCP y CNH.

8

ZEDILLO AL RELEVO
EL QUE NUNCA QUISO SER

Dónde estaba Luis Echeverría: **AL ALZA.** *Celebrando con la nomenklatura el descarrilamiento de la candidatura de Colosio por la ruta del magnicidio y buscando imponer a Emilio Gamboa como candidato del relevo. Congratulándose de que los hijos de su archirrival fueran expulsados del juego político, y alentando que el clan Salinas fuera sometido al linchamiento popular. «Nada personal».*

Dónde estaba **Raúl Salinas Lozano: A LA BAJA.** *Con un hijo preso en Almoloya y el otro hijo exiliado en Irlanda. Raúl Salinas de Gortari fue detenido, acusado de participar en el asesinato de José Francisco Ruiz Massieu y de enriquecerse, mediante el tráfico de influencias, a costa de un puñado de amigos empresarios. El expresidente Carlos Salinas era demonizado por el nuevo gobierno que lo acusaba de ser el autor del llamado «Error de diciembre» y de la crisis que «emborrachaba» al mundo con el «efecto tequila».*

Péndulo político: A LA DERECHA

Ya investido como el candidato del relevo para la elección presidencial de 1994, Ernesto Zedillo se dirigió a su despacho. Lejos del gozo que a cualquier político le podría causar aquella privilegiada designación, se notaba inquieto, molesto y atribulado ante la responsabilidad que se le acababa de conferir. La escena fue testificada por quienes lo acompañaban, entre otros, el senador Ricardo Canavati Tafich, quien fue el financiero en la corta campaña de Luis Donaldo Colosio. De pronto, el candidato Zedillo tomó una jerga del aseo, olvidada por una afanadora, que estaba sobre su escritorio, la hizo bolas entre sus manos y, con un gesto de enojo, la lanzó violentamente contra una fotografía del fallecido Colosio que colgaba en la pared. «¡¿Ya ves lo que me dejaste?!», le increpó Zedillo a aquella silente imagen del candidato asesinado en Lomas Taurinas. La sorprendente escena no reflejaba otra cosa que lo fuera de lugar que se sentía el excoordinador de la campaña presidencial del PRI en su nuevo disfraz de candidato a la presidencia.

Ernesto Zedillo nació en la capital de México, aunque su infancia la vivió en Mexicali. Durante su juventud regresó a la capital para cumplir con el bachillerato y estudiar la licenciatura en Economía, en el Instituto Politécnico Nacional. Y años después logró obtener una beca en la Universidad de Yale, en donde obtuvo, en 1981, el doctorado en Economía. A su regreso a nuestro país trabajó para el Banco de México y la Secretaría de Hacienda antes de que —en el sexenio de Miguel de la Madrid— fuera designado subsecretario de Programación y Presupuesto, cuando su titular fue Carlos Salinas de Gortari. En 1988, cuando apenas contaba con 36 años, se convirtió en el secretario de Programación y Presupuesto del sexenio salinista, posición que dejó en 1992 para ir a relevar a Manuel Bartlett en la Secretaría de Educación, quien buscaba la gubernatura de Puebla.

El 29 de noviembre de 1993, un día después del destape de Colosio como candidato del PRI, Zedillo dejó la Secretaría de Educación para convertirse en el coordinador de la campaña presidencial. Contra lo que se pudiera creer, su gran padrino político no fue Carlos Salinas de Gortari, sino José María Córdoba Montoya, el poderoso e intrigante jefe de la Oficina de la Presidencia, quien tras el asesinato de Colosio articuló los movimientos políticos necesarios para venderle al presidente Salinas la idea de que su íntimo amigo Zedillo debía ser el relevo para la candidatura presidencial. El nombre de Córdoba Montoya fue incluido —entre otras razones— en las investigaciones para el esclarecimiento del magnicidio en Lomas Taurinas porque calificaba como uno de sus beneficiarios.

Instalado en Los Pinos, el sexenio zedillista se caracterizó por un amplio abanico de claroscuros que acabaron por instalar a Zedillo en el bando de los adversarios de Carlos Salinas de Gortari, facción de quien lo llevó al poder.

Entre sus logros como mandatario, Zedillo acabó por resolver la crisis económica que se desató a raíz del «Error de diciembre», la cual culminó con un préstamo de 20 000 millones de dólares, otorgado por el presidente estadounidense Bill Clinton, aun por encima del rechazo que ese empréstito generó en el Congreso de Estados Unidos. Esa fue la crisis económica más severa que vivió México en el siglo xx y que gestó una confrontación política y personal entre el presidente Zedillo y su antecesor, el presidente Salinas, el cual finalizó con el encarcelamiento de Raúl Salinas de Gortari y el exilio de su hermano Carlos. El llamado «hermano incómodo» era acusado de estar involucrado en el asesinato de José Francisco Ruiz Massieu, su excuñado, quien se perfilaba a asumir ya no la presidencia de la Cámara de Diputados, como era el plan original, sino la Secretaría de Gobernación, para que, a través de Bucareli, el expresidente Salinas —ya sin Colosio— contara con un canal político confiable, alternativo al presidente Zedillo.

La muerte de Ruiz Massieu hizo que se instalara a Esteban Moctezuma Barragán en la Secretaría de Gobernación. Este vio desfilar en el sexenio a tres titulares más: Emilio Chuayffet, Francisco Labastida Ochoa y Diódoro Carrasco Altamirano. *¿Cuatro secretarios de Gobernación en seis años?* En realidad las operaciones políticas delicadas, las estratégicas, corrieron casi siempre a cargo de Liébano Sáenz, el eficiente operador que desde la secretaría particular de la presidencia articuló acuerdos con políticos, empresarios, dueños de medios de comunicación, activistas y líderes sociales por igual. La mayoría sabe que, en medio de la crisis con la pérdida —por primera vez en la historia— de la mayoría priista en la Cámara de Diputados —y rebasado el secretario Emilio Chuayfett en sus capacidades—, fue Liébano Sáenz quien asumió el rol de *negociador presidencial* frente a las distintas facciones legislativas.

En el terreno de lo económico, las crónicas de entonces dan cuenta de que Zedillo estaba dolido porque, como presidente, Salinas se negó a devaluar el peso antes de dejar Los Pinos. Por eso a Zedillo le estalló la crisis en los primeros días de su gobierno, lo que derivó en una megadevaluación del peso, que en tres meses sufrió una depreciación del 114%, al pasar de 3.40 a 8.70 pesos por dólar. El hecho despertó la primera gran crisis financiera que impactó igualmente al Gobierno, a las empresas y a la mayoría de las familias mexicanas, las cuales, a partir de la mitad del sexenio salinista, habían comenzado a disfrutar de créditos para adquirir automóviles, casas e incluso viajes a Europa, que unos años atrás estaban fuera de su alcance.

El drama económico fue generalizado y endosado al presidente Zedillo, a quien se acusó de manejar con poca precaución la frágil herencia financiera que —por la emisión de los llamados Tesobonos— estaba «prendida con alfileres», sobre todo cuando las diferencias del nuevo secretario de Hacienda, Jaime Serra, con su antecesor, Pedro Aspe, se tradujeron en un remplazo prematuro de todos los funcionarios clave en Hacienda al comienzo del sexenio. A unos días de tomar posesión, al presidente Zedillo le urgía *conectar* con los pares internacionales, pero no existían en la Secretaría de Hacienda los suficientes operadores que conocieran los «números a los que tenían que llamar» —Nueva York, Washington, Londres o Suiza— para apagar el incendio.

Sin embargo, más allá del «Error de diciembre» y del encarcelamiento de Raúl Salinas de Gortari, quizá los tres sucesos que marcaron el sexenio del presidente Zedillo fueron el muy controvertido rescate bancario con dinero del erario, el inicio de los procesos de venta de la banca nacional a bancos extranjeros, después de aquella brutal inyección de recursos de Hacienda, así como las matanzas de Aguas Blancas y Acteal.

En el primer caso, tras la crisis que desplegó el llamado «efecto tequila» en el mundo, se utilizó el Fondo Bancario de Protección al Ahorro (Fobaproa) para hacer un rescate masivo de la banca mexicana. Pero ese «rescate» acabó por ser un beneficio para los grandes banqueros y para innumerables empresas que, aprovechando las anchas avenidas de corrupción que se pavimentaron en las mesas de negociación entre banqueros y funcionarios públicos, terminaron por apilar una deuda —a través del Instituto de Protección al Ahorro Bancario (IPAB)— de 552 000 millones de pesos. En ese entonces se reflejó como el 11% del producto interno bruto (PIB) de la nación. Para 2021, lejos de disminuir, esa deuda pública se había disparado al doble, a poco más de un billón de pesos. El costo del servicio de esos empréstitos, pagados desde el erario, supera hoy los 40 000 millones de pesos anuales.

En el segundo caso, es un escándalo que los procesos de privatización de la banca, en el sexenio de Salinas, en 1990, llegaran apenas seis años después del rescate de esa misma banca en quiebra, para que, una vez puesta a flote con recursos fiscales —a finales del sexenio del presidente Zedillo y a principios del sexenio del presidente Fox—, se le autorizara la venta de esas instituciones financieras a los más grandes y poderosos bancos extranjeros. Ese hecho convirtió a México en la primera nación que perdía el control de su sistema de pagos y lo entregaba a la banca internacional. Las grandes decisiones financieras mexicanas ya no se tomaban en la capital de México, en Monterrey o en Guadalajara, sino en Estados Unidos (Citigroup), España (BBVA y Santander), Reino Unido (HSBC) y Canadá (Scotiabank). Solo cuatro bancos —Banorte, Banco Azteca, Inbursa y Banregio— se mantienen como propiedad mexicana.

Todas las operaciones de la venta de la banca a extranjeros se dieron en medio de opacidades o cuestionamientos fiscales, como el impago de los impuestos por la venta de Banamex, así como por conflictos de interés que comenzaban por señalar a Guillermo Ortiz Martínez —quien fue subsecretario de Hacienda y el operador responsable de privatizar la banca en el sexenio del presidente Salinas, y que además acabó siendo secretario de Hacienda del presidente Zedillo— como el responsable de rescatar a esos mismos bancos tras el «Error de diciembre» y como el mismo funcionario que, una vez saneados, negoció las primeras ventas de los grandes conglomerados financieros a los extranjeros.

En el tercer caso, las matanzas de Aguas Blancas y Acteal tiñeron de rojo el sexenio zedillista, como en su tiempo sucedió con Tlatelolco en el sexenio del presidente Díaz Ordaz o con el Jueves de Corpus en el sexenio del presidente Echeverría. La masacre de Aguas Blancas ocurrió el 28 de junio de 1995, cuando integrantes de la Organización Campesina de la Sierra del Sur (OCSS) se dirigían a Coyuca de Benítez para solicitar ayuda a los cultivadores de café. Los campesinos, transportados en dos camiones, fueron detenidos por policías y agentes judiciales del estado de Guerrero. Bajaron de los vehículos a los campesinos y durante veinte minutos les dispararon. El saldo de la emboscada fueron 17 campesinos asesinados y 14 heridos. De los policías solo se registraron dos lesionados con arma blanca. Un video dejó en claro que el operativo fue premeditado, con alevosía, ventaja y bajo traición.

En el caso de Acteal, sucedió una matanza con la incursión de comandos paramilitares en esa localidad, en el municipio de Chenalhó, en la región de Los Altos, en Chiapas. La crisis se dio cuando se desató en la zona una ola de homicidios, secuestros y robos a vivienda, lo que obligó a miles de sus habitantes a abandonar sus comunidades. El 22 de diciembre de 1997 un grupo de sesenta paramilitares dispararon a un grupo de hombres, mujeres y niños desplazados que oraban en una ermita, en Acteal. El saldo fue de 45 muertos, todos indígenas tzotziles, la mayoría acribillados por la espalda o asesinados con armas punzocortantes.

Fueron 18 mujeres —cuatro de ellas embarazadas—, 16 niñas, cuatro niños y 17 hombres, además de 26 lesionados graves. El presidente Zedillo acabó con una demanda que le interpusieron 11 de las víctimas de Acteal en una corte de Estados Unidos, acusado de ordenar, participar y conspirar para ejecutar y encubrir la matanza. El caso fue cerrado en 2014, y se liberó al mandatario de la responsabilidad que se le acreditaba.

Entre los aciertos del sexenio zedillista se encuentra la reforma del Poder Judicial que creó el Consejo de la Judicatura Federal y rediseñó el papel de la Suprema Corte de Justicia de la Nación. Otro de los grandes logros fue la reforma política que convirtió al Distrito Federal en un estado con el derecho para elegir a sus gobernantes, antes impuestos por el presidente en turno. Curiosamente, el primero de esos jefes de Gobierno, electo en 1997 por el voto ciudadano, no fue un priista, sino un hombre de la izquierda, el perredista Cuauhtémoc Cárdenas Solórzano. Y, sin duda alguna, un hecho que significó una sensible recuperación en los índices de aprobación para Zedillo fue el respeto que les dio a los procesos democráticos, el cual se tradujo en gubernaturas ganadas por la oposición, la pérdida del control de la Cámara de Diputados, históricamente siempre en manos del PRI, pero sobre todo el respeto al resultado de la elección presidencial del 2 de julio en la que el triunfo del panista Vicente Fox expulsaba por primera vez al PRI de Los Pinos. Muy a pesar de una intentona violenta de la nomenklatura priista, encabezada por Francisco Labastida Ochoa, que el día de la elección, al conocerse los resultados, fue hasta Los Pinos para exigirle al presidente priista que desconociera los resultados. Zedillo ignoró el suceso.

Sin embargo, luego de su salida de la presidencia, durante su autoexilio en la Universidad de Yale, en New Haven, Connecticut, el expresidente Zedillo acabó siendo severamente cuestionado por convertirse en miembro de los consejos de Citigroup y también de Union Pacific. En ambos casos se presentó un evidente conflicto de interés. Su gobierno fue el que rescató a Banamex con el Fobaproa, el segundo banco más grande de México. Durante esa época se iniciaron las conversaciones para que Banamex fuera adquirido por Citigroup, una compra que se consumó en el sexenio de Fox. De ese modo, el expresidente Zedillo acabó como su consejero. Y el llamado «presidente de la transición» fue severamente atacado por privatizar la industria ferroviaria mexicana, otorgándole una de las concesiones a Transportación Ferroviaria Mexicana (TFM) asociada con Kansas City Southern, la ferroviaria estadounidense que invitó a Zedillo a su Consejo de Administración.

El doctor en Ciencias Económicas de la Universidad de Yale no fue capaz de distinguir el conflicto de interés que significaba cobrar una gratificación en un Consejo de Administración a una de las corporaciones estadounidense que compró las empresas que su gobierno rescató y a las que les limpió el rostro para hacerlas rentables.

8.1

EL ERROR DE DICIEMBRE
LOS «ALFILERES»
DE LA QUIEBRA

Eran las 10:30 a. m. del 7 de diciembre de 1994, el primer día de la crisis de los «Tesobonos», cuando recibí la llamada de un amigo financiero de Nueva York. Era el director de uno de los más respetables fondos de inversión que con urgencia me preguntaba: «¿Tienes contacto con el secretario de Hacienda?». «Sí», le respondí. «¿Qué se te ofrece?». «Es urgente que le transmitas un mensaje», me respondió. Yo sabía que él conocía bien a Jaime Serra, por lo que de inmediato lo increpé: «¿Y por qué no lo llamas tú?». «Es que no está tomando llamadas. Su asistente nos dice que está en una reunión con el presidente Zedillo». Y eso era entendible en medio de la crisis que se había desatado la noche anterior y que, si no se manejaba adecuadamente, con pinzas, pondría en riesgo la economía y el sistema financiero mexicano.

El mensaje que mi amigo y director del estratégico fondo de inversión me pedía que le transmitiera al secretario de Hacienda era sencillo: «Acabamos de reunirnos los ocho poseedores más importantes de los Tesobonos mexicanos acá en Nueva York y llegamos a una conclusión. Dile a Jaijo —como sus amigos llamaban a Serra— que suba dos puntos la tasa de interés de los Tesobonos y que la sostenga por un año, y nos comprometemos a mantener nuestras posiciones. No dejaremos a México».

La oferta parecía sensata dada la intranquilidad que comenzaba a invadir el mercado de cambios. En la medida de mis posibilidades me comprometí a transmitirla. Pedí a mi asistente una llamada con el secretario Serra Puche, un economista respetable, quien durante el sexenio salinista ocupó la Secretaría de Comercio, desde donde concretó con enorme éxito las negociaciones del Tratado de Libre Comercio (TLC), la mejor herencia que el gobierno de Salinas de Gortari le pudo dar a México. Pero, al igual que con mi amigo, el director de aquel fondo de inversión, la respuesta siempre fue la misma: «El señor secretario está en una reunión con el señor presidente. No se le puede interrumpir. Le pasaré su recado».

Recordé entonces que otro amigo estaba en Hacienda. Era Antonio Argüelles, el oficial mayor. Lo llamé y le transmití el mensaje. Le dije que aquella parecía una posición sensata y Argüelles me dio la razón. «Si puedes, pásale una tarjeta al Jaijo, aunque esté con el presidente. Esa oferta les puede servir para tomar una decisión», le dije.

Una de las condiciones que me dio aquel director del fondo de inversión, en su primera llamada, era que la respuesta —positiva o negativa— debían tenerla antes de las dos de la tarde, porque tenían que fijar posiciones sobre los Tesobonos que tenían en su poder. Pasaron más de dos horas y no recibía respuesta alguna, ni positiva ni negativa, a la propuesta. Llamé al oficial mayor de Hacienda para saber si ya tenían alguna decisión. Me dijo que Serra había dicho que lo que se vivía era «una burbuja», que los poseedores de Tesobonos querían sacarle ventaja al momento, pero que en dos o tres días la intranquilidad pasaría y volvería la estabilidad. Y así lo transmití a mi amigo de Nueva York. «Qué lástima. Se van a arrepentir, porque el costo de retener esos Tesobonos no va a ser de dos puntos más, sino de veinte puntos más». Y fue esa soberbia la que aceleró aquella debacle bautizada como el «Error de diciembre» y que sacudió al mundo con su «efecto tequila».

El debate es recurrente sobre quién fue el responsable de aquel famoso error, el punto de inflexión en el que México se precipitó de su sólida economía y de las mieles de su apertura comercial al tobogán de la más severa crisis económica que, con su «efecto tequila», contagió a todo el planeta. Para entenderlo, no basta remontarnos a los indicadores económicos, sino a la condición humana de los celos y las intrigas de quienes manejaron la transición económica y financiera entre el gobierno de Salinas y el de Zedillo.

Y para entender la circunstancia hay que remontarse al 20 de noviembre de 1994, diez días antes de la transmisión de poderes y de la transferencia de la banda presidencial, cuando el presidente electo, Ernesto Zedillo, y quien sería designado su secretario de Hacienda, Jaime Serra Puche, fueron hasta la residencia del presidente Salinas en Camino a Santa Teresa. Ahí, en la biblioteca, junto con Pedro Aspe, Miguel Mancera y Arsenio Farell, Zedillo y Serra le pidieron al jefe del gobierno saliente que ajustara el tipo de cambio, que, de acuerdo con sus consideraciones, el peso estaba sobrevaluado en, por lo menos, un 20% y que sería un duro golpe para el gobierno entrante debutar con una devaluación.

Para asumir el argumento de Zedillo y Serra, hay que recordar que los Tesobonos fueron instrumentos que el gobierno de Salinas creó a partir de 1989. Era una deuda de corto plazo que se compraba y se vendía en pesos, pero se liquidaba en dólares, lo que les daba a los inversionistas una garantía contra cualquier devaluación. En 1994, y debido a las «corridas» contra el peso que se desataron por el estallido del zapatismo, los asesinatos de Colosio y Ruiz Massieu, el déficit en cuenta corriente se elevó y buscó compensarse con la emisión de más Tesobonos. Tan solo durante los diez meses siguientes a estos sobresaltos políticos la emisión de esos instrumentos pagaderos en dólares se situó arriba de los 6 000 millones de dólares. Eso significaba el 71% por encima del nivel que se tenía a finales de 1993. En contraste, las reservas del Banco de México se habían reducido a solo 9 000 millones de pesos, lo que se traducía en que, si se daban nuevos eventos y la confianza en México se desplomaba todavía más, el país caería en la insolvencia. Esos eran los argumentos del presidente entrante y del próximo secretario de Hacienda para pedirle al presidente Salinas la devaluación.

Pero los contraargumentos de Pedro Aspe, de la mano de los del presidente Salinas, insistían en que la situación era manejable sin devaluación. Como muestra de aquello, el mandatario saliente le ofreció a Zedillo que ratificara por algunos meses a Pedro Aspe en Hacienda, hasta que el nuevo presidente considerara que el mercado de cambios estuviera a salvo de altibajos. Después de todo, si Aspe era ratificado, inevitablemente, la responsabilidad de cualquier devaluación habría recaído en el sexenio de Salinas. Pero no fue así.

Un factor que elevó las tensiones entre el gabinete entrante y el saliente recayó en los celos profesionales que se dieron a lo largo del sexenio salinista entre Aspe y Zedillo. Como secretario de Hacienda, el primero, y secretario de Programación, el segundo, en no pocas ocasiones sostenían puntos de vista encontrados sobre la política económica. Esto permeaba en otras dependencias. El encontronazo de egos fue evidente cuando Jaime Serra Puche, quien llegaba de una muy exitosa negociación del TLC, como secretario de Comercio, se hizo cargo de la Secretaría de Hacienda y barrió con todos aquellos funcionarios de primer nivel que integraban el equipo de Aspe. La negativa del 20 de noviembre, en Santa Teresa, para devaluar el peso antes de que arrancara el nuevo gobierno cobró su factura. A partir de la ausencia de los experimentados discípulos de Aspe en los primeros días del gobierno zedillista, puede entenderse la llamada que mi amigo, el director de un poderoso fondo de inversión, me hizo para transmitirle un mensaje al nuevo secretario de Hacienda. Sencillamente, los grandes inversionistas no tenían quién les levantara el teléfono en México para buscar una negociación, una salida.

El tercer error —quizá el más torpe de todos— se presentó cuando, en aras de honrar la confianza con algunos empresarios, mexicanos y extranjeros, el flamante presidente Zedillo y el nuevo secretario Serra les compartieron a un puñado de capitanes de empresa su intención de devaluar el peso bajo la modalidad de subir la banda de la tasa de cambio fija un 15%. El peso estaba en 3.4 por dólar y flotaría hasta los cuatro pesos. La decisión tomada un miércoles, a mitad de semana, no fue vista con el gesto de confianza que se esperaba, sino como una señal de alarma que propició el retiro masivo de dólares de las reservas del Banco de México, lo que hizo insostenible el manejo de la banda de cuatro pesos. Entre el jueves y el viernes la «corrida» contra el peso sacudió las reservas. Entre el 20 y el 21 de diciembre de 1994 se fugaron reservas por 4 633 millones de dólares.

La decisión obligada fue modificar el régimen cambiario por uno de libre flotación que, en solo una semana, llevó el dólar a 7.20 pesos. Sin el control del Banco de México, el peso perdió la mitad de su valor y sobrevino la gran crisis económica, que, por los traspiés en la toma de decisiones de los primeros días del nuevo gobierno, fue bautizada como el «Error de diciembre». Fue icónico aquel argumento en el que los zedillistas se quejaban de sus antecesores: «Nos dejaron la economía prendida con alfileres». La respuesta obligada de los salinistas fue entonces: «¡Y para qué se los quitaron!».

El prestigiado economista Paul Krugman cuestionó el «Error de diciembre» advirtiendo que «México rompió ambas reglas». La primera, que la devaluación inicial fue muy reducida. La segunda, que la información de esa devaluación se compartió previamente con empresarios, lo cual aceleró la fuga de capitales antes de que la medida entrara en vigor. Al gobierno de Zedillo no le quedó otra salida que abandonar el tipo de cambio fijo.

Sin embargo, a diferencia de la crisis cambiaria con Echeverría en 1976, que en su efecto inmediato lesionó las finanzas del Gobierno, o la de López Portillo en 1982, que impactó al Gobierno y a las grandes corporaciones que se habían endeudado en dólares, el «Error de diciembre» impactó severamente las economías del Gobierno, de los empresarios y de la población en general. Era la primera gran crisis generalizada que pegaba en el bolsillo de todos, porque, anticipando una jauja futura con el TLC, el gasto y el endeudamiento crecieron también entre aquellas familias que se atrevieron a comprar un auto o a asumir una hipoteca. Las elevadas tasas de interés, que para mediados de 1995 alcanzaban ya el 150%, obligaron a esos millones de mexicanos a regresar sus sueños al cajón del olvido, pues perdieron los enganches y, en muchos casos, regresaron por unos años a una condición peor que la que tenían antes de aquella devaluación.

Pero ese odio social se sublimó cuando el gobierno de Zedillo dio a conocer un programa de rescate a la banca nacional a través del Fondo Bancario de Protección al Ahorro, mejor conocido como Fobaproa, un mecanismo mediante el cual el Gobierno buscaba frenar una quiebra bancaria generalizada, absorbiendo las deudas de los bancos —lo que les permitió capitalizarse, decían— para garantizar el dinero de los ahorradores. En un inicio, el presidente Zedillo dijo que el costo del Fobaproa sería de 180 000 millones de pesos. En realidad, la mayoría de los 552 000 millones de pesos de cartera vencida que el Banco de México asumió a cambio de pagarés de los bancos acabó por ser más un rescate a un puñado de banqueros y a empresarios, quienes aprovecharon el río revuelto para calificar como impagables los créditos a sus empresas y deshacerse de sus pasivos con la complicidad del coyotaje que se dio en las altas esferas de la Secretaría de Hacienda. Para el cierre del sexenio, en 1999, el monto de los recursos aplicados al Fobaproa superaba los 870 000 millones de pesos. La hipoteca social sobre ese enorme endeudamiento ya lo pagaron dos generaciones... y serán necesarias al menos dos más para cancelarlo.

8.2

GUILLERMO ORTIZ MARTÍNEZ «MÍSTER CONFLICTO DE INTERÉS»

En diciembre de 1997, en vísperas de la aprobación por parte de la Cámara de Diputados para que la deuda del Fondo Bancario de Protección al Ahorro (Fobaproa) pasara al Instituto de Protección al Ahorro Bancario (IPAB), las negociaciones se estancaron. En ese momento, el PAN simplemente rechazaba darle el aval a lo que era considerado el *atraco* del sexenio de Ernesto Zedillo. Y, sin duda, tenía razón. Aunque en términos prácticos, si la legalización del Fobaproa como deuda pública no se consumaba en esos días, el país entraría en un serio conflicto económico y financiero.

Acudí a Lomas Altas, en la capital de México, a un desayuno en la casa de Ricardo Canavati Tafich, diputado federal en ese entonces —un político de todos los tiempos y con acceso a todos los colores, negociador por excelencia—, cuando vi sentado en la mesa al también diputado federal Ángel Aceves Saucedo, quien presidía la bancada del PRI. Se veía preocupado; mostraba en su rostro la desesperación de no poder lograr una negociación con los panistas que complaciera al entonces secretario de Hacienda, Guillermo Ortiz Martínez.

Canavati le dijo a Aceves que yo podría intervenir para preguntar cómo lograr una sana negociación con los dos panistas que en esos días tomarían la última decisión sobre el IPAB «atorado». Estos políticos eran Felipe Calderón Hinojosa, presidente nacional del PAN, y Carlos Medina Plascencia, líder de la bancada blanquiazul en la Cámara de Diputados. Ambos, por coincidencia, eran colaboradores editoriales de Grupo Reforma, donde yo era director editorial en ese momento.

Tomé el teléfono y hablé con ambos para entender en dónde estaban detenidas las conversaciones. Cada uno por separado —Calderón y Medina Plascencia— me dijo que existía un pliego de siete modificaciones y condicionantes que debían hacerse a la propuesta original, para así darle luz verde a la controvertida legislación bancaria. Con puntos más, puntos menos, las seis primeras modificaciones eran superables, pero la séptima se consideraba complicada, y hasta imposible: pedían que Guillermo Ortiz Martínez dejara la Secretaría de Hacienda y fuera inhabilitado para asumir cualquier otro cargo en el servicio público.

Los diputados Aceves y Canavati hablaron por teléfono con Ortiz Martínez para enlistarle las condiciones y me cedieron la llamada. El secretario de Hacienda me pidió que intercediera con los líderes azules para eliminar la séptima condición. Ni Calderón ni Medina Plascencia lo aceptaron. A lo más que se llegó para avanzar en aquella compleja aprobación fue que —no de inmediato, pero pasando algunas semanas— Ortiz Martínez dejaría la Secretaría de Hacienda. El nudo se destrabó y la ley se votó. Así, se abría el proceso para intercambiar los ilegales pagarés de deuda del Fobaproa por notas del IPAB que legitimaban el rescate bancario con deuda pública.

Pero aquello terminó unas semanas después cuando los panistas acusaron el hecho como una traición al acuerdo. Porque si bien el 31 de diciembre de 1997 Guillermo Ortiz dejó la Secretaría de Hacienda, un día después —el 1.° de enero de 1998— debutaba como director del Banco de México. Lo que en el fondo buscaba Ortiz Martínez era una posición que le diera cierto fuero, para impedir cualquier investigación sobre su pasado. Y no era para menos.

Si existe un nombre que personifica los excesos del llamado neoliberalismo que se dio a partir del sexenio de Miguel de la Madrid y hasta el de Enrique Peña Nieto, ese es el de Guillermo Ortiz Martínez.

No existe otro personaje, en algún otro sitio del planeta, que pueda mostrar en su currículum el haber transferido la banca estatizada de su país a manos privadas; que seis años después de esa venta y en medio de una grave crisis económica haya sido el responsable de diseñar un rescate hecho a la medida no de la banca y de sus ahorradores, sino de los banqueros y sus clientes corporativos, quienes inundaron de corrupción el sistema bancario. Tres años después Ortiz Martínez —después de privatizar y rescatar— inició las negociaciones para que esos bancos mexicanos, ya saneados por la gracia del dinero público, fueran vendidos a la banca extranjera. Y lo que es peor: en un abierto conflicto de interés, Ortiz Martínez acabó como director y accionista de Banorte, una de las instituciones bancarias privatizadas, rescatadas, pero por voluntad de su dueño, Roberto González Barrera, jamás vendida a extranjeros.

Un reportaje de la revista *Forbes México*, firmado por la periodista Lourdes Contreras y fechado el 25 de abril de 2012 —ocho meses después del fallecimiento de González Barrera—, era publicado bajo el título «Guillermo Ortiz, el heredero de los 15 000 millones de dólares». En este escrito hacían ver al director de Banorte como el nuevo amo y señor del entonces tercer banco más importante de México. Narrando los detalles de cómo fue «fichado» por el empresario y banquero neoleonés, Ortiz Martínez relata que, a principios de la década de 1990, comandó el plan de privatización de los bancos mexicanos. Gracias a eso, González

Barrera entró en el negocio financiero con la compra de Banorte. *Forbes México* refiere que «incluso Ortiz Martínez reconoce que poseía "algunas acciones" de Banorte, aunque no precisa el monto de su posesión, ni la fecha y forma en que las adquirió». También se presenta la narración del momento en el que González Barrera acabó por convencer al exsecretario de Hacienda y exdirector del Banco de México para aceptar la dirección de Banorte. «En marzo de 2011, tres meses después de cumplirse el plazo que exige la ley [para que un funcionario público pueda aceptar un empleo privado] Ortiz Martínez se convirtió en presidente del Consejo de Banorte. Junto con el cargo, el funcionario recibió "algunas acciones" de Banorte, adicionales a las que ya poseía, como parte de su sueldo ejecutivo».

Lo que pocos supieron es que, semanas antes de que Roberto González Barrera falleciera, Ortiz Martínez, quien era conocido entre sus amigos como la Perica, se trasladó hasta Galveston, Texas, en donde el dueño de Banorte convalecía en su yate. Su visita no era para desearle una pronta recuperación, sino para buscar convencer a González Barrera de que le diera su firma con la que le cedería, tras su muerte, el control del banco a Ortiz Martínez —quien ya tenía su paquete doble de acciones— y a otros accionistas a los que el mismo exsecretario de Hacienda representaba. El dueño de Banorte, débil ante su condición de salud, rechazó la intentona golpista de Ortiz Martínez. La Perica se había transformado en un «buitre». En diciembre de 2014, Guillermo Ortiz Martínez dejó la presidencia del Consejo de Administración de Banorte, uno de los bancos que, como funcionario público, privatizó y rescató. Esto fue un abierto conflicto de interés que en cualquier otro país habría sido prohibido o al menos sancionado. De la posición accionaria de Ortiz Martínez en Banorte poco se conoce. Pero debió ser lo suficientemente importante como para intentar asestar el golpe de timón por encima de los herederos legales, los hijos, nietos y yernos de González Barrera: los Hank Rhon, los Hank González, los González Moreno y los González Alcalá.

El historial de Ortiz Martínez no puede cerrarse sin recordar el misterio que siempre rodeó al asesinato de Alejandro Ortiz Martínez, su hermano, cerca de su residencia. Fue un episodio que dejó abiertas más dudas que respuestas.

Y como colofón a la historia de quien se distinguió por ser «Míster Conflicto de Interés» —y que lo ubica en el contexto de este cuento—, basta saber que fue Ortiz Martínez quien presentó a José María Córdoba —su compañero en la Universidad Stanford— con Carlos Salinas de Gortari. Sí, el mismo personaje que, como jefe de la Oficina de la Presidencia, le dio al presidente Salinas el videocasete que fue utilizado como instrumento para designar a Ernesto Zedillo Ponce de León como el relevo de Colosio. Después de eso, se entiende la razón por la que Ortiz Martínez fue designado secretario de Comunicaciones y Transportes al iniciar el sexenio zedillista, en el que solo rigió por 28 días. Después de la salida de Jaime Serra Puche, en medio del drama del «Error de diciembre», Ortiz Martínez fue designado como el nuevo secretario de Hacienda para instrumentar el rescate, no solo de los Bancos, sino de México entero. Así fue la *troika* Córdoba-Zedillo-Ortiz en su apogeo.

8.3

«CAÍN» A LA CÁRCEL...
Y «ABEL» AL EXILIO

La mañana del 28 de febrero de 1995 el entonces secretario de Gobernación, Esteban Moctezuma Barragán, desayunaba con el expresidente Carlos Salinas de Gortari en su residencia de Camino a Santa Teresa, en la capital de México. Justo ahí, ambos recibieron la tan inesperada como sorprendente noticia de que Raúl Salinas de Gortari había sido detenido por la Procuraduría General de la República (PGR).

A pesar de ser el segundo en comando dentro del gobierno del presidente Ernesto Zedillo, nadie informó previamente a Moctezuma Barragán sobre la próxima detención del llamado «hermano incómodo». Algunos llegaron a pensar que el secretario de Gobernación fue usado por el inquilino de Los Pinos para acudir a ese desayuno, con el propósito de distraer al expresidente Salinas a fin de que no interviniera en la inminente detención de su hermano Raúl. Falso. Al secretario de Gobernación no solo le sorprendió, le indignó desconocer el operativo. Para el 28 de junio de 1995, a siete meses de asumir el cargo, Moctezuma renunció a tan privilegiada posición dentro del gabinete zedillista. Quería dejar en claro no solo que aquel día de la detención no se le dio su lugar dentro de las confianzas internas del gabinete, sino que se le utilizó como «carnada» para distraer al expresidente Salinas, quien era el principal perjudicado.

Desconcertado frente a lo que consideraba una traición de su sucesor, un día después de la detención de su hermano, Carlos Salinas de Gortari tomó un avión privado y se dirigió a Monterrey. Se fue a refugiar a una humilde casa en el fraccionamiento Fomerrey 111. Era el hogar de Rosa Ofelia Coronado, una de las lideresas del Programa Nacional de Solidaridad (Pronasol), el proyecto social insignia de su sexenio. A su llegada, el exmandatario anunció que iniciaba una huelga de hambre como protesta por la detención de su hermano y por las campañas de desprestigio iniciadas en su contra desde el Gobierno, entre las que se incluían la de acusarlo de ser partícipe en el asesinato de Colosio y la de aplazar una devaluación del peso antes de dejar la Presidencia y que, de acuerdo con Zedillo, habría sido lo que detonó el llamado «Error de diciembre».

Ese día yo estaba en Monterrey. Regresaba a la oficina de *El Norte* después de una comida de cumpleaños de mi abuela, cuando escuché por la radio que el expresidente Salinas aterrizaba en Monterrey para montar una huelga de hambre. De inmediato me dirigí a Fomerrey 111. Tenía que hablar con él para ver si existían otros móviles detrás de su desconcertante decisión. Cuando llegué a la casa de Rosa Ofelia, aquello era un «hervidero» de curiosos que buscaban ver al expresidente. Me dirigí a la reja de la entrada, custodiada por dos policías, que me dijeron que estaban prohibidas las visitas. Nadie estaba autorizado para ver al expresidente, quien estaba descansando. Les dije que me estaba esperando. Por supuesto, no me creyeron. Les di una tarjeta y les pedí que le comentaran a Salinas que yo estaba ahí. Si él rechazaba mi visita, me iría. Después de unos minutos salió Justo Ceja, su secretario particular, para abrir la infranqueable puerta y entré en aquella humilde casa. Me condujeron a una pequeña habitación en donde solo había una modesta cama y un ropero. Carlos Salinas de Gortari, el poderoso político que acababa de regir por seis años los destinos de México, el privatizador, el artífice del Tratado de Libre Comercio, estaba en aquella cama, sentado en posición de «L», con la espalda en la pared y las piernas sobre la cama. Estaba solo, meditabundo. Vestía una chamarra de borrega para mitigar el frío y, a su lado, en una pequeña mesa, había cuatro botellas de agua, que eran su «alimento» para evitar la deshidratación en aquella huelga de hambre.

«Hola, Ramón Alberto, ¿qué anda haciendo por acá?», me preguntó el expresidente. «Pues, como curioso periodista, vine a entender los motivos de esta decisión. Sé que no está recibiendo a nadie, por lo que le agradezco que me dé la oportunidad de conversar, aunque sea unos momentos», le respondí.

«¿Sabe usted por qué lo estoy recibiendo?», me dijo. «No», le contesté. «Porque la última vez que conversamos en mi despacho usted tuvo la franqueza de decirme que mi problema sería Raúl. Y aquí estamos».

El expresidente Salinas se refería a una conversación que habíamos sostenido semanas antes de que abandonara la presidencia, cuando me cuestionó sobre cómo veía su salida de Los Pinos. Sobre su rostro todavía pesaba el luto por los asesinatos de Colosio y Ruiz Massieu, y la pregunta del todavía presidente reflejaba la incertidumbre sobre el séptimo año, el que más dolores de cabeza suele dar a los mandatarios. «Su problema va a ser Raúl. Creo que los escándalos que se conocerán tan pronto deje usted esta oficina van a eclipsar su sexenio. El caso de Raúl se unirá a los del cardenal, el zapatismo, Colosio y Ruiz Massieu, en la lista de los grandes quiebres de su gobierno». El «Error de diciembre» todavía no se asomaba en el firmamento de los conflictos por venir. Sin ofenderse por lo que le manifesté sobre Raúl, el presidente me respondió: «No, Ramón Alberto, creo que usted también está influido por mis malquerientes». Y yo solo alcancé a decirle: «No vale la pena discutirlo, presidente. Entiendo su posición. Dejemos que el tiempo se encargue de ver quién tiene la razón».

Y ahora estábamos ahí, en San Bernabé. Él, protestando con una huelga de hambre por la detención de su «hermano incómodo», quien era acusado de homicidio, peculado, defraudación fiscal y lavado de dinero. Yo, buscando la primicia sobre los motivos que llevaron al todopoderoso modernizador de México a entrar en conflicto abierto con su sucesor con aquella huelga de hambre.

La gran mayoría aplica el apelativo de «incómodo» al Raúl que hizo negocios, que se asoció en distintos planos con personajes de dudosa reputación, con el hermano que utilizó los privilegios del poder para, presuntamente, sentarse a convivir con capos del crimen organizado en su rancho Las Mendocinas.

Desde mi punto de vista, la palabra «incómodo» iba más allá de lo que a simple vista se manifestaba. Era un apelativo para describir al hermano mayor que es superado por el hermano menor y a quien para compensarle su desdicha de haber sido «brincado» se le toleraba todo. Raúl Salinas Lozano, el padre, lo dejó muy claro el día de la toma de posesión de Carlos, cuando se sentó a la mesa en donde estaba un puñado de regiomontanos. Con ellos estaba Raúl, y su padre dijo frente a todos que el proyecto político original para Los Pinos era Raúl, pero que Carlos se adelantó. «Tardamos veinte años, pero por fin llegamos», les dijo Salinas Lozano, dándole una palmada en la espalda a su hijo Raúl.

A partir de la presidencia de Carlos, su hermano mayor intensificó su vocación para hacer negocios, para cruzar las fronteras del tráfico de influencias, para codearse y hacer negocios con los más prominentes empresarios, algunos de los cuales prestaron cara para justificar los más de 100 millones de dólares que se le descubrieron a Raúl en Suiza. Y Carlos, como presidente, debió lidiar —y eludir la confrontación— con un hermano que le provocaba constantes dolores de cabeza y que acabó convertido en uno de sus grandes pecados del sexenio. Recuerdo una ocasión en que el editorialista Felipe Díaz Garza publicó un artículo de opinión en el periódico *El Norte* sobre los presuntos negocios de Raúl. El presidente Salinas llamó al diario no para reclamar, sino para saber si existían pruebas de lo que se denunciaba. Se le enviaron en un sobre amarillo, encima de la mesa de servicio, en el asiento de un jet particular, en el Aeropuerto Internacional del Norte, en Monterrey.

Alguien fue a ver a Raúl, quien ya había instalado una oficina en Nuevo León, buscando su promoción para la candidatura al Senado. Desde esa senaduría pensaba construir el camino para tener la oportunidad de aspirar seis años después a la Presidencia. Aquel enviado por Carlos le dijo a Raúl que su hermano lo requería con urgencia en la capital de México. Lo subieron al avión privado donde había sido colocado el sobre amarillo con las incriminaciones, pero el destino final no fue la capital de México, sino San Diego. Raúl era enviado por su hermano al destierro, con el pretexto de que tomaría algunos cursos en la universidad de aquella ciudad estadounidense. En realidad, su hermano Carlos lo estaba «sacando de la jugada», porque los problemas que creaba se multiplicaban en la antesala de la sucesión presidencial.

A pesar de eso, el mayor escándalo en el que se vio envuelto el «hermano incómodo» fue la acusación de ser el autor intelectual del asesinato de su excuñado, José Francisco Ruiz Massieu, ocurrido el 28 de septiembre de 1994, y quien se alistaba para integrarse como secretario de Gobernación en el gabinete del presidente Zedillo.

El epítome de la larga lista de equívocos y complicidades de Raúl durante el sexenio salinista quedó de manifiesto en la entrevista que el expresidente Miguel de la Madrid le concedió a la periodista Carmen Aristegui, y que fue transmitida el 13 de febrero de 2009 en MVS Noticias. En la conversación, y a pregunta expresa de la periodista, el antecesor de Carlos Salinas fue severo y contundente.

«Usted creía que Salinas era estudioso, inteligente, honesto, buen muchacho. Y resultó que cometió errores muy serios. El peor, la corrupción», refirió Aristegui.

«Sí y sobre todo la corrupción de su hermano. Conseguía contratos del Gobierno, se comunicaba con los narcotraficantes», respondió De la Madrid. «¿Con quiénes?», inquirió Aristegui. «No sé exactamente, los que le dieron el dinero para llevárselo a Suiza». Y Aristegui replicó: «Acuérdese que un grupo de empresarios reconoció una parte de ese dinero».

De la Madrid atajó: «Por complicidad». La periodista insistió: «¿Era dinero del narco?». Y De la Madrid no vaciló: «Es posible, sí».

La entrevista conmocionó a tal grado que fue necesaria la intervención de Emilio Gamboa Patrón, quien fuera secretario particular de De la Madrid, para negociar con la familia que el exmandatario declaró aquello porque tenía una condición delicada de salud que no le permitía razonar con claridad. Pero ya lo había dicho.

Más allá de las opiniones, en febrero de 1997 fueron rastreados 9 millones de dólares que el procurador general Mario Ruiz Massieu, hermano del victimado José Francisco y autor de la famosa frase que se convertiría más tarde en un *bestseller*: «Los demonios andan sueltos», tenía depositados. Se intentó aclarar con insistencia que esas cantidades eran aportación de Juan García Ábrego, jefe del Cártel del Golfo, tanto para Raúl Salinas como para Mario Ruiz Massieu. Algunos de esos pagos se habrían consumado en el rancho de Las Mendocinas, propiedad del «hermano incómodo».

El expresidente Salinas optó por retirar la candidatura que ya tenía negociada para dirigir la Organización Mundial del Comercio, con el completo respaldo de Estados Unidos. Raúl Salinas, condenado a una sentencia de cincuenta años en prisión, salió libre el 14 de junio de 2005, cuando arrancó el último año del sexenio de Vicente Fox, quien estaba en plena confrontación con el entonces perredista Andrés Manuel López Obrador, al cual se pretendía desaforar en la antesala de la integración de la alianza del Prian contra el Tucom (Todos Unidos Contra Madrazo), que llevó a Felipe

Calderón al poder con apenas 256 000 votos de diferencia. A Raúl Salinas se le exoneró de los cargos por el asesinato de su excuñado José Francisco Ruiz Massieu. Cumplió diez años en prisión y su fianza fue de 2.9 millones de dólares.

En su década tras las rejas, Raúl Salinas fue el actor central en distintos episodios políticos que sacudieron al país. Uno de ellos, quizá el más controvertido, fue el de una llamada telefónica entre él y su hermana Adriana, en la que el llamado «hermano incómodo» amenazaba con revelar «todo lo que sabía» si no sentía que su hermano, el expresidente, hacía lo suficiente para lograr su libertad. A partir de ese momento, Raúl Salinas estuvo vigilado con audio y video en su celda y en los rincones que frecuentaba en el Penal del Altiplano. Desde el Gobierno del Estado de México, presidido entonces por Arturo Montiel, el entonces procurador de la entidad Alfonso Navarrete Prida documentaba todo lo que Raúl Salinas hablaba detrás de las rejas con las visitas que eran autorizadas para ingresar. Un ejemplo de esto sucedió cuando un amigo de la familia Salinas acudió a proponerle a Raúl que él podría gestionar su libertad ante el presidente Fox a cambio de que el propio Raúl Salinas desconociera viejos adeudos y algunas inversiones hechas años atrás en sus empresas. Carlos Salinas conoció todos los detalles, calificó la propuesta como una traición y rompió su relación con quien buscaba aprovechar la circunstancia. Bloqueó entonces cualquier futuro acceso, no solo del personaje que iba a negociar, sino de todos sus enviados. Desde Irlanda, en su autoexilio, «Abel» vigilaba cada movimiento de un émulo de «Caín», quien, empuñando sus ilegalidades como quijada de burro, acabó por sepultar políticamente el futuro de su hermano, el que sí tuvo la suerte de ser presidente y fue impedido de aspirar a más.

8.4

DUBLÍN, LONDRES, BARCELONA, BOSTON
SALINAS ROMPIÓ EL SILENCIO

«De San Bernabé a Harvard, vía Dublín», bajo ese título publicamos en los diarios *Reforma* y *El Norte* —el 29 de enero de 1997— la entrevista que Carlos Salinas de Gortari me concedió y con la que el expresidente rompía un silencio de casi dos años.

Su última entrevista, que también me concedió en exclusiva, fue cuando inició su huelga de hambre en Monterrey. Desde entonces, el expresidente Salinas se había mantenido enmudecido, hasta que, 23 meses después y luego de largas conversaciones en Dublín, aceptó que lo entrevistáramos en Boston, en los dominios de Harvard. Las respuestas a las 45 preguntas que le hicimos fueron publicadas en tres entregas. Estos son extractos de las seis horas de conversaciones con el exmandatario, en el Hotel Charles.

El 20 de febrero de 1996 enviamos una carta al expresidente Carlos Salinas de Gortari solicitándole una entrevista. Desde que dejó la presidencia el 30 de noviembre de 1994, Salinas había preferido callar sobre los grandes temas nacionales y sobre la mayoría de las acusaciones que pesaban sobre él. Solo dos cartas, para hacer precisiones, interrumpieron ese silencio voluntario.

La respuesta de Salinas a nuestro primer acercamiento formal para la entrevista dejó claro que no descartaba la posibilidad: «Hay mucho de qué hablar, pero será en su momento. Primero deben agotarse las instancias oficiales», dijo en ese entonces. La última vez que nos habíamos visto fue aquel sábado 4 de marzo de 1995, en Monterrey, exactamente en San Bernabé, cuando levantó el ayuno que había iniciado un día antes en protesta porque lo pretendían involucrar en el asesinato de Colosio y lo buscaban responsabilizar de la crisis financiera de diciembre de 1994. Una vez exonerado de ambas acusaciones por el Gobierno, terminó su protesta y días más tarde el expresidente abandonó México.

La insistencia para la entrevista continuó. Algunas veces a través de cartas, otras a través de excolaboradores suyos que tenían contacto telefónico con él o lo visitaban ocasionalmente en Nueva York o en Montreal. La respuesta de Salinas no cambió: hablaría en su momento. A finales de noviembre de 1996, Carlos Salinas compareció en Irlanda, ante la Fiscalía del caso Colosio, para responder a un extenso interrogatorio. Días después, el 29 de noviembre, le enviamos una nueva carta. La respuesta fue una reunión en Dublín.

Puntuales, la mañana del 10 de diciembre, pasaron él y su asistente, Víctor Rojas, a recogerme al Hotel Shelbourne. Nos dirigimos a un pequeño y discreto restaurante italiano, cercano al Gran Canal, en donde se hacía evidente que el expresidente era un cliente asiduo. «¿Bajo qué condiciones será la entrevista?», preguntó. «La única», respondí, «es que no les imponga veto a las preguntas. Es privilegio del periodista hacer sus preguntas y es privilegio del entrevistado dar sus respuestas. Hablaremos de todo: de Colosio, de Ruiz Massieu, de su hermano Raúl, por supuesto, de Chiapas, de Camacho, de la situación política y económica que heredó, de su nueva familia, de sus hijos...».

«De aceptar la entrevista», advirtió un Salinas pensativo, «serían dos condiciones de mi parte. La primera, que se respete la regla de que solo debo hablar de lo que sucedió hasta el 30 de noviembre de 1994 y que, por tanto, no puedo hablar de lo que ahora sucede en la política y en la economía de México. Y la segunda, que, de concretarse la entrevista, se haga y se publique hasta que se concluyan mis comparecencias ante la PGR. Usted me entiende, primero tengo que cumplir con mi deber ante las autoridades».

Logrado este entendimiento, el expresidente pidió una nueva reunión a mediados de enero, para ver qué pensaba para entonces. El 12 de enero volvimos a establecer comunicación, solo para definir el lugar del nuevo encuentro: el jueves 16, en Boston. De nuevo, Rojas pasó a recogerme puntualmente al Hotel Charles, en Cambridge, en el corazón de la Universidad de Harvard. En un pequeño departamento, cercano a la universidad, retomamos las pláticas de Dublín, para finalmente escuchar un: «Está bien, vamos respondiendo el cuestionario».

Y a lo largo de seis horas, que concluyeron con un paseo por el campus, se consumó la entrevista que en 45 respuestas se presenta desde hoy y hasta el viernes.

SOBRE EL COMPLOT. «Si hasta ahora no se han determinado en la indagación elementos para poder afirmar que hubo un complot para victimar a Luis Donaldo, sí creo que hubo un complot para tratar de imponer su relevo. Y quienes lo promovieron parece que siguen sin descansar en la tremenda lucha por el poder».

«Antes del sepelio del 25 de marzo ya se había desatado una verdadera lucha por asumir su candidatura. La misma noche del

23 de marzo llegó a Los Pinos de improviso el licenciado Luis Echeverría Álvarez para proponerme a quien, según él, no podía ser señalado como responsable de tener alguna relación con los hechos: Emilio Gamboa».

«Y finalmente se movilizaban algunos excolaboradores de Colosio con la pretensión de imponer un veto a quien finalmente resultó el candidato».

MÉXICO Y EL PODER. «Han sido tiempos de intensa pugna desatada contra los cambios que se hicieron y que se siguen haciendo a favor del país».

LA REFORMA POLÍTICA. «Si la reforma política que logramos en 1994 se hubiera hecho antes y la hubiéramos llevado incluso con mayor profundidad, quizá hubiéramos contado con mayores márgenes de respuesta en las emergencias surgidas en ese año».

«El tema de la reelección no surgió dentro de mi gobierno. Vamos, ni siquiera surgió originalmente en el país. Es un tema que estaba en el debate internacional».

SOBRE COLOSIO. «La nominación de Luis Donaldo Colosio era un factor esencial para consolidar las reformas sustantivas que se habían venido realizando y que habíamos agrupado bajo el liberalismo social. Su postulación dejó molestos sobre todo a quienes veían en él un factor esencial para consolidarlo».

«En la madrugada [del día del asesinato], tuvimos que celebrar una reunión de emergencia del gabinete económico para decidir cómo íbamos a enfrentar la inminente crisis cambiaria que anticipábamos en las primeras horas de la mañana. Y si bien los bancos cerraron el día 24 durante más de una semana, tuvimos las salidas de capitales más altas de la historia».

«En medio del drama personal y nacional, y el peligro cambiario, se desató la lucha política por ocupar el lugar de Luis Donaldo. Fue la crisis más grande que vivió mi gobierno, la más peligrosa y la más triste. Fue acaso la crisis política más delicada en más de sesenta años en nuestro país. Y para mí, de todo lo sucedido en mi vida política, eso ha sido lo más abrumador, pues la ausencia de Luis Donaldo es irremediable».

GUTIÉRREZ BARRIOS. «Al señor Fernando Gutiérrez Barrios lo invité a que fuera secretario del despacho de Gobernación, porque él era gobernador de Veracruz, y por su experiencia en cuestiones de seguridad nacional y de los movimientos guerrilleros de los años setenta».

«Y cuando cuatro años después de ejercer la responsabilidad en Gobernación le comenté a Gutiérrez Barrios que haría relevo en ese despacho, fue porque tenía la convicción de que era necesario contar con una conducción política de esa dependencia más propicia para la solución de los aspectos de la sucesión presidencial, en los términos que finalmente ocurrieron en noviembre de 1993».

RUIZ MASSIEU Y SALINAS. «Nunca presencié una confrontación entre mi hermano y José Francisco. No conozco lo que usted llama "viejas disputas económicas" entre ellos. Y respecto a las diferencias familiares, no creo que hayan sido mayores de las que normalmente se dan cuando hay un divorcio en el seno familiar, un divorcio por lo demás ocurrido hace más de veinte años. Estoy convencido de la inocencia de mi hermano. No ha podido acreditarse un móvil creíble. La acusación que finalmente se utilizó para detener a mi hermano es la que la prensa ahora utiliza para decir que [Fernando] Rodríguez lo hizo a partir de lo que ha sido calificado como un soborno por medio millón de dólares que —se reporta— le dio la PGR. Creo que se ha violado la situación jurídica de mi hermano Raúl... El mantenerlo en una celda de castigo en la prisión de Almoloya, en medio de un proceso viciado, y, en ocasiones hasta perverso, parecería más un ánimo de venganza que de justicia».

«Si los depósitos son ilícitos, que se los decomisen. Me ha lastimado profundamente ese comportamiento de mi hermano

Raúl. Ha lastimado a mis hermanos y ha lastimado también a mi gobierno. Pero, sobre todo, ha lastimado al pueblo y por eso tiene que explicarlo y aclararlo. Por mi parte, con la perspectiva y el dolor fraternal que eso supone, sí he asimilado la pena que ha recaído sobre mí y que, en lo que a mí respecta, puedo atribuir a una falta de mayor atención de mi parte a los comportamientos de mi hermano. Admito, ante todo lo que hemos pasado, que no debí permitirme esa falta de atención que hace que ahora aparezca Raúl como una debilidad mía».

«Si en sus manos estuviera la decisión final, ¿qué haría con los depósitos encontrados a su hermano Raúl?», pregunté. «Aplicar la ley y, si su origen es ilícito, decomisarlos», respondió Salinas.

MANUEL CAMACHO, LA OTRA DEBILIDAD: «Él decidió participar en la contienda por la candidatura del PRI con las reglas de la época... Cuando se compite bajo determinadas reglas, se atiene uno a los resultados obtenidos bajo esas reglas. Acaso agregaría algo sobre el concepto que en la distancia he podido hacerme respecto a mi relación con Manuel, sobre los errores de apreciación que he reconocido al haberle aceptado tan amplios márgenes de acción, sin ver que su conducta no correspondía a la confianza que le dispensaba. En eso también debo admitir —y espero que sea por última vez en esta conversación— una debilidad de mi parte, como en el caso de Raúl».

LO DE CHIAPAS, UNA SORPRESA. «Ningún responsable de la información política y de seguridad del Estado mexicano me presentó evidencia sólida de que hubiera un grupo armado de la dimensión del EZLN [Ejército Zapatista de Liberación Nacional]. Prueba de que se carecía de información sobre la guerrilla, fue lo que sucedió en septiembre de 1993. Estuve en Guadalupe Tepeyac, Chiapas, entre la población indígena del lugar, inaugurando un hospital. Tres meses después se supo que esa era, precisamente, la zona en la que se localizaba el cuartel general del grupo armado. ¿Usted cree que el presidente de México iba a ir a meterse en medio de la guerrilla si conociera anticipadamente su existencia?, ¿con el TLC aprobado, con el candidato del PRI postulado, todo ello durante el mes de noviembre de 1993? No había impedimento para haber actuado si hubiéramos conocido la existencia de una guerrilla tan amplia como el EZLN. Lo que sucedió fue una falla del sistema de información de seguridad del Estado mexicano».

LA HIPÓTESIS SOBRE EL 94. «¿Qué tal si quienes critican que el Gobierno no haya actuado contra la guerrilla por no afectar la negociación del TLC, ni la sucesión presidencial, en realidad contaban entre sus planes con la aparición de una guerrilla y con una respuesta de represión masiva en Chiapas en el curso de 1993, para con ello descarrilar la negociación del TLC y bloquear una candidatura presidencial comprometida con los cambios operados en el sexenio? Pero que conste que solo estoy haciendo un seguimiento lógico de la hipótesis».

«Al no poder descarrilar el TLC ni evitar la candidatura de Luis Donaldo se desataron los hechos violentos de enero a marzo de 1994. Pero que conste también que, cuando planteo conjeturas, empiezo diciendo que lo son y que solo hablo de hechos cuando estos me constan. De lo que no tengo la menor duda es de que todo esto forma parte de la lucha por el poder político».

EL DILEMA DE 1994: ¿APLASTAR O NEGOCIAR? «Todavía hoy escucho voces de aquellos que antes se acercaban a mí y que ahora dicen: "Es que el Salinas de 1994 cambió. No enfrentó a la guerrilla hasta su aniquilamiento y nos heredó el problema...". Déjenme decirles que no solo en el gabinete había voces escépticas respecto de la política de negociación. Optar por la vía del aniquilamiento hubiera significado atropellar indígenas con justas demandas y poner en riesgo la celebración de la elección presidencial, pues requería de una intensa acción militar, de un periodo que bien podría haberse extendido más allá de mi término constitucional. Se estaba gestando ya un movimiento internacional para aislar a México y, sobre todo, existía el riesgo de polarizar al país, dividir a la sociedad y a los grupos sociales, radicalizar a los grupos estudiantiles. Lo más importante era responder a los justos reclamos indígenas y garantizar la celebración de la elección presidencial. Respecto a si haría algo distinto, la respuesta es "no" en lo esencial. En lo instrumental, como ya lo hemos hablado, pondría más cuidado en el control de las acciones para evitar efectos indeseados, como los que se provocaron alrededor de la figura del comisionado».

El expresidente Salinas reconocía en aquella entrevista la existencia de fuerzas que desde adentro buscaron descarrilar su proyecto con todas las tragedias y los levantamientos que colocaron en jaque el gran proyecto del clan Salinas.

8.5

LA ELECCIÓN DE 2000 TRANSICIÓN PACTADA

Si algo despertó en el presidente Ernesto Zedillo el mayor temor político de su sexenio, fue su sucesión en Los Pinos. El mandatario temía que, después de su confrontación anterior, Carlos Salinas y lo que consideraba era el viejo PRI regresaran para cobrar las facturas que acabaron con el poder y descarrilaron cualquier ascenso de la familia Salinas de Gortari. Sin ser un miembro del clan de Luis Echeverría, el antisalinismo que destilaba Zedillo lo colocaba en la banqueta de enfrente, donde quizá tampoco quería estar.

Por eso fue tejiéndose un pacto político que no solo libraría a Zedillo de las consecuencias políticas de la venganza salinista del séptimo año, sino que además le garantizaría un lugar en la historia. Y las condiciones eran más que propicias. Con tres sexenios consecutivos reclamando fraude electoral en las elecciones presidenciales, la oposición demandaba su factura jamás cobrada tras los descalabros priistas de las crisis recurrentes del 76, 82, 87 y

95, además de los magnicidios de Luis Donaldo Colosio, de José Francisco Ruiz Massieu, del cardenal Juan Jesús Posadas Ocampo, del estallido del zapatismo y de la corrupción exhibida en el caso Raúl Salinas. Zedillo perdió el control del Congreso a la mitad de su sexenio. Era la primera vez que el PRI no detentaba las riendas del Poder Legislativo. Y desde ahí comenzaron a dibujarse los primeros trazos de lo que sería una «verdadera» transición democrática. Para el presidente priista pero antisalinista sería más sencillo pactar con un sucesor de la oposición que esperar a que los viejos priistas regresaran para cobrarle las afrentas.

Desde la Secretaría Particular de la Presidencia que ocupaba Liébano Sáenz, quien operaba como un secretario de Gobernación *in pectore*, fueron tejiéndose de tal manera los amarres necesarios para garantizar al candidato panista Vicente Fox que el gobierno zedillista no metería las manos en las elecciones presidenciales, desde donde competiría contra el priista sinaloense Francisco Labastida Ochoa y contra el perredista Cuauhtémoc Cárdenas. La sola sospecha de que en Los Pinos no verían con malos ojos una «victoria azul» comenzó a abrirle a Fox más puertas de las que ya por su franqueza y trato directo se congraciaba por sí mismo.

Una de las ventajas competitivas que solía monopolizar el PRI en el poder era la del manejo indiscriminado del dinero público para las campañas electorales. Y preponderantemente estaban las aportaciones sindicales que en la campaña presidencial de 2000 fueron evidenciadas a través del famoso Pemexgate: la aportación de unos 1500 millones de pesos de fondos del sindicato petrolero a la campaña priista de Francisco Labastida Ochoa. Sin embargo, desde el panismo se orquestó una contracorriente de aportación de fondos empresariales que fue bautizada como Amigos de Fox, un mecanismo a través del cual se manejaron cientos de millones de pesos que apuntalaron los gastos albiazules de la campaña presidencial. Así, la ventaja competitiva del PRI era nulificada. Y solo una negociación en paralelo, entre iguales, logró desactivar lo que en su momento debió penalizarse con cárcel para los líderes partidistas que operaron estos fondos opacos, en efectivo. Sin el apoyo total desde la Presidencia y sin la ventaja de mayores recursos económicos, la ventaja tricolor sobre el PAN se cerró y la ola que vendía al vaquero entrón, dicharachero, con un lenguaje popular que le llegaba al pueblo, acabó por hacer su tarea. El 2 de julio de 2000, el presidente Zedillo no vaciló en reconocer a temprana hora la victoria del panismo y de Vicente Fox.

En los cuarteles del PRI, el pasmo los llevó a darle crédito a la tesis de que Zedillo entregaría «precipitadamente» las llaves de Los Pinos a la oposición, en la primera derrota histórica del PRI en una elección presidencial. Y el mandatario priista acabó por citar un día después de la elección al Comité Ejecutivo Nacional (CEN) del PRI, a los gobernadores tricolores y, en una comida privada, al propio Francisco Labastida. Emilio Gamboa, en la reunión del CEN tricolor, y Roberto Madrazo, en la de gobernadores, llevaron la nota discordante que alcanzó a filtrar la posibilidad de una rebelión priista ante Los Pinos. Todo fue sofocado y la transición fue de terciopelo. Vicente Fox tomó posesión en medio de elogios para su antecesor Ernesto Zedillo, dándole su lugar como el hombre que se arriesgó a romper con el cerco de un priismo monopólico que se negaba a soltar el poder. Ya en la presidencia, Vicente Fox, quien había cultivado una amistad con el expresidente Luis Echeverría, a quien le regaló un inmueble en Guanajuato para instalar su Centro de Estudios Económicos y Sociales del Tercer Mundo (Ceestem) acabó teniendo un pacto más lucrativo, políticamente hablando, con el expresidente Carlos Salinas y con Elba Esther Gordillo. Ellos le garantizaban la gobernabilidad no solo votando para tener la mayoría en las Cámaras, sino la tranquilidad necesaria para hacer los cambios prometidos en la esperada transición. De esa relación emergió un gobierno prianista que redactó, en la residencia del expresidente Carlos Salinas, los pormenores de la reforma fiscal «panista» y que, frente a la amenaza de la popularidad del entonces jefe de Gobierno del Distrito Federal, se unió, primero, en la campaña de «López Obrador, un peligro para México», y, luego, en la fallida intentona de desafuero para culminar con la alianza que, con un amplio bloque priista, consumaron en

2006 mediante la victoria «Haiga sido como haiga sido» del panista Felipe Calderón.

La impecable operación entre Salinas y la Maestra, tripulando los temores del ascenso político de López Obrador, sellaron el pacto: 2006 para los azules, pero 2012 para los tricolores. Desde que Felipe Calderón se cruzó en el pecho la banda presidencial, el destino de 2012 para Enrique Peña Nieto ya estaba dictado. Ni el viejo echeverrismo ni el zedillismo, que acabó accidentalmente aliado a esa causa, fueron capaces de frenar lo inevitable, incluyendo la traición de Fox y Calderón a la candidatura panista de Josefina Vázquez Mota. Y así las transiciones, de Zedillo a Fox, de Calderón a Peña Nieto y de este a López Obrador, estaban blindadas con un halo de inmunidad e impunidad sobre el antecesor. Fox no cuestionó el acto de gobierno de Zedillo, Calderón aceptó el cogobierno priista con Manlio Fabio Beltrones, Peña Nieto tampoco pasó a juicio los negocios energéticos y de seguridad de Calderón, ni López Obrador sentó en el banquillo de los acusados a Peña Nieto ni a sus alfiles Videgaray y Osorio Chong. La transición política en México posee dos ingredientes indispensables: pactos o componendas y el olvido del pasado.

En México, la clase política nos ha engañado con un juego de partidos tornasol, que cambian de color conforme la temperatura de los intereses se modifica. En realidad, la única disputa que no es estrictamente ideológica es la que presentan las dos dinastías que han estado dominando la nación desde 1958. Los estatistas del clan Echeverría y los neoliberales del clan Salinas. En ese pantano nadamos y en ese pantano estamos naufragando.

9

VICENTE Y MARTA FOX DE LA ESPERANZA A LA TRAICIÓN

Dónde estaba Luis Echeverría: **A LA BAJA.** *Cercano a Vicente Fox en sus días como gobernador, cuando puso a su disposición instalaciones en Guanajuato para que operara su Centro de Estudios Económicos y Sociales del Tercer Mundo (Ceestem). Echeverría acabó desplazado y marginado por Carlos Salinas, quien se apoderó del cogobierno con el foxismo. Los cercanos al «expresidente de la guayabera» no encontraron lugar en el cambio.*

Dónde estaba Raúl Salinas Lozano: **AL ALZA.** *Su hijo Carlos Salinas lograba regresar del exilio para instalarse, junto con Francisco Gil Díaz y con Elba Esther Gordillo, en el alter ego del Gobierno del cambio. El colaboracionismo entre el gobierno panista y el priismo se consolidó a través de Marta Fox. Al final, uno de los precios a pagar fue la libertad de Raúl Salinas.*

Péndulo político: a la derecha

Investido ya como presidente electo, Vicente Fox me invitó a tomar un café para proponerme que me sumara a su equipo de gobierno. En esos días yo ocupaba la vicepresidencia editorial de Televisa, y a lo largo de su campaña alenté las iniciativas de Emilio Azcárraga Jean para impulsar una apertura democrática en la pantalla y en sus medios alternativos. Era un cambio radical para aquella televisora a la que su padre, Emilio Azcárraga Milmo, solía definir como «soldado del PRI». Colaboré también con la apertura de algunas influyentes puertas mediáticas en los Estados Unidos, para que la voz del «vaquero de Guanajuato» se escuchara fuerte y con credibilidad en los consejos editoriales de esas poderosas corporaciones.

La invitación del presidente electo Fox a sumarme a su gabinete tenía su razón de ser. En el gobierno del cambio operarían personajes como Santiago Creel, Jorge Castañeda, Alfonso Durazo, Adolfo Aguilar Zínser e incluso Felipe Calderón, quienes eran colaboradores editoriales de Grupo Reforma, al que yo había renunciado meses atrás, el 5 de febrero de 2000, justo cuando se iniciaba la campaña presidencial. El primer presidente no priista en 71 años sabía que cada uno de esos personajes tenía vida e ideas propias. «Tú ya los conoces. Ya lidiaste con ellos como director del *Reforma*. Vente, ayúdame a pastorearlos», dijo Fox con el lenguaje directo y llano que lo caracterizaba.

Mira, presidente, en principio soy periodista. Pero si aun sobre esa vocación me tentara para sumarme a tu gobierno que tanto promete, del que tanto se espera, me resistiría por una sencilla razón. Tú le prometiste a México un cambio, y un cambio es crear algo nuevo. Para crear algo nuevo debes romper con lo establecido, lo que exige que crees un paradigma. Ese paradigma, por ser algo desconocido, es un acto de fe, y todo acto de fe es en sí mismo una religión. Y cada religión comienza por definir su evangelio. ¿Cuál será el evangelio del gobierno del cambio? La verdad, no lo has definido. Alcanzaste esta silla, la de presidente, con tu evangelio de campaña que decía «Saquemos al PRI de Los Pinos», y los mexicanos compraron esa promesa de una tierra prometida. Pero ahora, sin definir el evangelio de tu gobierno, ya elegiste a los apóstoles, que son personas inteligentes, tienen sus propias opiniones; pero, al no tener un evangelio que predicar, acabará cada uno por hacer el suyo. Fíjate cómo Jesucristo primero definió el evangelio y luego seleccionó a sus apóstoles. No a la inversa, como lo estás haciendo, primero apóstoles y después evangelio, olvídate de que exista una Basílica de San Vicente. Lo que tendrás serán pequeñas capillas. La de San Santiago, la de San Jorge, la de San Alfonso, la de San Felipe, la de San Adolfo. Y vendrán entonces los conflictos entre los apóstoles. La mayoría de ellos son profesionistas, intelectuales, no han ejercido oficio dentro del Gobierno. No me gustaría estar en medio de todas esas disputas de egos.

El presidente electo Fox me reviró de inmediato: «Pues por eso te estoy invitando a que te sumes. Tú ya los tuviste a todos en *Reforma* y no te complicaron la vida».

Ante la insistencia de quien asumiría el 1.º de diciembre la jefatura de Estado, solo me quedó jugar una última carta para justificar mi negativa: «A ver, presidente. Te voy a hacer una pregunta, y, basado en tu respuesta, te diré si acepto tu propuesta». Y fue cuando le pregunté si iba a actuar —hasta con cárcel si era necesario— contra algunos personajes del viejo régimen. Y le di algunos nombres. «Espérate. Espérate. Estás muy agresivo», me respondió Fox. Entendí entonces que el cambio prometido sería pausado. Llegaría a cuentagotas si lo dejaban. Le agradecí el gesto generoso de la invitación y me despedí. Entendí que el gobierno del cambio sería un «sí, pero despacito» y que eso les daría espacio a los adversarios para reagruparse y contraatacar.

Lo que en ese momento no se advertía era la entrada a escena, con todo el poder, de un personaje que jamás pasó por el escrutinio de las urnas, pero que, conforme avanzó el sexenio foxista, se apoderó por completo del Gobierno. Ella sí pudo construir no solo su capilla, sino también una basílica en la que se venerara su exultante ambición de poder. Su nombre: Marta María Sahagún Jiménez, quien acabaría por ser mejor conocida como «Marta Fox», una moderna María Antonieta de la Francia imperial, aquella archiduquesa que era detestada por la corte francesa y fue conquistando la antipatía del pueblo por frívola, superficial y derrochadora, pero sobre todo por ser una mala influencia para su marido, Luis XVI, rey de Francia.

El personaje de Marta Sahagún, *ergo*, Marta Fox, no es menor y mucho menos despreciable por la influencia que ejerció para acabar boicoteando la esperanza del gobierno del cambio. Su relación con Fox se inició desde los días en que se reveló como la comunicadora del entonces gobernador de Guanajuato, y fue ganándose un lugar en el ánimo de Fox hasta alcanzar los rincones más íntimos. En ese entonces, siempre a la sombra, solo detectada por los más cercanos al círculo de quien ya aspiraba a ser el candidato del PAN a la presidencia en el año 2000.

Aún tengo presente que, en 1998, cuando Fox todavía no era candidato presidencial, en esos días en que la relación Fox-Sahagún era «secreta», se apersonó en mi oficina del periódico *El Norte*, en Monterrey, José Luis González González, mejor conocido como el Bigotón, un economista egresado de la Universidad de Nuevo León, quien a los 35 años fue presidente de Coca-Cola en México, y a los 39 años dejó la relevante posición para salir a probar suerte como emprendedor. Fue muy exitoso con la franquicia de Helados Holanda y Bing, que dieron pie a la creación de Grupo Quan, que alcanzó a sumar media docena de otras marcas y franquicias. González constituyó una cercana amistad con Fox cuando ambos coincidieron en Coca-Cola.

Un tercero en la relación de «los amigos Coca-Cola» era Lino Korrodi, un tamaulipeco originario de Ciudad Mante, que ingresó a la multinacional para negociar las compras de azúcar y ahí entabló amistad tanto con Fox como con el Bigotón. En ese entonces, además de ser sus hombres de más confianza, el Bigotón y Korrodi fueron los primeros apoyos para financiar las escaramuzas políticas, cuando Fox mostró su intención de buscar la presidencia.

Aun sin estar oficializada la candidatura, ambos se instalaron como los cerebros financieros de Amigos de Fox, una organización que fue crucial para la victoria de 2000.

Mira, Ramón Alberto, te vengo a pedir un favor —me dijo el Bigotón González—. Queremos, Lino y yo, que hables con nuestro amigo Vicente para que le digas que no escuche tanto a Marta. Porque, después de horas de estudios y análisis sobre un tema, Fox, Lino y yo llegamos a un acuerdo, pero a la mañana siguiente Vicente viene con otra opinión, que le da reversa a todo lo que ya habíamos acordado. Dile por favor que nuestras dos horas de consejos no pueden contra las ocho horas de «acuerdos» que él tiene entre las sábanas con la señora.

El mensaje del Bigotón González era claro. Marta Sahagún, a través de aquella relación íntima, aunque todavía no abierta, se había convertido ya en la mayor influencia para el futuro presidente de México. El quiebre fue inevitable y, aún sin empezar la campaña, José Luis González decidió abandonar el círculo íntimo foxista. Lino Korrodi se quedó en solitario con la operación de Amigos de Fox.

Esa fue la enorme desgracia del llamado gobierno del cambio: un presidente que despertó en los mexicanos la esperanza para que lo siguieran en las más nobles causas para rediseñar un México mejor, pero que terminó traicionando esa confianza al entregarle el poder a su ambiciosa y frívola consorte. La disputa nunca fue menor. Y se evidenció desde que, en la celebración del primer año del gobierno foxista, después de meses de negativas del Vaticano para anular sus anteriores matrimonios, Marta y Vicente celebraron el emblemático 2 de julio de 2001 con una boda civil preparada al vapor. La señora Marta —ahora sin hache— ya no podía esperar más las negociaciones con la Santa Sede. Ni el padre Marcial Maciel, cercano a la señora Marta, lograba que la Rota Romana les concediera la anulación. Y a partir del segundo año, la llamada «pareja presidencial» salió de las sombras, sin importar —de acuerdo con sus profundas convicciones— que aquello fuera «un pecado».

A partir del arranque del segundo año de gobierno nada fue igual. El despacho presidencial en Los Pinos fue perdiendo poder para cederlo paulatinamente a los acuerdos que Marta, ya empoderada oficialmente con el apellido Fox, hacía en la «cabaña» presidencial, rediseñada por el arquitecto Humberto Artigas. Poco a poco, los personajes políticos, empresariales, sociales y mediáticos que solían acudir al despacho presidencial mudaron su sala de acuerdos a la que llamaban la «cabaña acogedora». Todos fueron entendiendo que el poder radicaba en ese lugar; y que, desde la casa presidencial, la «señora Marta» decidió algún día que lo mejor que podía hacerse con la política del pasado era pactar.

El epicentro de aquel pacto fue Elba Esther Gordillo, la poderosa líder del Sindicato Nacional de Trabajadores de la Educación (SNTE), quien se fue ganando la confianza de Marta Fox, no solo por sus consejas políticas, sino por sus consejos sobre cómo vestirse, dónde surtir la mejor ropa de marca o qué perfumes comprar, para lucir como una digna primera dama. La Maestra se convirtió en asidua visitante de la «cabaña» presidencial, a la que acudía para «planchar» los acuerdos, que más tarde se concretarían con el presidente Fox. De hecho, fue esa confianza entre Marta y Elba Esther la que acabó por tender un puente entre Los Pinos de Fox y el expresidente Carlos Salinas de Gortari, quien regresaba a México tras su largo exilio en Irlanda y Londres.

Como dato curioso, cuando era gobernador de Guanajuato, a Vicente Fox se le identificaba más con el clan Echeverría que con el clan Salinas. En aquellos días cultivó una cercana amistad con el expresidente Luis Echeverría, a quien le cedió un inmueble en aquella entidad para que instalara el Ceestem, el membrete que le servía al «expresidente de la guayabera» para continuar desplegando su activismo político por el mundo. En contraparte, la relación de Fox con el clan Salinas no era la mejor. Solo basta recordar que, en sus días como diputado federal, Fox se colocó en las orejas un par de boletas electorales —simulando las de un burro— para protestar por la decisión tomada por el PAN de apoyar la quema de boletas de aquella controvertida elección de 1988, en la que fue electo Salinas de Gortari. Para el legislador Fox, el expresidente era un corrupto que por omisión o complicidad dejaba que su hermano Raúl consumara cualquier tipo de negocios, los que le dieron la fama para bautizarlo como Mister Ten Percent, en franca alusión a la presunta comisión que cobraba por gestionar alguna intervención en asuntos relacionados con el Gobierno federal.

La cercanía con Echeverría y la lejanía con Salinas cambiaría tan pronto como Fox se sentó en la silla presidencial. Y la dupla Marta-Elba Esther fue crucial para operar ese giro inesperado. La Maestra acabó por convencer a la señora Marta de que el gobierno del cambio podía contar con el aval del PRI progresista, cuyos legisladores acabarían por apoyar las iniciativas foxistas que permitirían acelerar las reformas prometidas. Gordillo lo hacía desde su posición no solamente como lideresa del sindicato más poderoso de América Latina, sino desde su asiento como secretaria general del PRI, en los días en que el presidente nacional del tricolor era Roberto Madrazo. La primera dama acabó por convencer al presidente Fox de cortarse no la coleta, sino aquellas «orejas de burro» fabricadas con boletas electorales, para acercarse al expresidente Salinas, quien volvía del exilio por sus fueros. Los acuerdos por la nación bien lo valían.

La escena que mejor tipifica aquel entendimiento del cogobierno se dio en la reunión para concretar la reforma fiscal —la que Fox prometió en campaña— y que fue negociada no en Los Pinos, tampoco en San Lázaro, mucho menos en el Senado, sino en la residencia del expresidente Salinas, en el Camino a Santa Teresa. Los asistentes: el secretario de Hacienda foxista, Francisco Gil Díaz, quien azul azul no era; Roberto Madrazo, presidente nacional del PRI; Tomás Ruiz; Elba Esther Gordillo, entonces jefa de la bancada priista en la Cámara de Diputados, y el anfitrión, Carlos

Salinas de Gortari. Difundido y publicado en las primeras páginas de los más importantes diarios, el «Pacto de Santa Teresa» buscaba acercar más recursos al gobierno del cambio con el respaldo del PRI. Esa cercanía de Salinas con Fox, a través de Elba Esther y la señora Marta, fue lo que acabó por gestar el huevo de la serpiente en el que se incubó la confrontación entre la Maestra y Roberto Madrazo.

La brecha dentro del PRI se abrió lo suficiente para que un puñado de gobernadores tricolores, instigados por la Maestra y por el propio Salinas, acabara por darle la espalda a un Madrazo que no cumplía con sus compromisos, y desde sus cuarteles gestó la caída de Arturo Montiel como el precandidato puntero para la sucesión presidencial de 2006. La traición jamás fue perdonada, y Elba Esther Gordillo fue la responsable de aglutinar a gobernadores, como Eduardo Bours, Natividad González Parás, Tomás Yarrington, Enrique Martínez y Martínez, y a prominentes priistas, como Enrique Jackson, para crear el celebrado Todos Unidos Contra Madrazo, que acabaría por trasegar la mitad del PRI a las filas del panismo, el cual defendería a cualquier precio su permanencia en el poder.

Dentro de esas alianzas deben incluirse la compra de los videos en los que aparece René Bejarano, al constructor Carlos Ahumada —en ese entonces pareja de Rosario Robles—, los cuales fueron exhibidos en una entrevista en vivo que Brozo le realizó al propio René Bejarano. Las huellas de Carlos Salinas y de Diego Fernández de Cevallos fueron rastreadas en esa exhibición abierta de corrupción que pegaba en la línea de flotación del candidato de izquierda, quien estaba instalado en un pedestal de «honestidad valiente». La fallida campaña de «López Obrador, un peligro para México» y el frustrado desafuero del jefe de Gobierno del Distrito Federal, promovido desde el despacho presidencial en Los Pinos, con el abierto cabildeo de Marta Fox, fueron la cereza del pastel que completó la abierta alianza entre el PRI y el PAN. El año 2006 iniciaría con un nuevo sexenio azul que, por el pacto, y sin pretextos, devolvería seis años más tarde la presidencia al PRI.

9.1

POR UN SOLO CÁRTEL
LA «FUGA» DEL CHAPO

El gran lunar dentro del llamado «sexenio del cambio» se significó en el reacomodo total de los cárteles de la droga que operaron en México durante los últimos sexenios del PRI. El Cártel de Guadalajara, endosado al expresidente Echeverría y su familia política, los Zuno Arce; el Cártel de Tijuana, el de los Arellano Félix, herederos del naufragio del Cártel de Guadalajara; el Cártel de Juárez, desmembrado tras la muerte de su capo, el Señor de los Cielos; y el Cártel del Golfo, de Juan García Ábrego, capturado y extraditado a Estados Unidos.

No es casual que analistas nacionales e internacionales ubiquen presuntamente a Jorge Tello Peón, exsubsecretario de Seguridad Pública, bajo el mando del entonces secretario de Seguridad Alejandro Gertz Manero, como el cerebro detrás de la consolidación de un solo cártel en el arranque del sexenio de Vicente Fox Quesada. El Cártel de Guadalajara fue desmantelado tras el asesinato del agente de la DEA Enrique *Kiki* Camarena Salazar. El Cártel de Tijuana era asediado a causa de los asesinatos del cardenal Juan Jesús Posadas Ocampo y del candidato presidencial Luis Donaldo Colosio. El Cártel de Juárez se encontraba en débil transición luego de la muerte de Amado Carrillo, el Señor de los Cielos, y tras la captura de Juan García Ábrego, el Cártel del Golfo se fragmentaba con la emergencia de Los Zetas.

La propuesta era aprovechar esa coyuntura para consolidar la inevitable operación de trasiego de drogas y ponerla en manos de un solo cártel. ¿Quién merecía la oportunidad? Ninguno de los vigentes, porque quien fuera el elegido no sentiría que debía el favor. Por eso fue muy oportuna la fuga de Joaquín Guzmán Loera, alias el Chapo, quien fue capturado por primera vez en Guatemala, durante el sexenio de Carlos Salinas de Gortari. Eran los años de la decadencia del Cártel de Sinaloa y el amanecer para el llamado Cártel del Golfo, con Juan García Ábrego al frente.

Ocho años duró el Chapo en prisión, hasta que el 19 de enero de 2001, apenas 48 días después de que Vicente Fox asumiera la presidencia del cambio, el capo se fugó del penal de máxima seguridad de Puente Grande. Su fuga se dio precisamente el mismo día en que Jorge Tello Peón hiciera una visita a ese reclusorio. Después de que el subsecretario de Seguridad concluyó su visita, nadie volvió a ver al Chapo. La versión oficial es que aprovechó la visita del funcionario para escapar en un carro de ropa sucia que era llevado a servicio fuera del penal. La versión más socorrida, e incluso apoyada por los testimonios de celadores en servicio, refiere que el jefe del Cártel de Sinaloa se fue escondido en algún compartimento de la camioneta que trasladó al subsecretario Tello Peón. Lo único cierto es que para investigar aquella fuga se designó a un policía federal de nombre Genaro García Luna, quien fue el responsable de darle credibilidad a la versión oficial. Sus servicios fueron ampliamente recompensados al ser designado, seis meses después, como el primer director de la Agencia Federal de Investigaciones. A partir de ese momento, los destinos de Joaquín *el Chapo* Guzmán Loera y de Genaro García Luna estarían íntimamente ligados para alcanzar su clímax en el sexenio del también panista Felipe Calderón, quien, a pesar de hacer evidente su favoritismo por el Cártel de Sinaloa por encima del resto, le otorgó todo el poder y la confianza a García Luna, designado para entonces como secretario de Seguridad Pública.

En los 12 años de gobiernos panistas, la estrella del Chapo brilló como nunca. Y la de los cárteles rivales, como el del Golfo y Los Zetas, se fue apagando en medio de confrontaciones que los debilitaron. Al finalizar el sexenio de Felipe Calderón, 121 613 asesinatos daban fe del baño de sangre en el que García Luna hundió a México. El 11 de julio de 2015, cuando el Chapo era considerado el más poderoso capo del planeta, enlistado entre los poseedores de las mayores fortunas por la revista *Forbes*, se fugó del penal del Altiplano, en el Estado de México, los sexenios panistas ya le habían devuelto las llaves de Los Pinos al PRI. Enrique Peña Nieto era el presidente que, barnizado con una pátina política de salinismo, regresaba tras las rejas al jefe del Cártel de Sinaloa. Se iniciaban los días en que el entonces secretario de Gobernación, Miguel Ángel Osorio Chong, le fue cediendo espacios al floreciente Cártel Jalisco Nueva Generación, de Nemesio Oseguera Cervantes, alias el Mencho, quien se convirtió en el capo consentido del sexenio peñista.

Para el 11 de julio de 2015, el Chapo volvió a fugarse por un megatúnel construido con la mejor ingeniería, ante la omisión o complicidad de las autoridades que jamás detectaron ruido alguno, mucho menos la extracción de toneladas de tierra que se retiraron de «la obra». Pero menos de seis meses después, el 8 de enero de 2016, Joaquín Guzmán Loera volvió a ser capturado y el anuncio de la hazaña se dio a través del mensaje: «@EPN. Misión cumplida: lo tenemos. Quiero informar a los mexicanos que Joaquín Guzmán Loera ha sido detenido». Un año después, el 19 de enero de 2017, el Chapo fue extraditado a Estados Unidos. Fue en el último día de gobierno del presidente Barak Obama, en la antesala de la toma de posesión de Donald Trump.

Curiosidades o no, dos de los personajes que durante el peñismo se dedicaron a recapturar y a extraditar al Chapo fueron perseguidos, oficialmente, en el nuevo sexenio de la «Cuarta Transformación» por cuestionamientos en el manejo de Ayotzinapa. En realidad, Tomás Zerón de Lucio, quien fue el funcionario de alto rango que tomó todos los riesgos en lo que fue la recaptura del Chapo y quien dirigió el sorpresivo operativo de la extradición del capo a Estados Unidos, se vio obligado a exiliarse en Israel. Y quien fuera el primer procurador del gobierno peñista, Jesús Murillo Karam —también señalado dentro del caso Ayotzinapa bajo la tesis de la llamada «verdad histórica»— acabó en prisión. En ambos casos, la persecución con tintes políticos —agazapada en el fallido caso de Ayotzinapa— se da en el sexenio cuatroteísta, acusado nacional e internacionalmente de proteger al Cártel de Sinaloa y en particular a las familias Guzmán Loera y Guzmán López. El presidente López Obrador acabó igual que su antecesor Felipe Calderón. ¿Quién sería el Genaro García Luna que operó los acuerdos de Badiraguato con la «Cuarta Transformación»? Algún día lo conoceremos.

Entretanto, el juicio a su pupilo Genero García Luna lo dio Jorge Tello Peón en la presentación del libro *Las cinco vidas de Genaro García Luna*, de Guadalupe Correa-Cabrera y Tony Payan, en el que defendió el derecho de García Luna a su presunta inocencia. «Yo creo profundamente en la presunción de inocencia. Sin embargo, en el ambiente, parece que la sentencia ya está dada [...] Fue un espléndido técnico de seguridad, un espléndido profesional de la inteligencia y yo creo que fue un muy buen policía [...] aunque a mí no se me ocurriría nombrarlo secretario». Todo fue falso; como era usual en él, Tello Peón mintió. Fue precisamente él quien acabó por recomendarlo a Carlos Slim y a Lorenzo Zambrano para que lo apuntalaran con el presidente Felipe Calderón, quien abrió el camino para ceder amplios territorios al crimen organizado. Desde entonces hubo casi 500 000 homicidios dolosos después, y hasta ahora todavía nada se ha resuelto. El *hashtag* #Narcopresidente perseguirá hasta el final de sus días a un Andrés Manuel López Obrador que, en su relación con el narcotráfico, en especial con el Cártel de Sinaloa, se creyó más «sabio» que su pueblo bueno.

9.2

CONASUPO, PMI Y SINALOA
ORO AMARILLO, NEGRO
Y BLANCO

En México existen tres tipos de «oro». Son los productos más codiciados, los que se comercian en elevados volúmenes, los de consumo interno y los de exportación, los que dejan excelentes ganancias, porque son de consumo indispensable. El «oro amarillo» es el maíz; el «oro negro», el petróleo; y el «oro blanco», la cocaína y el mercado de las drogas. El alimento básico, la energía indispensable y las adicciones.

La «tríada del oro» en México siempre ha estado ligada a los poderes político y económico, a las negociaciones por arriba de la mesa y, por supuesto, en lo «oscurito», a las simulaciones para dominar el mercado con cada uno de esos productos. Maíz, petróleo y cocaína integran la *Santísima Trinidad* de los más grandes negocios en México.

9.3

EL ORO AMARILLO
LOS HIJOS DEL MAÍZ

El maíz es el alimento ancestral de México, desde los aztecas hasta nuestros días. La ingesta básica que cuidan todos los gobiernos, sin importar su filiación ideológica, es la del maíz.

En la mesa más humilde puede faltar todo, pero no el maíz. De su masa nixtamalizada se pueden elaborar tortillas, atoles, tacos y tamales. Y el auge de la industria del maíz en México tiene nombre y apellido: Roberto González Barrera, el creador de Maseca, fundador de Gruma y dueño de Banorte. Su historia es digna de una serie televisiva.

A diferencia de la mayoría de los multimillonarios mexicanos de las listas de Forbes, como Carlos Slim, Alberto Baillères o Germán Larrea, la fortuna de González Barrera viene del enorme mérito de desarrollar toda una tecnología —la de la producción de harina de maíz— y de la fabricación masiva de las tortilladoras automáticas para producir un producto terminado de primerísima necesidad: la tortilla. Nada tiene que ver, en su desbordado crecimiento, la concesión gubernamental, aunque nadie puede ignorar que, a lo largo de su vertiginoso ascenso empresarial, los negocios de González Barrera contaron siempre con el respaldo político de tres amigos y personajes que fueron factor clave en la industria del maíz: Raúl Salinas Lozano, Carlos Hank González y Raúl Salinas de Gortari.

Roberto González Barrera era originario de Cerralvo, Nuevo León. Creció en un hogar con limitaciones, lustrando calzado y sirviendo en Veracruz como chofer en Pemex. A los 18 años, en un viaje a Reynosa, le ofrecieron en venta un molino de nixtamal, con capacidad para producir 18 toneladas de harina de maíz. Con la ayuda de su padre, lo adquirió por 75 000 pesos y comenzó a distribuir esa «masa seca», a la que bautizarían con el nombre comercial de Ma-seca. Impresionado con la aceptación del nuevo producto, Bonifacio Salinas Leal, entonces gobernador de Nuevo León, invirtió dinero personal en la aventura alimentaria de sus amigos los González.

Pero la popularización de esa harina de maíz distaba mucho de obtener aceptación general. La queja más recurrente en ese entonces era que las tortillas de aquella primera versión de Maseca eran muy poco flexibles, «parecían como de cartón». González Barrera debió invertir en grande para contratar investigadores y desarrolladores —como el cubano Manuel Rubio—, a fin de lograr la flexibilidad de esa harina de maíz que, al perfeccionarse poco a poco, fue ganando millones de adeptos en los hogares, ya que implicaba que los consumidores se evitaran el proceso de nixtamalización o la compra de la masa en los molinos de nixtamal.

Uno de los apoyos indiscutibles que impulsaron el negocio de González Barrera fue la llegada de su amigo y compadre Raúl Salinas Lozano a la Secretaría de Comercio. Originario de Agualeguas, poblado contiguo a Cerralvo, Salinas Lozano fue uno de los promotores de la creación de la Compañía Nacional de Subsistencias Populares (Conasupo). Desde su aparición en el sexenio de Adolfo López Mateos, se buscaba que fuera un instrumento regulador de precios e inhibidor de la especulación al suministrar leche, maíz y frijol a las poblaciones de escasos recursos. Con el tiempo, la Conasupo se convirtió en el gran regulador de las compras de esos productos básicos, con importaciones masivas en los años de sequía y escasez.

En la creación de la Conasupo, fue crucial la participación de un político del Estado de México, que, en el arranque del sexenio de López Mateos, era apenas un diputado: Carlos Hank González. El Profesor —como se le conocía a quien sería un ícono de la política mexicana— era oriundo de Santiago Tianguistenco. Al concluir en 1961 su tarea legislativa, Hank González fue invitado por el presidente López Mateos y por el secretario Salinas Lozano a ocupar la subgerencia de ventas de la Conasupo. Tres años después, ya en el gobierno de Gustavo Díaz Ordaz, sería designado director general de la empresa que, en ese momento, ya despuntaba para ser la principal empresa alimentaria de México.

González Barrera, Salinas Lozano y Hank González integraron durante décadas la poderosa tríada conocida como los «hijos del maíz». Sus relaciones personales alcanzaron lazos familiares. Carlos Hank Rhon, el hijo mayor de Hank González, se casó con Graciela González Moreno, la hija mayor de González Barrera. La alianza consanguínea fue poderosa.

Sin embargo, el gran salto para lo que ya era Grupo Maseca (Gruma) se dio cuando se creó Tecnomaiz S. A. de C. V. con tecnologías propietarias, una empresa dedicada a la fabricación y venta a crédito de tortilladoras automáticas, con capacidad para producir entre 50 y 750 tortillas por minuto, para las pequeñas tortillerías de barrio, hasta seiscientas tortillas por minuto, para grandes líneas de producción. Con la harina de maíz perfeccionada y las máquinas listas para producir tortillas en forma automática, el consorcio mexicano de la harina de maíz se aprestaba a su internacionalización. En 1973, inició operaciones en Costa Rica. Para mediados de la década de 1970, casi al final del sexenio de Luis Echeverría, Maseca entró de lleno al mercado estadounidense con la compra en California de la planta de Mission Foods.

Las relaciones entre González Barrera y los Salinas se estrecharon todavía más cuando, en el sexenio de Miguel de la Madrid (entre 1985 y 1988), Raúl Salinas de Gortari ocupó la dirección general de la Conasupo. Eran los días en que su hermano Carlos era el influyente secretario de Programación y Presupuesto. Para 1990, en pleno sexenio de Carlos Salinas de Gortari, González Barrera daba otro campanazo. En el Olympic Boulevard de Los Ángeles, inauguraba la mayor fábrica de tortillas del mundo. Su capacidad era de 14 millones de tortillas diarias.

Meses después, en 1992, durante el proceso de privatización bancaria impulsada por Salinas de Gortari, González Barrera se presentaría como el inversionista líder para la compra de Banorte, un banco de mediano tamaño que tenía su sede en Monterrey y operaciones en el noreste de México.

Ejerciendo el oficio de la política como un eficiente operador tras bambalinas, González Barrera cultivó amistades con los más proclives personajes del poder en México. Desde Manlio Fabio Beltrones, Emilio Gamboa y Ricardo Canavati, hasta Vicente Fox, Marta Sahagún y Felipe Calderón. Y fue también uno de los más importantes y constantes aportadores de capital a las campañas políticas de candidatos de todos los partidos.

En la década de 1990, Gruma continuaba con su acelerada expansión y sus productos de maíz se consumían en Guatemala, El Salvador, Honduras, Nicaragua e ingresaba a Sudamérica a través del mercado de Venezuela. En 1995, abrieron en Los Ángeles una planta en Rancho Cucamonga, que alcanzó una nueva cifra récord con la producción de 25 millones de tortillas por día. Para el año 2000, González Barrera introducía la tortilla en el Reino Unido, para luego ampliar operaciones a Holanda e Italia y alcanzar en 2006 la meta de operar en los cinco continentes con su entrada a los mercados de Asia y Oceanía.

Pero las relaciones entre los «hijos del maíz» no estuvieron exentas de cuestionamientos. El mayor de ellos se presentó cuando González Barrera fue involucrado en la presunta lista de los empresarios que le habrían depositado, cada uno, 50 y 10 millones de dólares en una cuenta en Suiza a Raúl Salinas de Gortari, con el supuesto fin de crear un fondo de inversión. El director general de Gruma y Banorte sorteó la crisis y fue exonerado por la Fiscalía de Pablo Chapa Bezanilla.

González Barrera falleció el 25 de agosto de 2012 en Houston, Texas, víctima de cáncer, no sin antes tener que enfrentar intentonas de socios minoritarios que buscaban el control de sus empresas antes de su muerte. Uno de ellos fue Guillermo Ortiz, el subsecretario de Hacienda que privatizó, rescató y luego colocó con extranjeros la banca nacional. Al final, fungió como director de Banorte y representante de los intereses de un puñado de accionistas que lo usaban como fachada para conservar su anonimato.

Al momento de su muerte, la fortuna de González Barrera, en las listas de *Forbes*, superaba los 1900 millones de dólares, lo que lo convertían en el séptimo mexicano más acaudalado. Y casi como el Cid Campeador, sus herederos lograron hacer realidad uno de sus últimos sueños, el de la fusión del Grupo Financiero Banorte con el Grupo Financiero Interacciones, propiedad de la familia Hank y dirigido por su nieto Carlos Hank González. La operación se concretó en julio de 2018, apenas pasada la elección presidencial de Andrés Manuel López Obrador. Con esa fusión, Banorte pasó a ser el segundo conglomerado financiero en activos, cartera y depósitos en México, solo por debajo de BBVA. Nada mal para una familia que comenzó 74 años atrás con un molino de nixtamal y el desarrollo de una tecnología que permitió hacer de la mexicanísima tortilla todo un *global commodity*.

9.4

EL ORO NEGRO
UNA FACHADA
LLAMADA PMI

Jeffrey Levoff y Ruth Cove son dos estadounidenses con más suerte que cualquier mexicano. Ellos son los únicos socios fundadores de PMI Services North America Inc. y PMI Holdings North America Inc., dos empresas al servicio de Pemex que comercializan crudo, compras y servicios a la paraestatal mexicana en el extranjero. Tienen la misma suerte que Pierson Trust N.V. y Serjeants' Inn Nominees Limited, dos corporaciones desconocidas en México, pero que son socias de Pemex en PMI Holdings B.V. y Pemex Services Europe Limited.

Desde hace treinta años —y durante veinte años en el anonimato—, estos extranjeros sirvieron de fachada para legitimar las ventas internacionales de crudo y las compras de equipos para la petrolera mexicana. Y gracias a ello sus empresas no están sujetas a ser auditadas por las leyes mexicanas.

Estos son solo dos ejemplos de los poco transparentes manejos de la paraestatal en sus operaciones de venta de crudo en los mercados internacionales. Son maquinaciones que exhiben a Pemex como un inexpugnable hoyo negro. Tan negro como el color del crudo que extrae de las entrañas de la tierra.

Es tan denso el manejo de su dinero que, aun refinando dos o tres veces su contabilidad, sería casi imposible separar lo claro de lo turbio. La muestra más cruda e inflamable de la falta de transparencia es Pemex Internacional, mejor conocida como PMI. Es una compleja y bien tejida red de nueve compañías, la mayoría constituidas en paraísos fiscales de Europa y el Caribe con el argumento legal de que se busca proteger de litigios internacionales el patrimonio de la paraestatal. Pero no hay que perforar muy profundo para darse cuenta de que, en el fondo, esta intrincada operación internacional para el manejo de los hidrocarburos mexicanos no es sino una plataforma de maquinaciones bajo el agua.

Se trata de una fachada creada a finales del sexenio de Miguel de la Madrid y a principios del de Carlos Salinas de Gortari. La justificación original era que se debía alejar al poderoso sindicato petrolero del acceso a las grandes cifras de la paraestatal y, al mismo tiempo, crear instancias para impedir que demandas internacionales pusieran en peligro el manejo o incluso la sobrevivencia de la paraestatal mexicana.

En la realidad, la intención fue evitar que un buen número de las transacciones internacionales de Pemex estuviera sujeto a las auditorias que se aplican a los demás bienes nacionales. Estas revelaciones las publicamos en abril de 2008 en Reporte Índigo, el sitio digital que creamos en 2006 y en el que exhibimos investigaciones realizadas en el sexenio de Vicente Fox que pusieron al descubierto, por primera vez en aquel entonces, el complejo entramado legal y fiscal en el que se pierden las contabilidades de las más jugosas operaciones de hidrocarburos en el mundo. Pero, a pesar de conocer el detalle, la administración foxista nada pudo hacer —o nada quiso hacer— para desaparecer ese hoyo negro.

Los intereses de las oligarquías de ejecutivos y operadores de Pemex que fueron fortalecidas con las empresas creadas en paraísos fiscales ganaron la batalla. Después de revisar los resultados de la profunda investigación, emergían al menos cuatro preguntas.

1. ¿Por qué de las 11 empresas que conforman la red internacional de Pemex solo dos están sujetas a la auditoría de los órganos de fiscalización mexicanos? Las otras nueve se auditan a sí mismas, sin rendir cuentas. Son como franquicias de Pemex otorgadas a terceros en el extranjero. ¿Quiénes son esos *brokers*? ¿Quién vigila a esos intermediarios? ¿A dónde van a parar sus ganancias?

2. ¿Por qué dos estadounidenses —Jeffrey Levoff y Ruth Cove— aparecen como los propietarios únicos de las dos empresas que comercializan bienes y servicios de Pemex en el extranjero? ¿Quiénes son ellos? ¿A quiénes representan?

3. ¿Por qué dos empresas extranjeras —Pierson Trust N.V. y Serjeants' Inn Nominees Limited—, que figuran como socias de PMI Holdings N.V. y Pemex Services Europe Limited, nunca son mencionadas en las estructuras controladas por Pemex Internacional?

4. ¿Por qué los balances de esas operaciones internacionales no pasan por el Consejo de Administración de Pemex?

Con documentos en mano, se consultó a fiscalistas sobre el esquema de PMI y su conclusión fue que los mecanismos legales y fiscales aplicados permiten presumir una bien montada red para no transparentar operaciones, e incluso para ocultarlas.

Los expertos fiscales advirtieron que este esquema es violatorio a la Constitución Mexicana, que prohíbe que terceros, que no sea el Gobierno mexicano a través de Pemex, puedan ejercer soberanía sobre los contratos de venta de hidrocarburos nacionales. Esa legislación fue impuesta durante el sexenio de Adolfo Ruiz Cortines para evitar que continuara la simulación de concesiones a terceros para comercializar el crudo mexicano, práctica que fue muy socorrida hasta el gobierno de Manuel Ávila Camacho. En ese entonces, Pemex vendía el crudo a un puñado de *coyotes* de los energéticos nacionales y extranjeros, quienes, con esa patente de distribuidores, lo colocaban en el mercado internacional a cambio de muy jugosas comisiones.

Llegaron los tiempos de la abundancia con José López Portillo. A finales de su sexenio, se presentó el escándalo de la venta de crudo mexicano en el mercado de Róterdam, Holanda. Y el nombre de la «hermana incómoda», Margarita López Portillo, apareció detrás de esas operaciones que se cruzaban en el «mercado de contado» europeo. Hasta que llegaron los sexenios de De la Madrid y de Salinas de Gortari y apareció la figura legal de PMI. Su objetivo era comercializar el petróleo, colocar fondos en certificados, financiar operaciones como Pidiregas y dar servicios desde el extranjero a Pemex.

En el sexenio de Miguel de la Madrid, se crearon PMI Holdings B.V. (marzo de 1988), PMI Services B.V. (marzo de 1988), Pemex Services Europe Limited (mayo de 1988), PMI Services North America Inc. (mayo de 1988) y PMI Holdings N.V. (julio de 1988). Durante el gobierno de Carlos Salinas, se crearon PMI Comercio Internacional S. A. de C. V. (mayo de 1989), PMI Holdings North America Inc. (julio de 1992), PMI Norteamérica S. A. de C. V. (enero de 1993), Deer Park Refining (febrero de 1993) y PMI Trading Limited (mayo de 1993).

De las 11 empresas, solo dos —PMI Comercio Internacional y PMI Norteamérica— son mexicanas. Las nueve restantes fueron creadas fuera de México para evitar que Pemex apareciera como compañía en el exterior y que pudiera ser demandada contractualmente como empresas del Estado mexicano. Y aunque el capital de esas empresas es aportado por Pemex, todas son consideradas «no paraestatales».

Ese hecho legaloide les permite estar al margen de la legislación que se aplica a todas las empresas que pertenecen al Gobierno. Con ello se les da la vuelta a todo tipo de revisiones, incluida la contabilidad oficial, presupuestos, controles de la Auditoría Superior de la Federación, de la Secretaría de la Función Pública y de Transparencia. Simplemente se auditan a ellas mismas. Pero incluso partiendo del supuesto de que todo lo que hace PMI es válido, el Consejo de Administración de Pemex tendría que recibir cuentas de sus operaciones. Y eso no sucede. En todo caso, las decisiones comerciales de PMI pasan por el llamado Comité de Comercio Exterior de Petróleo. Pero el hecho que llama la atención es que ese comité no existe jurídicamente hablando. Todo lo anterior solo garantiza una cosa: que las operaciones entre Pemex y las corporaciones creadas en paraísos fiscales estén lejos del escrutinio público. ¿De quién es el negocio?

Sea como fuere, lo cierto es que, con el PRI fuera de Los Pinos y la llegada de Vicente Fox, se le dio especial cuidado a PMI. En el área de Comercio Internacional, se instaló a Aaron Elizondo, hijo de Rodolfo el Negro Elizondo, que en aquel sexenio era secretario de Turismo. Con Felipe Calderón, se instaló como responsable de la venta de crudo a PMI a Gabriel Heller Green, hijo de la excanciller Rosario Green. Y ya con Enrique Peña Nieto, el director de PMI fue Ignacio Arroyo Kuribreña, primo de José Antonio Meade Kuribreña, exsecretario de Energía en el sexenio de Calderón y secretario de Relaciones Exteriores de Peña Nieto. Y no se debe olvidar que en el sexenio peñista se designó a Emilio Lozoya Austin como director de Pemex. Se trata del hijo de Emilio Lozoya Thalmann, quien fuera secretario de Energía en el sexenio de Salinas de Gortari.

Lo curioso es que, a pesar de que Andrés Manuel López Obrador cuestionó durante su campaña a PMI por ser el hoyo negro de Pemex, tan pronto se sentó en la silla presidencial designó a

Carmelina Esquer Camacho como directora de Pemex Procurement International (PPI), responsable de las importaciones de la petrolera. Ella es hija de Alejandro Esquer, secretario particular del presidente morenista. El presidente de la «Cuarta Transformación» prometió en campaña acabar con ese hoyo negro, transparentando las ventas de Pemex en el exterior. Hasta su quinto año no lo cumplió. La pregunta está vigente: ¿de quién es el negocio? Está claro que de cualquiera, hasta de dos desconocidos extranjeros. Pero de los mexicanos no.

9.5

EL ORO BLANCO
CADA SEXENIO SU CÁRTEL

Desde que en la década de 1970 floreció en México el primer cártel de la droga en Guadalajara —durante el sexenio de Luis Echeverría—, México viene experimentando la proliferación de capos y organizaciones criminales. Curiosamente, con cada nuevo sexenio, con cada nuevo presidente, se crea un cártel al que el gobierno en turno acaba por otorgarle el control, o al menos la preferencia, sobre el llamado «oro blanco», la cocaína, que solía ser la más redituable de las drogas hasta antes de la aparición del fentanilo.

El problema para entender el tráfico de drogas en México radica en que a los mexicanos nos distraen con el cuento de los capos, que siempre tienen apodos muy vendibles mediáticamente, muy adecuados para una serie de Netflix. El Chapo, el Mayo, el Mencho, el Señor de los Cielos, la Barbie o el Z 40. Pocos se dan cuenta de que ellos, los capos, son apenas «los títeres» de un complejo entramado criminal en el que los auténticos jefes, «los titiriteros», los controlan desde las más altas esferas del poder. Tanto jefes policiacos como encumbrados miembros del gabinete en turno.

ECHEVERRÍA Y EL CÁRTEL DE GUADALAJARA. El secuestro y asesinato del agente de la Administración de Control de Drogas (DEA), Enrique *Kiki* Camarena Salazar, dejó en evidencia la fraternidad criminal entre Rafael Caro Quintero, Miguel Ángel Félix Gallardo y Ernesto *don Neto* Fonseca. Pero ellos eran solo los títeres. Las investigaciones llegaron hasta los titiriteros, José Guadalupe Zuno y Rubén Zuno Arce, suegro y cuñado del presidente Luis Echeverría. El escándalo internacional evidenció que el mayor cártel de México en ese momento tenía sus raíces en Los Pinos. Sobrecalentada la plaza de Guadalajara, a Fernando Gutiérrez Barrios se le ordenó trasegar lo que quedaba de aquel cártel a Tijuana. Caro Quintero y don Neto fueron detenidos, pero a Miguel Ángel Félix Gallardo lo dejaron temporalmente en libertad. Tenía la encomienda de consumar la transferencia del bastón de mando a sus primos bajacalifornianos, los Arellano Félix. Y el ritual se cumplió puntualmente.

Rubén Zuno Arce, el cuñado de Echeverría, fue sentenciado a cadena perpetua y murió después de 23 años en una prisión de Miami. Y Echeverría se fue a la tumba con la mancha de haber sido el único presidente al que se le comprobaron nexos con un poderoso grupo criminal manejado por su familia.

LÓPEZ PORTILLO Y EL CÁRTEL DE JUÁREZ. En el sexenio de José López Portillo, emergió con fuerza la alternativa a Guadalajara y a Tijuana. Era el Cártel de Juárez —en Ciudad Juárez, Chihuahua— y su títere era un sobrino de Ernesto *don Neto* Fonseca Carrillo de nombre Amado Carrillo Fuentes, mejor conocido como el Señor de los Cielos o el Rey del Oro Blanco. Su buena fortuna se dio cuando entró en sociedad con el capo colombiano Pablo Escobar, quien había perdido a sus principales operadores en México tras el encarcelamiento de Caro Quintero y de don Neto. Amado Carrillo se volvió el hombre fuerte de aquel capo colombiano.

El apodo del Señor de los Cielos se le fue dando porque fue el primer capo que usó aviones masivamente, incluido el Boeing 727, para eficientar sus operaciones de traslado de droga entre Colombia, México y Estados Unidos. Operaba unas treinta aeronaves de todo tipo y, de acuerdo con informes de la inteligencia estadounidense, algunos de sus titiriteros eran integrantes del gabinete de López Portillo.

Amado Carrillo murió el 4 de julio de 1997, en el quirófano de una clínica particular ubicada en Polanco, en la capital de México. En ese hospital rentó todo un piso y lo cerró para tener la facilidad de que sus médicos le practicaran una liposucción y una cirugía facial, en su intento por ser «un hombre nuevo». El Señor de los Cielos murió en la plancha de operaciones. Se dijo que fue consecuencia de una anestesia mal aplicada. Pero los cuerpos de los médicos responsables de aquella fallida operación, Jaime Godoy, Carlos Ávila y Ricardo Reyes, aparecieron días después sin vida, en tambos sellados con cemento. Los tiraron en la carretera México-Acapulco.

Los hijos del Señor de los Cielos, Vicente y César Carrillo Leyva, buscaron continuar con el negocio que inició su padre en Ciudad Juárez, pero su confrontación abierta con Los Chapitos, hijos de Joaquín Guzmán Loera, inició toda una serie de venganzas que comenzó con el asesinato, en septiembre de 2004, de Rodolfo Carrillo Fuentes, alias el Niño de Oro, hermano de Amado Carrillo Fuentes, cuando salía de un cine en Culiacán.

Vicente Carrillo Leyva, alias el Ingeniero, quien purgó una sentencia de nueve años en el penal de Puente Grande, salió en libertad en junio de 2018. Pero se convirtió en informante de la DEA y del Departamento de Justicia de Estados Unidos. A Carrillo Leyva, el Ingeniero, se le endosa la responsabilidad de haber filtrado la ubicación de Ovidio Guzmán López, quien fue capturado y liberado en Culiacán en octubre de 2019. Los Chapitos le pusieron precio a la cabeza de Vicente Carrillo Leyva; pero, al no localizarlo, decidieron ejecutar a su hermano, César Carrillo Leyva, quien se encontraba, en agosto de 2020, en su casa de descanso de Navolato.

Existen incluso reportes de inteligencia que advierten que la captura de Vicente Carrillo Leyva se dio después de que el hijo del Señor de los Cielos habría acudido con un prominente hombre de negocios a reclamar depósitos por cientos de millones de dólares que su padre le habría hecho en vida. El financiero le habría pedido unos días para reunir la abultada cantidad, solo para «comprar» tiempo y acabar pidiendo a las autoridades federales que lo apoyaran en la captura del Ingeniero. Casualidad o complicidad, los hombres de Genaro García Luna —afines a los intereses del Cártel de Sinaloa— anunciaron en 2009 la captura de Vicente Carrillo Leyva, en pleno sexenio de Felipe Calderón, cuando hacía ejercicio en las calles de Lomas de Chapultepec.

DE LA MADRID Y EL CÁRTEL DE TIJUANA. Cuando Miguel de la Madrid llegó a Los Pinos sobrevino el descubrimiento, en Allende, Chihuahua, del rancho El Búfalo, un plantío de 544 hectáreas en el que operaban unos 3000 campesinos que sembraban marihuana y algunos cientos de soldados que resguardaban la propiedad. El hallazgo aceleró la caída del Cártel de Guadalajara y la de sus jefes, Rafael Caro Quintero, Ernesto *don Neto* Fonseca Carillo y Miguel Ángel Félix Gallardo. El secuestro y asesinato de Enrique *Kiki* Camarena Salazar, por ser el presunto delator de aquella finca, no dejó otro camino. Las operaciones de trasiego de droga se trasladaron de Guadalajara a Tijuana, la tierra de los Arellano Félix, sobrinos de Miguel Ángel Félix Gallardo. El poderío de los Arellano Félix se consolidó entre el sexenio delamadridista y el de Carlos Salinas de Gortari, cuando el Cártel de Tijuana acaparó los reflectores internacionales con dos sucesos de sangre.

En primer lugar, el asesinato del cardenal Juan Jesús Posadas Ocampo en Guadalajara, presuntamente confundido con Joaquín el *Chapo* Guzmán, quien dicen que era el real objetivo. Momentos después del crimen, uno de los hermanos Arellano Félix abordaría un avión que lo llevaría de regreso a Tijuana. Su presunto involucramiento fue tan publicitado que hubo reuniones con el secretario de Gobernación, Jorge Carpizo, y con el nuncio apostólico Girolamo Prigione para abrir una línea de comunicación con el Vaticano, buscando limpiar su nombre y negando siempre ser los autores de aquella tragedia. Otras versiones advirtieron que el cardenal Posadas fue abatido, porque acudía al aeropuerto a entregar delicadas evidencias al nuncio Prigione en las que se revelaban nexos del crimen organizado con personajes del gobierno de Salinas de Gortari.

En segundo lugar, los Arellano Félix también fueron involucrados en el asesinato de Luis Donaldo Colosio en Lomas Taurinas, en Tijuana, la sede del cártel. Una de las líneas de investigación apuntó a que el candidato del PRI a la presidencia no estaría dispuesto a pactar con quienes en esos días dominaban el trasiego de las drogas en México, y sus jefes, «los titiriteros», habrían decidido eliminarlo. No obstante, el nombre de Fernando Gutiérrez Barrios, el hombre fuerte de Luis Echeverría, aparecería referido en las investigaciones relacionadas con Posadas y Colosio.

SALINAS Y EL CÁRTEL DEL GOLFO. En el sexenio de Carlos Salinas de Gortari, florecieron en Tamaulipas el Cártel del Golfo y su capo Juan García Ábrego. Crecieron al amparo de Guillermo González Calderoni, un elemento de la Policía Federal, quien originalmente fue enviado como comandante a Nuevo León para cuidar los intereses de Juan Nepomuceno Guerra, un contrabandista de licores y de aparatos electrónicos, quien para blanquear sus ilícitos ejercía la filantropía popular en los pueblos cercanos a Cerralvo, y Agualeguas en Nuevo León y la frontera norte de Tamaulipas. Su relación con el poder se daba a través de Raúl Salinas de Gortari, el hermano del entonces presidente. Pronto, González Calderoni convenció a quien tenía que hacerlo de que costaba lo mismo cuidar un tráiler con contrabando que uno con cocaína, pero que los dividendos se multiplicarían por cien. Don Juan N.

Guerra, como se le conocía, fue detenido en 1991 y enviado al Penal del Topo Chico, en Monterrey. Estaba por cumplir 77 años. Su silla de ruedas con la que llegó a prisión era impulsada por el propio comandante González Calderoni, quien acabó encumbrando a un sobrino del contrabandista, a Juan García Ábrego, como el jefe de la naciente organización criminal que con el tiempo sería conocida como el Cártel del Golfo y que desplegaría el contrabando de marihuana y cocaína desde Tamaulipas, Nuevo León y Coahuila hacia Texas y toda la Costa Este de Estados Unidos. Sus mejores días se vivieron en el sexenio salinista.

En febrero de 1995, Raúl Salinas de Gortari fue detenido y enviado a prisión, acusado de planear el asesinato de José Francisco Ruiz Massieu. Once meses después de la detención del «hermano incómodo» —en enero de 1996—, 14 agentes federales detenían en una quinta en las afueras de Monterrey a Juan García Ábrego, quien acabaría extraditado en Estados Unidos, donde todavía purga 11 cadenas perpetuas. Su lugar como jefe del Cártel del Golfo fue ocupado por su sobrino Osiel Cárdenas Guillén, quien buscó blindar a esa organización contratando a decenas de elementos del Ejército Mexicano, integrantes del Grupo Aeromóvil de Fuerzas Especiales (Gafes). Esos jóvenes militares habían sido entrenados en el sexenio de Ernesto Zedillo por especialistas estadounidenses, ingleses y alemanes en tácticas para combatir el crimen organizado. Cuando el entonces presidente se enteró de que los jóvenes Gafes habían sido integrados al crimen organizado, ordenó su disolución. Sin empleo y bien entrenados, fueron contratados como sicarios y mercenarios por el Cártel del Golfo. Con ellos se inició la era de Los Zetas, una organización criminal pulverizada, operada por células, que terminó independizada y como acérrima rival del Cártel del Golfo.

Guillermo González Calderoni, a quien se le endosaría el padrinazgo en la protección del nacimiento y esplendor del Cártel del Golfo en los días de Juan García Ábrego, fue acusado de enriquecimiento ilícito un año antes de concluir el sexenio de Carlos Salinas, y acabó refugiándose como testigo protegido en McAllen,

Texas. En 2001, con el panista Vicente Fox en la presidencia, González Calderoni lanzó una serie de revelaciones temerarias que incluían la denuncia de que Raúl Salinas de Gortari había ordenado el 2 de julio de 1988 —cuatro días antes de las elecciones presidenciales— el asesinato de Francisco Xavier Ovando y Román Gil Heráldez, dos asesores del candidato del Frente Democrático Nacional (FDN), Cuauhtémoc Cárdenas.

González Calderoni también dijo que Raúl Salinas de Gortari le había hecho este encargo a Juan García Ábrego, cuando este era el jefe del Cártel del Golfo, y que incluso Carlos Salinas de Gortari habría planteado el asesinato de Cuauhtémoc Cárdenas, en febrero de 1994, semanas antes de que asesinaran a Luis Donaldo Colosio y cinco meses antes de la elección presidencial en la que el hijo de Tata Lázaro aparecería en la boleta como candidato por el Partido de la Revolución Democrática (PRD). González Calderoni fue asesinado a bordo de su auto Mercedes Benz, cuando circulaba por las calles de McAllen, el 5 de febrero de 2003.

ZEDILLO Y EL CÁRTEL DE COLIMA. El Cártel de Colima, comandado por los hermanos José, Luis y Adán Amezcua Contreras, fue el que floreció en el sexenio de Ernesto Zedillo. Se especializaban en el tráfico de metanfetaminas, es decir, de drogas sintéticas. El escándalo fue todavía mayor, porque se abrió toda una línea de investigación que presuntamente ligaba a ese cártel con la familia política del presidente, desde la primera dama Nilda Patricia Velasco, el suegro del presidente, Fernando Velasco Márquez, y sus cuñados Fernando y Francisco Velasco Núñez.

La acusación directa se dio por la intervención telefónica que durante 1996 y 1997 le practicó el Instituto Nacional para el Combate a las Drogas (INCD) al Cártel de Colima. Las revelaciones incluían presuntas conversaciones entre capos integrantes de esa organización con miembros de la familia política de Zedillo. El escándalo creció cuando el general Jesús Gutiérrez Rebollo fue detenido y encarcelado, acusado de pactar sobornos con Amado Carrillo Fuentes, alias el Señor de los Cielos. En prisión, el militar responsable de la lucha contra las drogas reveló que tenía prue-bas suficientes, incluidas grabaciones, para demostrar la existen-cia de relaciones entre la familia Amezcua Contreras y la familia política de Zedillo. Era un reporte confidencial de la Fiscalía Es-pecializada para la Atención de Delitos contra la Salud de la PGR, que en 43 páginas daba a conocer una intervención telefónica con fecha del 2 de diciembre de 1996, en donde quedaban en evi-dencia los presuntos vínculos de los familiares políticos del pre-sidente con los capos Amezcua. Mientras cumplía su condena de cuarenta años en el penal de Almoloya de Juárez, el general Gutiérrez Rebollo murió de cáncer cerebral en diciembre de 2013 en el Hospital Central Militar.

VICENTE FOX Y LA FUGA DEL CHAPO. Cuando llegó el llama-do «sexenio del cambio», alguien convenció al presidente Vicente Fox de que se habían alineado los astros para rehacer el mapa del narcotráfico en México, y que en lugar de los tres cárteles que operaban hasta entonces —Tijuana, Juárez y el Golfo—, se tenía la oportunidad de concentrar todas las operaciones en uno solo. Quienes le vendieron la idea lo convencieron de que entre los Arellano Félix la mitad estaba muerta y la otra mitad en la cárcel; el Señor de los Cielos murió en el quirófano cuando intentaban cambiarle el rostro; y Juan García Ábrego ya estaba capturado y extraditado en Estados Unidos. Jamás se presentaría una oportu-nidad así para consolidar el mercado de la droga en un solo grupo criminal, no en tres.

Curiosidad o casualidad, la fuga de Joaquín *el Chapo* Guzmán se dio el 19 de enero de 2001, apenas 48 días después de que Fox tomara posesión de Los Pinos. Curiosidad o casualidad, se dio el mismo día en que un subsecretario de Gobernación, Jorge Tello Peón, visitó el penal de Puente Grande, en Jalisco. Para cuan-do terminó la visita del funcionario, el Chapo, quien permanecía cautivo desde que fue capturado en junio de 1993 en la frontera con Guatemala, ya no estaba ahí. Se había escapado de ese cen-tro penitenciario de alta seguridad, dijeron que «en un carrito de la lavandería». Curiosidad o casualidad, el policía que fue enviado para investigar aquella fuga respondía al nombre de Genaro García Luna. Curiosidad o casualidad, jamás se pudo esclarecer esa fuga. Curiosidad o casualidad, Genaro García Luna acabó como director de la Agencia Federal de Investigación (AFI) con el presidente Fox y como secretario de Seguridad Pública con el presidente Calderón. Guzmán Loera vivió en esos dos sexenios panistas sus mejores años. Curiosidad o casualidad, García Luna fue detenido en Estados Unidos acusado de conspiración para la distribución internacional de cocaína, delincuencia organizada y declaraciones falsas en su solicitud de naturalización, librando un juicio que sigue bajo acusaciones de ser parte del Cártel de Sinaloa.

A partir de aquella «fuga» del penal de Puente Grande, el Chapo regresó a su natal Sinaloa, desde donde reconstruyó con su compadre Ismael *el Mayo* Zambada su organización criminal, para escalar la posición del capo más poderoso del planeta, el más buscado por la justicia estadounidense. En los dos sexenios panistas, Guzmán Loera fue intocable. Peor aún, conforme Genaro García Luna fue escalando posiciones en el sexenio de Fox, desde el Centro de investigación y Seguridad Nacional (Cisen) hasta la dirección de la Agencia Federal de Investigación (AFI), estableció un imperio que alcanzó sus días de gloria durante el gobierno de Felipe Calderón. Fue un imperio criminal que le redituó enorme poder y el descomunal patrimonio que hoy tiene que justificar en su juicio ante la corte de Nueva York.

CALDERON Y EL CÁRTEL DE SINALOA. Genaro García Luna sin duda encontró el lado débil de Felipe Calderón. Chantajeó y jugó con el presidente del «Haiga sido como haiga sido», tanto que García Luna fue el único secretario del gabinete calderonista, fuera de los de Defensa y Marina. A pesar de las denuncias que abundaron en su contra por corrupción y protección al crimen organizado, permaneció intocable a lo largo de todo el sexenio. Su poder para manejar la Secretaría de Seguridad Pública le dio el pasaporte para apoyar sin límites el crecimiento del imperio del Chapo, hasta alcanzar alturas insospechadas. Desde las entrañas del gobierno calderonista, García Luna se dedicó a despejarle a Guzmán Loera el camino, en una guerra sangrienta que solo tenía un destino: quitarle de en medio al Cártel de Sinaloa, sus rivales, desde los Beltrán Leyva, pasando por Nacho Coronel, la Barbie y, sobre todo, hasta los grandes jefes del Cártel del Golfo y Los Zetas, como Tony Tormenta.

En el camino y en sendos accidentes aéreos, el presidente Calderón perdió a dos secretarios de Gobernación: a su entrañable amigo Juan Camilo Mouriño y a José Francisco Blake Mora. Siempre se insistió en que ambas tragedias fueron eso, simples accidentes. Pero quienes condujeron las investigaciones saben que la huella de algunos cárteles quedó impresa en, por lo menos, una de esas fatalidades. Tenía que ver con las confrontaciones entre el zar antidrogas del gobierno calderonista, José Luis Santiago Vasconcelos, y el secretario de Seguridad Nacional, Genaro García Luna.

PEÑA NIETO, NUEVA GENERACIÓN. La suerte de Joaquín *el Chapo* Guzmán se eclipsó al cumplirse el primer año de Enrique Peña Nieto. Después de dos sexenios panistas, en los que operaba como un fantasma incapturable, por fin fue detenido el 22 de febrero de 2014. La captura y su reclusión en el penal El Altiplano, en el Estado de México, era endosada a Miguel Ángel Osorio Chong, quien había logrado convencer al presidente de que concentrara en la Secretaría de Gobernación las funciones de la Secretaría de Seguridad Pública, que tan mala imagen proyectó con Genaro García Luna en el sexenio de Felipe Calderón.

Coincidencia o casualidad, a partir de la captura del Chapo, que fue un éxito internacional para el gobierno del presidente Peña Nieto, sobrevino el declive del Cártel de Sinaloa y el ascenso de un nuevo y poderoso grupo criminal: el Cártel Jalisco Nueva Generación (CJNG), fundado por Nemesio Oseguera Cervantes, alias el Mencho. Con su base de operaciones en Jalisco y ampliada a Querétaro, Colima, Guanajuato y Michoacán, aprovechó la muerte de Nacho Coronel, operador y aliado del Cártel de Sinaloa en Jalisco, para asumir todos sus territorios y crear un grupo criminal que, para 2017 —al final del sexenio de Peña Nieto—, ya tenía pactadas alianzas con los debilitados cárteles de Tijuana y Juárez. El poder del Mencho, de la mano de sus operadores financieros Los Cuinis, creció sin límites en el sexenio peñista.

Y mientras el CJNG crecía, el 11 de julio de 2015 se dio la segunda fuga del Chapo. Habían pasado apenas 17 meses desde su captura. Se fugó a través de un túnel que fue excavado bajo el penal de alta seguridad, sin que alguien detectara ninguna acción extraña durante los meses que se tardó en hacer aquel túnel. Pero esa humillante huida no se prolongó por mucho tiempo. Seis meses después, el 8 de enero de 2016, el líder del Cártel de Sinaloa era capturado en un operativo en el que cinco aliados del Chapo perdieron la vida y fueron capturadas seis personas relacionadas con el líder del Cártel de Sinaloa. Un año más tarde, el 19 de enero de 2017, apenas un día antes de la toma de posesión de Donald Trump como presidente de Estados Unidos, el gobierno del presidente Peña Nieto autorizó la extradición de Joaquín Guzmán Loera. La acción fue uno de los elementos clave en el pacto de la transición entre el presidente priista saliente y el presidente morenista entrante. Sin el jefe del Cártel de Sinaloa en territorio mexicano, la familia del Chapo no podría reclamar su libertad. Negociar sería más sencillo tras la extradición con el Mayo Zambada o con los hijos de Guzmán Loera. El hombre que prometió hacer historia jamás imaginó que el destino lo alcanzaría y que las presuntas vinculaciones de sus allegados y de su familia con personajes centrales del crimen organizado acabarían insertadas en el primer párrafo de su biografía bajo el *hashtag* #Narcopresidente.

VICENTE FOX QUESADA
2000–2006

*LO QUE LE
HEREDARON* ⟷ *LO QUE
HEREDÓ*

CRECIMIENTO DEL PIB
PROMEDIO ANUAL, PORCENTAJE

3.36% ✗ 1.95%

PIB PER CÁPITA
PRECIOS CONSTANTES EN DÓLARES DE 2015 AL CIERRE DEL SEXENIO

8 954 ✓ 9 200

DEUDA PÚBLICA
PORCENTAJE DEL PIB AL CIERRE DEL SEXENIO

21.77% ✓ 17.63%

PRODUCCIÓN PETROLERA
PROMEDIO DIARIO, ÚLTIMO AÑO DEL SEXENIO, BARRILES DIARIOS

3 100 000 ✓ 3 340 000

BALANZA FISCAL
PORCENTAJE DEL PIB, AGREGADO DE TODO EL SEXENIO

−0.69% ✓ −0.35%

TIPO DE CAMBIO
PESOS POR DÓLAR EN EL ÚLTIMO DÍA DEL SEXENIO

9.41 ✗ 10.99

INFLACIÓN
PROMEDIO ANUAL, PORCENTAJE

22% ✓ 4.7%

Fuentes: Inegi, Banco Mundial, OCDE, Banxico, SHCP y CNH.

10

CALDERÓN EN LOS PINOS
EL COGOBIERNO DEL PRIAN

Dónde estaba Luis Echeverría: **A LA BAJA.** *Siendo notificado el 30 de noviembre de 2006 del decreto de auto de formal prisión por el delito de genocidio por las matanzas de estudiantes en 1968 y 1971. La prisión domiciliaria se terminó el 26 de marzo de 2009 con un auto de libertad con reservas de ley.*

Dónde estaba Carlos Salinas de Gortari: **AL ALZA.** *Estableciendo con el presidente Felipe Calderón un cogobierno en el que el diputado Manlio Fabio Beltrones, como líder de la Cámara de Diputados, operaba como vicepresidente in pectore. Articulando con Jesús Reyes Heroles y Luis Téllez los acuerdos energéticos que serían el preámbulo a la reforma energética que se pactaría en el sexenio de Enrique Peña Nieto.*

Felipe Calderón nunca fue el candidato de Vicente Fox para sucederlo. Siempre lo vio con desconfianza y con desdén. Incluso lo expulsó del gabinete cuando era secretario de Energía y alguien en Jalisco se atrevió a destaparlo tempranamente como precandidato albiazul a la presidencia.

Fox tenía puestas sus esperanzas sucesorias en Santiago Creel Miranda, su secretario de Gobernación. El tercero en discordia en la elección interna del PAN para elegir en 2005 al candidato presidencial era Alberto Cárdenas, el exgobernador de Jalisco.

Tres semanas antes de la elección interna del partido albiazul, me encontré a Felipe Calderón y a su esposa Margarita Zavala comiendo solos en un restaurante de la capital de México. Yo sostenía una buena amistad con ambos desde los días en que Carlos Castillo Peraza me solicitó, durante las semanas previas a la fundación del diario *Reforma*, en la capital de México, que incluyéramos a Calderón en la lista de los panistas que colaborarían en la página editorial. Había espacios para todos los partidos. Los dos panistas que entonces ya tenían su sitio en las páginas de opinión eran Carlos Medina Plascencia y el propio Castillo Peraza. A lo largo de los primeros siete años como director editorial de ese diario, la amistad con los Calderón-Zavala se fue afianzando. Nos reuníamos con frecuencia, hablábamos directo y con confianza. Por eso me sorprendió que, a tan poco tiempo de que fuera a darse aquella elección interna para elegir al candidato presidencial albiazul 2006, la pareja departiera sola en la comida, cuando esos eran los días para aglutinar en torno a aquella mesa a decenas de simpatizantes para invitarlos a apoyar su causa. En ese entonces yo estaba al margen de los medios y me concentraba en dirigir un centro de análisis político bajo el nombre de Reporte Índigo, un *think tank* que proveía información estratégica a cincuenta de los principales hombres de empresas de Monterrey, la capital de México, Guadalajara, Yucatán y Hermosillo.

«¿Qué están haciendo aquí comiendo solos? Yo me los imaginaba en asambleas de proselitismo, convenciendo a los panistas de que acá está la mejor opción», les dije a los Calderón-Zavala. Felipe fue el primero en responder: «Para qué, si ya tu amigo Fox decidió que el candidato va a ser Santiago Creel. Ya le fabricaron la cargada. Además, no tenemos los recursos para operar los días previos a la elección interna». Yo les respondí: «Aunque el presidente le dé su apoyo, Creel trae muchos esqueletos en el clóset, comenzando por los permisos de casas de juego que por cientos les otorgó a grupos y personajes que se comprometieron a apoyarlo para ser el próximo presidente. Y eso se sabe. ¿Cuánto dinero les falta para operar en los días cercanos a la elección interna?», cuestioné. «Como unos cinco millones de pesos», respondió Calderón. «Esa cantidad se puede conseguir con algunos prominentes empresarios de Monterrey. Por qué no van para allá, yo les consigo las citas», les dije. Felipe y Margarita me respondieron que casualmente ese fin de semana tenían una boda en aquella ciudad y que podían verse con algunos de los capitanes de empresa para solicitar su apoyo. Y así se hizo.

Volamos juntos el viernes por la mañana a Monterrey y bastó un puñado de reuniones en los corporativos de algunos personajes ligados al llamado «Grupo de los Diez» para que Calderón *levantara* los cinco millones de pesos con los que se operaría el día de la elección interna. Después de aquella boda en Monterrey, Felipe y Margarita regresarían a la capital de México con los medios suficientes para dar la batalla final.

Llegó el domingo de la elección interna en la que Calderón derrotó a Creel, al favorito del presidente Fox. A las diez de la noche, recibí una llamada del flamante candidato del PAN a la presidencia. «Tenías razón, ganamos. ¿Crees que podamos reunirnos con Alfonso Romo para intercambiar algunos puntos de vista?». En ese entonces, Romo y Dante Delgado, dirigente nacional del partido Convergencia, habían gestado con enorme éxito el movimiento político Opción Ciudadana, que buscaba aglutinar a cientos de líderes políticos, empresariales, sociales y mediáticos, desencantados con el rumbo de los partidos tradicionales y preocupados por el acecho de la candidatura que desde la izquierda desplegaba Andrés Manuel López Obrador. Con Opción Ciudadana se buscaba crear un «partido bisagra», con el partido Convergencia como plataforma, para encauzar el voto del desencanto. Después de todo, ya se había vivido una experiencia similar en la elección de Vicente Fox, cuando un partido con el 8% de las preferencias —el Partido Verde— fue el que finalmente acabó por inclinar la victoria a favor del candidato panista.

Contacté a Romo y me pidió que, debido a cuestiones de logística relacionadas con los vuelos entre Monterrey y la capital de México, la reunión se diera a las diez de la mañana. Y así se pactó. Calderón aprovecharía sus primeras horas del lunes como candidato para desayunar con Elba Esther Gordillo, la entonces líder del sindicato de maestros.

A las diez de la mañana en punto, Felipe Calderón y Juan Camilo Mouriño se reunieron en el despacho de Alfonso Romo. Ambos estaban eufóricos tras la victoria de la noche anterior. «Vengo a pedirles un favor», le dijo Calderón a Romo. «Quiero que desaparezcan Opción Ciudadana, porque sentimos que nos va a competir por los mismos votantes y eso no es bueno». Romo volteó a verme y le dijo a Calderón que escuchara la explicación que yo le daría sobre cómo estaban en ese momento las preferencias electorales y el área de oportunidad que había para capturar, con Opción Ciudadana, a los indecisos. Apenas empezaba a dar algunos detalles, cuando el ya candidato del PAN a la presidencia interrumpió la explicación y, golpeando con fuerza la mesa, dijo: «¡Con un carajo, no me están entendiendo que les estoy ordenando que desaparezcan Opción Ciudadana!». Romo estaba a punto de pararse y abandonar el recinto. Entonces, le dije a Juan Camilo Mouriño que dejáramos solos al candidato y al empresario para que dialogaran. Mouriño y yo nos fuimos a una sala de juntas contigua a la oficina de Romo, en donde le dije: «Oye, Juan Camilo, si así se comporta en las primeras horas como candidato, no quiero imaginar cómo será si gana la presidencia. Lo veo muy prepotente». Mouriño me dio la razón. A los pocos minutos volvimos a la oficina donde estaban Calderón y Romo. La tensión era evidente. Calderón y Mouriño se despidieron mediando escasas palabras. Al mal sabor de boca del encuentro le acompañó un sentimiento de desencanto. Aquella elección de Calderón como candidato quizá no había sido la correcta.

Opción Ciudadana continuó y el candidato Calderón trastocó la relación tanto con Romo como conmigo. Por meses no cruzamos palabra alguna con el panista. Hasta que un informe distribuido por Reporte Índigo a los principales empresarios mexicanos daba cuenta de que la candidatura de Calderón no prosperaba, que estaba estancada a pesar de que en enero de 2006 le habían invertido 200 millones de pesos en *spots*. Si querían subir los números tenían que invertir más. Pero primero tenían que resolver la bicefalia que se tenía en el comité de campaña en donde existían *de facto* dos coordinadores: Juan Camilo Mouriño y Josefina Vázquez Mota. Uno de los empresarios que recibía aquel reporte político era Lorenzo Servitje, quien me llamó para preguntarme si era cierto lo que se reportaba. Mi respuesta fue que consultara con sus dos contactos en la campaña, con Josefina Vázquez Mota y con Gerardo Ruiz Mateos. El presidente de Grupo Bimbo lo hizo y confirmó lo reportado. «Pues díganle a Felipe que mientras no arregle lo del comité de campaña no habrá más dinero».

A los pocos días recibí la llamada de Vázquez Mota invitándome a desayunar al Club de Industriales, en Polanco. Cuando llegué, ahí estaba también Javier Lozano. Josefina me dijo que venía con un mensaje del candidato Calderón. «Ya no envíes esos reportes tan negativos a los empresarios porque nos están perjudicando. El candidato invoca tu amistad para que nos ayudes», me pidió Vázquez Mota. Le dije que mi trabajo era reportar lo que en verdad sucedía y que mis análisis no estaban al servicio de Calderón. De pronto sonó el BlackBerry de Josefina y era evidente que del otro lado de la línea estaba Calderón. «El candidato quiere hablar contigo». Se rompían meses de silencio y Felipe me pedía que lo ayudara, que no le *volteara* con mis reportes a los empresarios, a quienes necesitaba para financiar su campaña. Le repetí que mi pluma no estaba a su servicio, sino al de quienes confiaban en mis análisis para tomar sus decisiones. Pasó entonces a hacerme una oferta que sin duda pensó que no podría resistir. «A ver, Ramón Alberto, ven y súmate a mi comité de campaña. Estamos por anunciar este viernes el ingreso de Jesús Reyes Heroles y de Luis Téllez. Me gustaría que tu nombre también apareciera entre los nuevos estrategas de la campaña». Le di un rotundo no. En primer lugar, porque mi vocación era la de periodista y analista;

y, en segundo lugar, porque estaba claro que se anunciaría el fichaje de dos prominentes priistas ligados al salinismo y a las empresas vinculadas a los energéticos. La gestación del Prian se asomaba desde la campaña. Me volví a exculpar de no poder aceptar su propuesta. «Bueno, te voy a pedir un último favor y espero que este sí me lo cumplas», me dijo el candidato. «Quiero que hables con Juan Camilo y me ayudes a convencerlo de que le deje la coordinación de la campaña a Josefina. Que a él no le conviene estar al frente porque se puede desgastar y lo necesito sin conflictos en el gabinete para las tareas que le voy a encomendar». Después de las dos primeras negativas, le acepté esa petición. Me reuní dos días después con Mouriño en el Hotel W, de Polanco, y le hice ver las razones de su amigo el candidato para que le dejara el camino libre a Josefina. Sus responsabilidades futuras de gobierno le exigirían estar intacto para operar y negociar. Lo entendió, llamamos al candidato y se dieron los ajustes. A lo largo de la campaña, vería a Calderón en tres ocasiones, solo para intercambiar puntos de vista sobre cómo se veía el panorama de cara al día de la elección.

Mientras tanto, en el PRI, la disputa abierta entre el candidato Roberto Madrazo y Elba Esther Gordillo alcanzaba el punto de ruptura. El tabasqueño traicionó el acuerdo con la Maestra de que, si él se instalaba como líder de la bancada del PRI en la Cámara de Diputados, ella sería la nueva dirigente nacional del partido tricolor. La falta de confianza en Madrazo obligó a dejar al tabasqueño a la orilla del camino, sin apoyos. Y la Maestra, de la mano del expresidente Carlos Salinas de Gortari, gestaba el movimiento opositor al candidato priista que fue bautizado como Tucom (Todos Unidos Contra Madrazo). Y fue en Sonora, en la tierra del gobernador Eduardo Bours Castelo, donde se dio un cónclave de mandatarios estatales y líderes tricolores convocados con la finalidad de operar en favor de la candidatura panista de Felipe Calderón. Ahí se dieron cita Natividad González Parás, Enrique Jackson, Tomás Yarrington Ruvalcaba, Enrique Martínez y Martínez, Manuel Ángel Núñez, Francisco Labastida y Arturo Montiel.

El acuerdo entre panistas y priistas era simple. Ante la amenaza de que Andrés Manuel López Obrador, el llamado «peligro para México», aventajara en la elección presidencial, el PRI de Salinas y Gordillo estaba dispuesto a apoyar al panista Felipe Calderón a cambio de que seis años más tarde, en la elección presidencial de 2012, los panistas apoyaran incondicionalmente la candidatura de quien resultara el abanderado del PRI. Los priistas ayudaban al PAN a retener en 2006 la presidencia a cambio de que los albiazules les devolvieran en 2012 las llaves de Los Pinos.

Felipe Calderón se alzó con una muy controvertida victoria en la que aventajó a Andrés Manuel López Obrador por solo 243 934 votos, que significaba un 0.56% de ventaja en el conteo final. El presidente electo acuñó una muy desafortunada frase, pronunciada en un programa de radio, justificando la victoria con un «Haiga sido como haiga sido», colocando sobre la mesa el debate de su legitimación. El priista Roberto Madrazo quedó relegado a un vergonzoso tercer lugar, con solo 9.3 millones de votos, apenas el 22.26% del total. El pacto que gestó la alianza del Prian cumplió con su acometida.

A partir de junio de 2006, Reporte Índigo, el *think tank* empresarial, se transformó en un medio de comunicación, el primero de la nueva generación de medios digitales que comenzó a destacarse por sus reportajes de investigación. Uno de los primeros, el de los negocios sucios en Pemex de Juan Camilo Mouriño, el flamante jefe de asesores del presidente Calderón, que exhibía con detalle las relaciones de negocios entre la paraestatal del petróleo y la familia de quien entonces era identificado como el mejor amigo del presidente Calderón. Y al igual que sucedió en la campaña, las puertas de Los Pinos fueron cerradas a partir de ese momento para Reporte Índigo, sobre todo cuando avanzamos en las primicias para denunciar el *modus operandi* y el enriquecimiento ilícito de Genaro García Luna, el poderoso secretario de Seguridad Pública que emprendió la guerra calderonista para limpiarle al Cártel de Sinaloa el territorio nacional de sus competidores del Golfo, Los Zetas y los Beltrán Leyva, en una sangrienta cruzada que dejó entonces 60 000 muertos. Fue el de Calderón el único de los nueve sexenios que he vivido como periodista en el que ni interactué con el presidente ni pisé Los Pinos o Palacio Nacional.

Vendrían más tarde los amplios reportajes sobre las corruptelas y las complicidades de Genaro García Luna, el secretario de Seguridad Pública, el favorito de Los Pinos, el hombre que acabó por encumbrar con su protección al Cártel de Sinaloa y a Joaquín *el Chapo* Guzmán. En Reporte Índigo publicamos decenas de reportajes de investigación hechos por Anabel Hernández primero y por Peniley Ramírez después, en los que informamos —cuando todos callaban— sobre las relaciones peligrosas del gobierno calderonista con el cártel del Chapo, del enriquecimiento inexplicable de García Luna y de su familia, de las propiedades y restaurantes, tanto en Morelos como en Miami. Calderón siempre asumió esas investigaciones, perfectamente documentadas, como ataques personales. Tanto que, ya siendo expresidente, coincidiendo en el restaurante Palm, el exmandatario se me acercó para preguntarme a gritos: «¿¡Ya acabaste de chingarme, Ramón Alberto!?». Éramos su obsesión mediática.

Del sexenio de Calderón solo puede decirse que fue el gran desperdicio; con ingresos extraordinarios por los precios del petróleo. El gobierno panista no tuvo la inteligencia para invertir los excedentes y los destinó a cubrir el gasto corriente y la crisis financiera de 2009. Basta decir que el precio promedio del barril de crudo en el sexenio calderonista fue de 92.56 dólares, casi el doble de los 48.50 dólares del barril de Fox o el triple del precio del barril en los sexenios de Zedillo (26.43) y Salinas (28.39). Para dar una idea del dispendio, solo por ingresos totales el gobierno de Calderón acumuló 545 496 millones de dólares, comparables con los 190 986 de Salinas, los 168 687 de Zedillo y los 347 795 millones de dólares de Fox. Entre los sexenios de Fox y Calderón mediaron 200 000 millones de dólares de ingresos extras por crudo. Es decir, 33 000 millones de dólares extras por cada año o 2 777 millones de dólares extras por mes. ¿A dónde se fue ese excedente?

En lo político fue claro el ascendente del naciente Prian. Desde la Cámara de Diputados se instaló una vicepresidencia *in pectore* en la figura de Manlio Fabio Beltrones. Y así como Elba Esther Gordillo fue el cogobierno de Vicente Fox —o mejor dicho de Marta Fox—, el político sonorense fue el factor clave para garantizar ese cogobierno, el primero ya formalmente prianista, que garantizara que se cumpliera en 2012 el pacto de 2006. Y en el PAN, Calderón dio al traste con la democracia por la que tanto luchó su padre, don Luis Calderón, cuando desde Los Pinos impuso en la presidencia nacional albiazul primero a Germán Martínez y luego a César Nava.

Pero sin duda alguna, la gran traición a México de Felipe Calderón —y de Vicente Fox— fue la de darle una puñalada por la espalda a Josefina Vázquez Mota, la candidata presidencial del PAN, a quien le designaron a Roberto Gil Zuarth como su jefe de campaña, solo para que este acabara vendiendo esa candidatura en aras de fortalecer la del priista Enrique Peña Nieto. Y ambos, Calderón y Fox, acabaron declarando públicamente su respaldo por el candidato mexiquense. Los dos cumplieron como caballeros su traicionera palabra. Ambos pasaron a la historia por la gran decepción azul.

10.1

MARTÍN HUERTA, MOURIÑO Y BLAKE
MENSAJES DE LOS CAPOS

¿Cuál es la probabilidad de que un secretario de Seguridad Pública y cuatro de sus principales hombres mueran en un accidente aéreo? ¿Cuál es la probabilidad de que tres años después un secretario de Gobernación, el segundo en comando dentro del Gobierno, muera junto con el zar antidrogas en un accidente aéreo? ¿Cuál es la probabilidad de que tres años después, en otro accidente aéreo, muera el nuevo secretario de Gobernación en el mismo sexenio? ¿Cuál es la probabilidad de que en un plazo de seis años —entre 2005 y 2011— mueran trágicamente, en tres distintos accidentes aéreos, cuatro funcionarios del más alto nivel de dos gobiernos panistas, responsables todos de hacerle frente al crimen organizado en México? ¿Cuál es la probabilidad de que en estos trágicos accidentes mueran los dos mejores amigos de los dos presidentes panistas que gobernaron aquellos sexenios en los que floreció el Cártel de Sinaloa?

La respuesta es que esas probabilidades son demasiado escasas. Pero esos accidentes y esas muertes ocurrieron a pesar de las bajas probabilidades. Analizados en perspectiva, está claro que, contra lo que el discurso oficial diga, en esos tres fatales accidentes aéreos, que les costaron la vida a los tres hombres de la mayor confianza de los presidentes en turno, podrían estar las huellas del crimen organizado. Y a los hechos nos remitimos.

ACCIDENTE NO, EXPLOSIVO SÍ. La primera alarma sonó el 21 de septiembre de 2005, en el quinto año de gobierno de Vicente Fox, cuando en Xonacatlán, Estado de México, se desplomó el helicóptero Bell 412-EP, matrícula XC-PFI, en el que viajaban Ramón Martín Huerta, el secretario de Seguridad Pública Federal, junto con Tomás Valencia, comisionado de la Policía Federal Preventiva, y José Antonio Bernal, visitador de la Comisión Nacional de Derechos Humanos, además de personal militar que pilotaba la aeronave. Un total de nueve personas se dirigían al penal de máxima seguridad de La Palma, en Almoloya, hasta donde acudían a abanderar a los nuevos custodios de ese centro penitenciario. Despegando del Campo Marte, jamás llegaron a su destino.

El parte oficial que da fe del «accidente» reporta que el helicóptero se estrelló en un paraje montañoso conocido como La Caldera, cerca de San Miguel Mimiapan. La causa de la tragedia habría sido una mala maniobra del piloto, ante la presencia de un banco de niebla que lo obligó a bajar su altitud, lo que ocasionó que perdiera contacto visual y terminara impactándose en el bosque. Esa fue la conclusión oficial. Pero si todo fuera tan sencillo y transparente no sería necesario que el gobierno de Vicente Fox clasificara esa información como reservada. ¿Qué se ocultaba?

Durante los días de las investigaciones del accidente, intercambiamos información con algunos peritos que acudieron al lugar de los hechos. Para ellos se trató de un sabotaje que se confirma al analizar un enorme orificio que tenía el *tail boom* del helicóptero desplomado. En los bordes de esa horadación, se veía claramente que el estallido ocurrió de adentro hacia afuera, ya que se percibían bordes color amarillo y naranja, que presumían ser vestigios de un explosivo plástico. Los mismos peritos advirtieron entonces que, si la muerte de sus nueve ocupantes hubiese sido por un accidente, los cuerpos más afectados por el impacto habrían sido los que iban al frente del helicóptero, jamás los de atrás. Pero no fue así. Curiosamente los cuerpos de los pasajeros que iban en la parte posterior de la aeronave —pegados al *tail boom*— fueron los que se desmembraron y algunas de sus extremidades fueron rescatadas de entre los matorrales por las fauces de unos perros. Abundaron entonces esas dramáticas fotografías. De confirmarse, cuando se desclasifiquen los peritajes originales, ese hecho certificaría que el desplome obedeció al estallido de un artefacto plástico que alguien instaló en la parte trasera del helicóptero. ¿Sabotaje?

Aquellos investigadores nos compartieron entonces su teoría del «accidente», porque se cometió una serie de violaciones a los protocolos de seguridad. El primer error de Ramón Martín Huerta fue el de anunciar con tanta anticipación que irían a visitar el penal de La Palma. Y el segundo error fue viajar con sus altos mandos en la misma aeronave, cuando los protocolos advertían que debieron hacerlo por separado. Alguien habría «olfateado», en esa visita de altos funcionarios a La Palma, una oportunidad y habría preparado un operativo para liberar a algunos de los jefes del crimen organizado que purgaban largas sentencias en Almoloya.

Esa tesis advierte que, una vez despegado el helicóptero, se habría anunciado que los funcionarios permanecerían «secuestrados» durante el vuelo y que solo descenderían en su destino si los capos identificados en una lista eran llevados al exterior del penal. La intención era que esos jefes del crimen organizado fueran canjeados por la libertad del secretario de Seguridad Nacional y sus acompañantes. El plan era que los capos abandonaran

La Palma en el mismo helicóptero en el que llegarían Ramón Martín Huerta y sus colaboradores.

Pero el operativo se habría frustrado cuando el gobierno del presidente Vicente Fox rechazó cualquier negociación y con ello frustró el canje. «Si pactamos ahora, les enseñaremos el camino», habría dicho uno de los asesores presidenciales que participó en la decisión. Entonces, el dispositivo plástico colocado en el *tail boom* del helicóptero fue detonado, lo que desencadenó la tragedia. En los momentos del accidente, y de acuerdo con los reportes de la Aeronáutica Civil de la zona, la única otra aeronave que sobrevolaba el lugar era el helicóptero en el que viajaba Wilfrido Robledo, titular de la Agencia Estatal de Seguridad del Estado de México, durante el sexenio del priista Enrique Peña Nieto como gobernador de la entidad.

LA TRAMPA EN SAN LUIS POTOSÍ. Para el Cártel de Sinaloa, la cabeza de José Luis Santiago Vasconcelos tenía un precio de cinco millones de dólares. Para los capos no solo de Sinaloa, sino de otros poderosos cárteles, la recompensa bien lo valía. Durante el gobierno del presidente Felipe Calderón, el zar antidrogas —quien ya venía de operar en la PGR desde el sexenio de Vicente Fox— no solo tenía fama de incorruptible, sino de favorecer la extradición a Estados Unidos de los capos capturados, como fue el caso de Osiel Cárdenas Guillén, el último gran jefe del Cártel del Golfo.

La más sólida confirmación de esa confrontación entre la poderosa organización criminal y el hombre responsable de perseguir desde el Gobierno a la delincuencia organizada, a través de la Subprocuraduría Especializada en Investigación de Delincuencia Organizada (Siedo), no es una simple teoría. Fue revelada por Jesús *el Rey* Zambada durante el juicio de noviembre de 2018 en la Corte Federal de Brooklyn, en Nueva York.

El hermano de Ismael *el Mayo* Zambada —operadores con el Chapo Guzmán del Cártel de Sinaloa— declaró bajo juramento que esa organización criminal tenía el objetivo de asesinar a José Luis Santiago Vasconcelos. Decían que ese alto mando de la Procuraduría General de la República era «un policía al que todo el mundo le tenía respeto y miedo porque no agarraba dinero [...] de parte del narcotráfico». Algo debía saber el *Rey* Zambada, quien casualmente había sido detenido unos días antes de que se desplomara el avión en el que viajaban Juan Camilo Mouriño y José Luis Santiago Vasconcelos.

En su testimonial ante la corte estadounidense, el Rey Zambada dijo que buscó la forma de salirse de la operación para asesinar al funcionario calderonista, aunque la maquinaria de muerte ya corría aceitada con la contratación de tres sicarios, que fueron detenidos en 2008 en la capital de México. Ellos confesaron todo. «Esta gente iba a matar a Vasconcelos [...] y uno de ellos ya está hablando», le reveló un agente policiaco al miembro del Cártel de Sinaloa.

Curiosamente, en ese mismo año, el 4 de noviembre de 2008, cuando José Luis Santiago Vasconcelos acompañó al secretario de Gobernación, Juan Camilo Mouriño, a un viaje a San Luis Potosí, volaron en un Learjet 45 que, al regreso de aquella visita, se desplomó en Paseo de la Reforma y Ferrocarril de Cuernavaca, entre Polanco y las Lomas de Chapultepec, en plena capital de México, dejando una estela de 16 muertos, incluidos los nueve pasajeros y tripulantes del avión. Los dos funcionarios clave del gobierno calderonista perdieron la vida.

Una y otra vez se insistió, a través de Luis Téllez, el secretario de Comunicaciones y Transportes, que se trató de un accidente. Que los dos pilotos asignados no contaban con la pericia suficiente para pilotar el Learjet 45. Se atribuyó el descontrol del avión a una estela de turbulencia generada por un Boeing 747 de Mexicana de Aviación, que también aterrizaba en esos momentos. Los pilotos del Learjet 45 no habrían guardado la distancia pertinente. Incluso se corrió el rumor de que Mouriño copilotaba la aeronave y que alguna maniobra no se operó correctamente, lo que ocasionó la tragedia.

En ese entonces, yo era director de Reporte Índigo, el primer sitio digital creado en México poco antes de iniciarse el sexenio de Felipe Calderón. Días después del accidente, hablé con dos personajes que me dieron otra visión de lo sucedido sobre aquel viaje a San Luis Potosí. El primero fue un militar de muy alto rango, quien dijo conocer algunos detalles no revelados públicamente del verdadero motivo de ese viaje. El segundo fue un hombre a quien, por juramento personal, mantendré en el anonimato. Él acudió hasta mis oficinas para darme su testimonio y los pormenores de lo que su pareja testificó con lo que sucedió con el Learjet 45, una vez que aterrizó en el aeropuerto de San Luis Potosí.

De acuerdo con el militar, el viaje de Mouriño y Santiago Vasconcelos tenía el propósito de sostener una reunión con Guzmán Loera para ponerles fin a las confrontaciones entre el Cártel de Sinaloa y el titular de la Siedo. Después de la captura de tres sicarios, a los que buscó liberar sin éxito Nacho Coronel, uno de los operadores cercanos al Chapo, se conocieron los detalles de los planes para atentar contra Santiago Vasconcelos. Lo que se buscaba con el viaje a San Luis Potosí era un acuerdo que pusiera fin al conflicto. Por eso ambos se trasladaron hasta ese sitio neutral, a fin de saldar los «malentendidos» y, sobre todo, negociar la no extradición de Jesús *el Rey* Zambada, quien apenas unos días antes había sido capturado.

La otra parte de la historia tiene que ver con el Learjet 45. De acuerdo con el hombre que me confió esos detalles —y cuya pareja trabajaba en el aeropuerto de San Luis Potosí—, algunos de los controladores y personal de tierra pudieron percatarse de extrañas maniobras que se dieron antes de que el avión tocara tierra y que para ellos fueron inexplicables. Una vez que Mouriño y Santiago Vasconcelos descendieron de la aeronave y fueron a su reunión, el Learjet 45 no se quedó en la plataforma, como suele suceder cuando horas más tarde será utilizado para el regreso. La aeronave fue desplazada hacia uno de los hangares, cuyo portón fue cerrado al momento por algunos de los empleados que veían las maniobras con curiosidad. Eso lo testificaron empleados que laboraban en la torre de control y en otras áreas del aeropuerto. Ellos observaron cómo ingresaban cuatro hombres vestidos con overoles anaranjados después de que se cerrara ese hangar.

Coincidencia o complicidad, las autoridades aeroportuarias convocaron en ese momento a todos los empleados a una reunión a puerta cerrada en donde discutieron los detalles de lo que sería la posada navideña de los empleados de Aeropuertos y Servicios Auxiliares (ASA) y los de Servicios a la Navegación en el Espacio Aéreo Mexicano (Seneam). A muchos les pareció sospechosa esa reunión, por ser tan anticipada —el 4 de noviembre— y por convocarla en las horas en que más actividad se desplegaba. Para cuando esa reunión «navideña» concluyó —comentó el hombre que me confió los detalles— el Learjet 45 ya había salido del hangar y volvía a ser colocado en la plataforma, como si nada hubiera sucedido. Lo demás es historia.

En las referencias de la investigación también se incluyó el hecho de que ese tipo de aeronave tenía un «llamado de fábrica» a revisión por el posible defecto de un perno en el estabilizador horizontal. En el caso del Learjet 45 en el que viajaba Mouriño, esa pieza le había sido cambiada en tres ocasiones. El último repuesto fue una pieza reconstruida. Gilberto López Meyer, responsable del comité investigador del accidente, dijo que el cambio de piezas y la posibilidad de usar elementos reconstruidos era una práctica ordinaria. Por ello la Secretaría de Comunicaciones y Transportes (SCT) concluyó en su peritaje que «no se encontró evidencia alguna de una posible falla mecánica o de problemas atribuibles a un mantenimiento deficiente o a un diseño equivocado de la aeronave».

Pero a pesar de la insistencia en el «accidente», los testimonios de los transeúntes que estaban cerca del lugar de la tragedia advirtieron que el Learjet 45 se estaba incendiando aún antes de estrellarse. «De repente vimos cómo una bola de fuego cayó del cielo destrozando todo lo que estaba en la calle», según el testimonio del empresario Sergio Lebrija. Incluso algunos de esos testigos hablaron de una «onda expansiva» que sintieron antes del momento del impacto y algunos más vieron una explosión en forma de hongo. El cuerpo de Santiago Vasconcelos quedó tendido en una sala de juntas del segundo piso de un edificio ubicado en Montes Urales y Monte Pelvoux. ¿Qué lo expulsó hasta allá?

Por eso la insistencia sobre la pregunta ¿qué sucedió en el hangar de San Luis Potosí con el Learjet 45 y los cuatro mecánicos de overol naranja que dieron mantenimiento a puerta cerrada, apenas unas horas antes de que se diera el fatal accidente? El expediente del caso Mouriño, al igual que el de Ramón Martín Huerta, fue reservado por las autoridades. Dos años después del peritaje que dictaminó el accidente, Gilberto López Meyer ya operaba como director de ASA.

TRAGEDIA CON SABOR A LIMÓN. Tres años después de la tragedia en la que perdió la vida el secretario de Gobernación, Juan Camilo Mouriño, ocurrió un nuevo accidente aéreo, este en un helicóptero, en el que falleció otro secretario de Gobernación, José Francisco Blake Mora. Si con Mouriño el desplome del Lear 45 se dio a unos días de que se anunció la captura de Jesús *el Rey* Zambada, hermano y operador del *Mayo* Zambada, el desplome del Súper Puma TPH06 ocurrió un día después de que se dio a conocer la detención de Ovidio Limón, un operador clave en la cúpula del Cártel de Sinaloa. Se dice que Ovidio Limón era sobrino del Chapo. Su nombre venía de su abuelo materno, Ovidio Loera. Es el mismo nombre que el Chapo le impondría a su hijo Ovidio, quien fuera capturado y liberado por orden presidencial en octubre de 2019, durante el llamado «Culiacanazo».

La periodista Anabel Hernández, quien a lo largo del sexenio calderonista publicó, en Reporte Índigo y en algunos libros de su autoría, las más amplias investigaciones sobre los cárteles del narcotráfico, en especial de Joaquín *el Chapo* Guzmán, exhibió documentos de la inteligencia estadounidense en los que la Procuraduría de Justicia de Estados Unidos afirmaba que un poderoso capo de Chicago, de nombre Margarito Flores, testificó que, a finales de octubre, apenas unos días antes de la tragedia en la que fallecieron Mouriño y Santiago Vasconcelos, habría participado en un cónclave en lo alto de una montaña en México. El capo Flores testificó que, en ese encuentro, Joaquín *el Chapo* Guzmán, Ismael *el Mayo* Zambada y su hijo Vicente Zambada Niebla, la cúpula del Cártel de Sinaloa, hablaron sobre la urgencia de adquirir armamento de alto poder para orquestar un atentado en la capital de México como represalia por la detención del Rey Zambada. Y le pidieron a Margarito Flores que les consiguiera entre veinte y treinta lanzacohetes RPG, armamento sencillo de operar y que, activado desde el hombro de quien lo maneja, puede derribar un avión o destruir un edificio. Las declaraciones del capo de Chicago decían que iban por un edificio del Gobierno, o de Estados Unidos, en la capital de México, o quizá sobre las instalaciones de un medio de comunicación.

En ambos casos, en el desplome del Learjet 45 o en el del Súper Puma TAPH06, los testimonios recogidos en los peritajes señalan estallidos y aeronaves en llamas antes de caer a tierra. En el caso de Mouriño, las crónicas de distintos medios coincidieron en que el avión ya estaba en llamas al momento de estrellarse, lo que eliminaría la falla de los pilotos o la turbulencia, para dar paso a la posibilidad de una falla mecánica o a un sabotaje. Y sobre el helicóptero en el que viajaban Blake Mora y siete personas más, existe el testimonio de Humberto Ramírez, un reportero ejidal que, entrevistado por *El Universal*, afirmó que «se oyó un tronido» antes de que el helicóptero se desplomara en tierra.

10.2

GENARO GARCÍA LUNA
EL DUEÑO DE CALDERÓN

Genaro García Luna pidió una cita con el presidente electo Vicente Fox. Quien fuera, hasta finales del sexenio de Zedillo, el coordinador de Inteligencia para la Prevención de la Policía Federal Preventiva (PFP) buscaba entregarle al futuro inquilino de Los Pinos un paquete muy especial. La cita se dio en los cuarteles de la campaña foxista, en el Hotel Fiesta Americana de la avenida Reforma, en la capital de México.

Cuando García Luna entró al *penthouse* de aquel hotel, no solo lo esperaba Vicente Fox, sino su vocera Marta Sahagún. Todavía no era su esposa, solo su vocera oficial. Ahí les dijo que, como jefe de los servicios de inteligencia, él —García Luna— solo había cumplido durante la campaña con una encomienda que le dio el presidente Zedillo en el Gobierno federal: la de monitorear el quehacer de los candidatos presidenciales en la elección de 2000. Le siguió los pasos a Francisco Labastida, del PRI; a Cuauhtémoc

Cárdenas, del PRD; y a Vicente Fox, del PAN. Y lo cumplió a cabalidad, aunque con algunos matices. García Luna se guardó las investigaciones más delicadas, las más comprometedoras de cada uno de los candidatos con la maquiavélica intención de que, una vez electo el nuevo presidente, acudiría con él para canjear esas delicadas piezas de información por alguna posición de privilegio en el nuevo gobierno.

Y así sucedió con el presidente electo Vicente Fox, quien después de ver con Marta Sahagún el comprometedor material, acabaron por agradecerle y reconocer en García Luna a «un hombre leal». Y tal como lo esperaba el entonces jefe de la inteligencia de la PFP, le preguntaron si algo podrían hacer para recompensar esa «lealtad». García Luna les dijo que tenía un sueño: crear una nueva policía, un «FBI mexicano» que, bajo el nombre de Agencia Federal de Investigación (AFI), fuera la instancia responsable de los asuntos de seguridad más serios de la nación. Vicente Fox y Marta Sahagún le cumplieron su sueño, previa transición de unos meses en los que García Luna ocupó la dirección de Planeación y Operación de la Policía Judicial Federal. Fue el 1.º de septiembre de 2001, en el marco de su primer informe, cuando el presidente Fox anunció la creación de la Agencia Federal de Investigación (AFI), un «FBI mexicano» creado para combatir de manera preventiva la criminalidad, el narcotráfico y los secuestros. La agencia pasó con más penas que glorias. Pero García Luna no se quedaría cruzado de brazos. Durante los días de la campaña presidencial de 2006, el ya entonces superpolicía replicó sus prácticas de chantaje con Felipe Calderón, electo en unos cuestionados comicios que acabaron instalándolo, «Haiga sido como haiga sido», en la silla presidencial.

Calderón, el presidente electo en ese entonces, estaba preocupado por la seguridad nacional, la cual se deterioraba aceleradamente. Así que solicitó una reunión con sus dos empresarios de mayor confianza, Lorenzo Zambrano y Carlos Slim. A ambos les pidió que lo apoyaran proponiéndole el mejor perfil para la Secretaría de Seguridad Pública, que en el sexenio foxista dirigió

Ramón Martín Huerta, el mejor amigo de Vicente Fox, que fallecería trágica y misteriosamente en el accidente del helicóptero en el que viajaba rumbo al penal de La Palma.

Zambrano y Slim acordaron proponer a Jorge Tello Peón, uno de los «hijos» de Jorge Carrillo Olea, quien laboraba como jefe de seguridad de Cemex, después de que dejó la subsecretaría de Gobernación en medio de los cuestionamientos que despertó la fuga de Joaquín *el Chapo* Guzmán a cuarenta días de que Vicente Fox asumiera la presidencia. Una fuga que se dio precisamente el día en que Tello Peón visitó el penal de Puente Grande. Una fuga cuya investigación le fue encomendada a un policía de nombre Genaro García Luna. Una fuga con un penetrante olor a componendas y complicidades, y que fue el detonador para hacer del Cártel de Sinaloa el más poderoso del mundo.

La propuesta de que fuera Tello Peón el nuevo secretario de Seguridad Pública fue aceptada por Calderón, pero el elegido se exculpó semanas antes de su designación. Le habían detectado un cáncer y sabía que por los tratamientos de quimioterapia no podría cumplir con la encomienda. Se lo comunicó a Zambrano y a Slim, quienes entendieron la emergencia, y le pidieron que fuera el mismo Tello Peón quien colocara sobre la mesa un nombre de su confianza, que al final del día le respondiera a él. Tello Peón propuso entonces a Genaro García Luna, el mismo policía que fue el responsable de investigar meses antes la sospechosa fuga del Chapo.

Pero aun antes de esa propuesta, García Luna ya estaba haciendo acopio de materiales «sensibles» en torno al presidente electo Felipe Calderón. Buscaba repetir con él «la receta aplicada» seis años atrás al presidente Fox. Y la oportunidad se dio. Aquellos que testificaron de cerca los días de la entronización de Calderón como presidente revelan que el factor que fue crucial para que García Luna se afianzara como el nuevo zar de la seguridad nacional se ubicó en la residencia Ávila Camacho, el palacete donado por la familia del último presidente militar —Manuel

Ávila Camacho— y que solía ser utilizada para recibir a dignatarios que vinieran a México en visita oficial.

Sin embargo, desde el sexenio de Zedillo, pasando por el de Fox, y sobre todo en el de Calderón, esa residencia fue destinada, en su mayoría, a eventos privados. Los hijos del presidente Zedillo la emplearon para fiestas particulares con el *jet set* social y artístico del momento. En el sexenio de Fox, Ramón Muñoz y Marta Fox fueron quienes más hicieron uso de ese fastuoso inmueble tan poco conocido para los mexicanos. El jefe de la Oficina de la Presidencia lo empleaba para cursos y seminarios que solían concluir con carnes asadas. Marta Fox, instalada ya como primera dama, empleaba sus salones y jardines para efectuar sus cenas, a las que invitaba a prominentes empresarios para la recaudación de fondos. Primero para su fundación Vamos México y, al final del sexenio, para obtener donativos con los cuales construir el Centro Fox, en San Cristóbal, Guanajuato. Un sistema muy práctico de cobrar con filantropía los favores políticos y económicos recibidos a lo largo de seis años desde «la cabaña» de Los Pinos.

No obstante, en el sexenio calderonista, la residencia Ávila Camacho se convirtió en el lugar favorito del gabinete para hacer sus fiestas privadas, la mayoría de ellas coordinadas por Juan Camilo Mouriño, desde sus días como jefe de la Oficina de la Presidencia. Un dato curioso, revelado por la periodista Anabel Hernández en su reportaje «El palacio de los excesos», publicado por Reporte Índigo (18 de septiembre, 2009), refiere que esa residencia, originalmente bajo la supervisión del Estado Mayor Presidencial, pasó a control de la Policía Federal en el sexenio de Calderón. García Luna era su custodio y, con esa encomienda, tenía bajo su disposición toda la seguridad, incluyendo videocámaras exteriores e interiores, que acabaron por poner en manos del súper policía sobrados testimonios comprometedores de aquellas fiestas en las que abundaban los excesos.

De esos «excesos» videograbados se valió García Luna para secuestrar la voluntad del gobierno calderonista y convertirse en su todopoderoso e intocable secretario, a pesar de las constantes y reiteradas revelaciones sobre los entramados de corrupción, su inexplicable nivel de vida, la adquisición de propiedades urbanas, fincas campestres, restaurantes en México y en el extranjero.

Reporte Índigo, que se creó en 2006, el primer sitio digital de México, y su edición impresa, medio del cual yo era socio y director general, documentó, a través de innumerables reportajes de investigación de las periodistas Anabel Hernández y de Peniley Ramírez, todos esos excesos que exhibían el libertinaje de García Luna en el ejercicio de su delicada función como responsable de la seguridad nacional.

Una de esas investigaciones fue la de la asignación de la Plataforma México, un sistema nacional de monitoreo que presumiblemente uniría a todas las policías del país para compartir en una sola base de datos toda la información respecto a homicidios, secuestros y un largo listado de delitos, para que desde esa plataforma única se combatiera al crimen organizado. Con una inversión que superó los 5 000 millones de pesos —500 millones de dólares de entonces—, la integración le fue asignada a las empresas de telecomunicaciones de Carlos Slim, quien en el fondo tenía la intención de utilizar aquella base de datos que contendría la información de todos los ciudadanos mexicanos para fortalecer su cartera de clientes en Banco Inbursa.

El responsable de integrar tecnológicamente la Plataforma México fue Héctor Slim, hijo de Julián Slim Helú, el hermano de Carlos Slim Helú, quien en los años de la «guerra sucia» operó como primer comandante en la Dirección Federal de Seguridad (DFS) que controlaba Fernando Gutiérrez Barrios, formal o informalmente. Desde esa dependencia, Carlos Slim recibía de su hermano información política privilegiada que le permitía adentrarse en el mundo del tráfico de influencias en los años en que apenas era un modesto cazabolsero que estaba todavía muy lejos de asumir el privilegiado rol de ser el hombre más rico de México y, por algunos años, el del hombre más rico del mundo. Héctor Slim tenía una relación personal con García Luna. Los unía su afición por la cacería, la que practicaban juntos en salidas de fin de semana que fortalecían su relación personal y, por supuesto, la de negocios.

Pero aquellos sueños de papel de la Plataforma México jamás pudieron alcanzar las metas esperadas y fue un absoluto fracaso que solo vino a engrosar las multimillonarias arcas de los Slim. Y los abultados presupuestos de la Secretaría de Seguridad Pública, aunados a las crecientes asignaciones para mejorar la tecnología para el combate a la delincuencia, fueron siempre insuficientes para frenar la creciente ola de homicidios que se disparó durante el sexenio calderonista, hasta alcanzar un total de 121 613. Solo para dar una idea de lo sangrienta que se volvió la guerra de García Luna para despejar el territorio al Cártel de Sinaloa, basta decir que el presidente Fox heredó un promedio de 10 000 homicidios por año y que, seis años más tarde, el presidente Calderón entregaría el país con 32 000 homicidios por año.

En los grandes números de la intocable e inescrutable dependencia solo tres cifras crecieron desenfrenadamente: la de homicidios, la de los embarques de droga del Cártel de Sinaloa y la de los saldos en las chequeras nacionales y extranjeras de García Luna que, de acuerdo con las investigaciones, alcanzaron a cuantificar 250 millones de dólares, entre activos líquidos e inmuebles. Pero el presidente Calderón siempre fue omiso para recriminar y mucho menos prescindir de su subalterno, quien pretendió primero ser el nuevo Fernando Gutiérrez Barrios del panismo, e incluso, con el poder que detentaba, buscó ser el secretario de Gobernación después de las trágicas muertes —en sendos y misteriosos accidentes aéreos— de Juan Camilo Mouriño, primero, y de Francisco Blake Mora, después. Aun así, desde esa posición, tenía el sueño de llegar a Los Pinos.

Lo que García Luna desconocía era que desde Estados Unidos esas intentonas fueron abortadas y el sexenio del presidente Felipe Calderón acabó en medio del mayor escándalo de seguridad nacional. El todopoderoso García Luna fue detenido en territorio estadounidense y sometido en Nueva York a un juicio por sobornos, tráfico de drogas, delincuencia organizada y falsedad en declaraciones. La inacción del entonces presidente panista sobre su secretario de Seguridad Pública solo vino a confirmar que Felipe Calderón acabó teniendo un dueño, uno que respondía al nombre de Genaro García Luna, el protector del Cártel de Sinaloa, quien algún día pensó que era tan poderoso —y que sus protectores eran tan influyentes— como para encumbrarlo en la presidencia del México que con su guerra estéril ensangrentó.

FELIPE CALDERÓN HINOJOSA
2006-2012

LO QUE LE HEREDARON   ⟷   *LO QUE HEREDÓ*

CRECIMIENTO DEL PIB
PROMEDIO ANUAL, PORCENTAJE

1.95%	✗	1.75%

PIB PER CÁPITA
PRECIOS CONSTANTES EN DÓLARES DE 2015 AL CIERRE DEL SEXENIO

9 200	✓	9 402

DEUDA PÚBLICA
PORCENTAJE DEL PIB AL CIERRE DEL SEXENIO

17.63%	✗	28.31%

PRODUCCIÓN PETROLERA
PROMEDIO DIARIO, ÚLTIMO AÑO DEL SEXENIO, MILLONES DE BARRILES

3.34	✗	2.59

BALANZA FISCAL
PORCENTAJE DEL PIB, AGREGADO DE TODO EL SEXENIO

-0.35%	✗	-1.76%

TIPO DE CAMBIO
PESOS POR DÓLAR EN EL ÚLTIMO DÍA DEL SEXENIO

10.99	✗	12.92

INFLACIÓN
PROMEDIO ANUAL, PORCENTAJE

4.7%	✗	4.35%

Fuentes: Inegi, Banco Mundial, OCDE, Banxico, SHCP y CNH.

11

EL VUELO DE LA GAVIOTA DEL EDOMEX A LOS PINOS

Dónde estaba Luis Echeverría: A LA BAJA. *Con 90 años a cuestas, defendiendo su lugar en la historia, después de ser exonerado en 2009 de los cargos de genocidio por Tlatelolco y el Jueves de Corpus.*

Dónde estaba el clan Salinas: AL ALZA. *Siempre se endosó el padrinazgo político de Enrique Peña Nieto a Carlos Salinas de Gortari, por lo que la llegada del mexiquense a Los Pinos fue interpretada como una victoria del salinismo, aunque en el segundo año Luis Videgaray, empoderado como vicepresidente en funciones, se encargó de poner distancia entre el expresidente y su jefe Peña Nieto.*

Péndulo político: A LA DERECHA

Si algún gobierno mexicano destinó frivolidad y abusó de la imagen como instrumento político —cabellos engominados, trajes de marca, palos de golf—, fue el de Enrique Peña Nieto, el exgobernador del Estado de México que evaporó en menos de cuatro años el pactado retorno del PRI a Los Pinos.

Heredero de la genética política del llamado Grupo Atlacomulco —el de Isidro Fabela, el de Adolfo López Mateos, el de Carlos Hank, el de los Alfredos del Mazo, el de Arturo Montiel—, Peña Nieto echó por la borda todo el bordado fino que durante seis años lograron tejer Carlos Salinas y Elba Ester Gordillo en su alianza de cogobierno con el panista Felipe Calderón. Si en algo se equivocó el expresidente del Libre Comercio fue en justipreciar más el empaque, por encima del contenido. Y creyó que con injertarle un asesor trasplantado de los verdes jardines financieros del despacho de Pedro Aspe, de nombre Luis Videgaray, el alto mando del llamado priismo renovado tendría garantizados la gobernanza y el éxito para continuar seis años más, después de 2018. No fue así.

Luis Videgaray ingresó al círculo íntimo de Peña Nieto desde que este era gobernador del Estado de México. Lo enviaron todavía en los días de Arturo Montiel como gobernador para vigilar los números de su salida y darle continuidad al sucesor Peña Nieto. Y se instaló como todo un asesor financiero y de deuda dentro del Gobierno mexiquense. Montiel, quien era el precandidato favorito del salinismo y del Grupo Atlacomulco para la sucesión presidencial de 2006, fue descarrilado por el tabasqueño Roberto Madrazo, presidente nacional del PRI, quien se dedicó a difundir la vida de príncipe que el gobernador mexiquense se daba con la francesa Maude Versini y a atacar a Elba Esther Gordillo, a quien le prometió en falso que, si él fuera designado el candidato presidencial, ella sería la presidenta del PRI. Jamás cumplió.

Los escándalos políticos y personales impidieron que Montiel alcanzara la ansiada candidatura presidencial, pero en medio de sus traiciones a Salinas y a Gordillo, Madrazo acabó abandonado por más de la mitad del partido que decía presidir y que le creó un bloque de gobernadores tricolores en su contra (Tucom) para trabajar políticamente a favor del panista Felipe Calderón.

Ya con la certeza del pacto prianista que terminaría por instalar a un priista en Los Pinos en 2012, Luis Videgaray asumió un rol más activo, más de jefe de la oficina del gobernador Peña Nieto, para transformarse en el capataz político del Estado de México.

Y así, de la mano de un exitoso publicista televisivo llamado Alejandro Quintero, fue tejiéndose una telenovela política color de rosa. Desde los estudios televisivos en donde se redactó el impecable guion para un final feliz, Peña Nieto sería el perfecto gobernador, el político carismático que, al enviudar muy joven, volvió a encontrar al amor de su vida en los brazos de una princesa de la pantalla chica, Angélica Rivera, la popular Gaviota de la telenovela *Destilando amor*.

La popular actriz, quien venía de un divorcio con el productor José Alberto *el Güero* Castro, hermano de la exitosa Verónica Castro y tío de Cristian Castro, reencontraba en Peña Nieto al príncipe de sus sueños. El cuento de hadas perfecto para transmitirse en vivo, con una espectacular boda en cadena nacional, para elevar con aquellas alas de gaviota la popularidad del mexiquense, que marchaba sin despeinarse hacia Los Pinos. Poco a poco Luis Videgaray, apoyado en sus mercadotecnistas de televisión, fueron desplazando a la dupla Salinas-Aspe en los ánimos del ya candidato Peña Nieto. Hasta que el capataz sintió que, como a la Gaviota, le salieron alas para volar solo, lejos del tutelaje de su maestro Pedro Aspe. Y el inevitable quiebre se dio en una comida en la que quien fuera el célebre secretario de Hacienda de Carlos Salinas de Gortari se quedó hablando solo en la mesa a la que fue convocado por el propio Videgaray. La grandiosidad invadió a quien sentía que ya había superado a su maestro, al que en el primer año de gobierno peñista frenó la economía por un cambio de proveedores —de azules a tricolores— y se disputó siempre con Miguel Ángel Osorio Chong el título informal de vicepresidente.

Pero una de las características del gobierno peñista fue que, a pesar de su popularidad y de su buena estrella inicial, fue incapaz de replantear un nuevo estilo de gobernar, de reinventar al PRI, que tenía la oportunidad de recuperar Los Pinos por seis años más. Insuficiente y hasta de burla fue el *boom* mediático que le fabricó al presidente Peña Nieto aquella portada de «Saving Mexico», publicada el 24 de febrero de 2014 por la revista *Time*, y que elevó al mandatario mexicano a una estatura que solo rivalizaba con las portadas que en su tiempo también le dedicaron a Carlos Salinas en los gloriosos días del Tratado de Libre Comercio. Esa imagen en la portada le otorgaba a Peña Nieto el calificativo de «salvador de México». De forma incuestionable, un festejo demasiado anticipado para apenas el arranque de un segundo año de un gobierno que vería sus peores días por venir en un final de telenovela infeliz... muy infeliz.

Pero en medio de tanta frivolidad y dispendio, el sexenio de «Mr. Saving Mexico» pasará a la historia por el pésimo manejo que se le dio al caso Ayotzinapa en donde desaparecieron 43 estudiantes de la Escuela Normal Rural Raúl Isidro Burgos de Ayotzinapa, ubicada en el municipio de Tixtla, Guerrero, en una acción criminal atribuida al grupo Guerreros Unidos, quienes habrían incinerado a los normalistas en el basurero de Cocula. La investigación operada por la Procuraduría General de la República, a cargo en ese momento de Jesús Murillo Karam y del director de la Agencia Federal de Investigación, Tomás Zerón de Lucio, quedó empantanada en lo que se dio en llamar «la verdad histórica». Y a pesar de que el presidente López Obrador prometió desde su campaña dar con los responsables, lo único cierto es que volvió a la explicación de origen, «la verdad histórica».

En el fondo, la tragedia de Ayotzinapa terminará escrita en el muro de las ignominias, donde también se escriben los episodios del 2 de octubre de 1968 con la matanza de Tlatelolco, el 10 de junio de 1971 con la represión estudiantil del Jueves de Corpus, la matanza de Aguas Blancas en Guerrero el 28 de junio de 1995 y la masacre de 45 indígenas tzotziles en Acteal el 22 de diciembre de 1997. El común denominador, represión oficial; el participante común, el Ejército Mexicano. Por eso las verdades no salen a flote, porque están en su mayoría cubiertas de una pátina verde olivo. Y Ayotzinapa, en el sexenio peñista, no es la excepción. ¿Algún día conoceremos la verdad, por más cruda que sea?

11.1

OSORIO, LA NUEVA GENERACIÓN
EL CANDIDATO VETADO

Corría el año 2007 cuando Enrique Peña Nieto enviudó de Mónica Pretelini, la madre de sus hijos Paulina, Nicole y Alejandro..Y para mitigar el dolor de la familia, el entonces gobernador del Estado de México enviaba a sus hijos a Veracruz, para que pasaran unos días con sus abuelos maternos.

En uno de esos viajes se dio un atentado contra los hijos y la familia política de Peña Nieto. Fue una emboscada en la que perecieron los escoltas que viajaban en la última camioneta, algunos de los cuales habían pertenecido al contingente que custodiaba en vida a Mónica Pretelini. El caso alcanzó el nivel de escándalo, porque se trataba de los hijos de quien ya se mencionaba como precandidato del PRI a la presidencia rumbo a 2012 y porque exhibía la descomposición de la seguridad pública en el estado de Veracruz, donde sucedió aquella tragedia en la que salieron ilesos los hijos y la familia política de Peña Nieto.

El caso indignó al entonces gobernador de Veracruz, Fidel Herrera Beltrán, quien acusó que Peña Nieto fue a ensuciarle el Estado; Herrera también aspiraba a la candidatura presidencial. En una comida con un grupo de gobernadores, Herrera alzó la voz para anunciar con enojo que el gobernador del Estado de México tendría que saldar esa cuenta que no le pertenecía al gobernador de Veracruz. Uno de los gobernadores presentes era el de Hidalgo, Miguel Ángel Osorio Chong, quien inquietó a Peña Nieto al comentarle el incidente. El mexiquense sabía del carácter explosivo de su colega veracruzano.

Osorio Chong los conocía a ambos y propuso un encuentro en su casa para zanjar las diferencias. Y de aquella larga comida, Peña Nieto y Herrera Beltrán se levantaron de la mesa al menos ya sin el nivel de resentimientos que dejó aquel baño de sangre en Veracruz. Peña Nieto quedó eternamente agradecido con los buenos oficios del gobernador de Hidalgo y ese acercamiento fue al final del día lo que le dio a Osorio Chong el empujón final para ser el poderoso secretario de Gobernación, quien volvía a tener bajo su tutela la Seguridad Nacional, malograda tras el paso de Genaro García Luna por esa dependencia.

Pero el destino del hidalguense, quien se convirtiera en el «vicepresidente político» en el sexenio peñista, se labró de la mano del destino de Joaquín *el Chapo* Guzmán Loera, el más poderoso narcotraficante del mundo, quien fue capturado por primera vez el 9 de junio de 1993 por autoridades guatemaltecas en el puente internacional del Talismán. Dos hechos precipitarían aquella captura: el presunto desafío que su cártel habría infringido con el asesinato del cardenal Juan Jesús Posadas Ocampo y la emergencia en el sexenio salinista del llamado Cártel del Golfo.

Pero si la transición política al panismo le sentó bien al Chapo, quien vivió sus mejores días durante los 12 años azules, el regreso del priismo a Los Pinos se convirtió en su pesadilla. El 22 de febrero de 2014, Joaquín Guzmán Loera fue recapturado en Mazatlán,

Sinaloa. Fue un golpe que rindió elevados dividendos políticos al incipiente gobierno de Enrique Peña Nieto. Y en esa captura, dos figuras fueron clave para coordinar los operativos: Miguel Ángel Osorio Chong y Jesús Murillo Karam, el secretario de Gobernación y el procurador general de la República. A partir de ese momento comenzó a apagarse la luz del Cártel de Sinaloa, pero al mismo tiempo comenzó a brillar con intensidad la de un nuevo cártel, el de Jalisco Nueva Generación. Aunque la fiesta no duró por mucho tiempo. Para el 11 de julio de 2015, el país se convulsionaba frente a la nueva fuga del Chapo. Escapó por un megatúnel de la prisión del Altiplano, en el Estado de México, pero las presiones internacionales exigieron su recaptura que se dio el 8 de enero de 2016. Sin embargo, en todo ese tiempo se modificaron los acuerdos, se reacomodaron las alianzas, y así como en los sexenios panistas la suerte estuvo del lado de Joaquín Guzmán Loera, en el sexenio de Enrique Peña Nieto el capo «consentido» —por omisión o por complicidad— fue Nemesio Oseguera Cervantes, alias el Mencho, quien, desde los estados del sur, desde Jalisco pasando por Michoacán y Guerrero, armó un frente violento que en unos pocos años rivalizó con el eterno Cártel de Sinaloa.

Las alarmas se encendieron en Washington, en donde si por un lado veían como una victoria la recaptura del Chapo (en dos ocasiones en el sexenio peñista), por el otro veían con asombro el fortalecimiento de un nuevo cártel que ya operaba a sus anchas en la mitad del territorio nacional. Y los dedos inquisidores apuntaban a los despachos de Bucareli.

Desde aquella cena de reconciliación con Fidel Herrera en Hidalgo, Miguel Ángel Osorio Chong fue articulando en Peña Nieto la confianza y las complicidades suficientes para ser considerado el candidato presidencial favorito del PRI en 2018. Y sin duda así habría ocurrido, como se lo había prometido su amigo el presidente en funciones, a no ser porque el presidente Peña Nieto recibió desde Washington —semanas antes de su decisión sucesoria— los expedientes suficientes para descarrilar cualquier intención de designar como su candidato a Osorio Chong. Luis Videgaray debió improvisar la candidatura de José Antonio Meade, quien a falta de tiempo no pudo articular la narrativa suficiente para equilibrar el poderío que para entonces ya exhibía con absoluta suficiencia el candidato de Morena, Andrés Manuel López Obrador.

El día del quiebre entre Peña Nieto y Osorio Chong fue tan épico como aquella «cena de salvación» en Hidalgo. El entonces secretario de Gobernación le recriminó a su jefe, el presidente, su falta de palabra. La discusión fue tan álgida, tan ríspida, tan altisonante, que la voz del frustrado candidato escapaba por los pasillos del despacho presidencial en Los Pinos. Pero el presidente Peña Nieto soportó el altercado. Prefería eso antes que ver que a «su candidato» se lo bajaran por filtraciones evidentes y contundentes que dejarían a Osorio Chong «injugable» y cercarían al mandatario en el borde de la complicidad. Osorio Chong renunció entonces a la Secretaría de Gobernación el 10 de enero de 2018. Se presumía que buscaba algún arreglo con el Partido Encuentro Social (PES) para activar su frustrada candidatura presidencial. Ahí también fue frenado bajo advertencia. Eran demasiadas las evidencias en su contra, demasiado el dinero que pasó por una persona de toda su confianza, Frida Martínez Zamora. Lo mejor fue buscar refugio y apoyo en una senaduría priista, desde la cual ha estado operando como legislador morenista, boicoteando todas las iniciativas propuestas por su partido, el PRI, del cual alguna vez soñó con ser su candidato presidencial.

11.2

LA CORRUPCIÓN SOMOS TODOS
HIGA, ODEBRECHT, OHL
Y BEJOS-MOTA

Si un sexenio en los tiempos modernos se caracterizó por la exultante corrupción —todavía sin pasar a juicio a la «Cuarta Transformación»—, es el del expresidente Enrique Peña Nieto. La frivolidad, la superficialidad y la corrupción se integraron como la Santísima Trinidad que le imprimió su sello al sexenio en el que las formas pesaban más que el fondo. Un gobierno cuya prioridad, más allá del score semanal en el campo de golf, buscaba sentar las bases para aprobar un paquete de reformas estructurales aplaudidas por unos y censuradas por otros. Pero en ese regreso del PRI a Los Pinos —de la mano de los expresidentes panistas Fox y Calderón— solo sirvió para confirmar que la corrupción era intrínseca a la genética tricolor. Los escándalos de componendas y complicidades del gobierno peñista, sobre todo con constructoras nacionales y extranjeras, desembocaron en una nueva expulsión del PRI de la casa presidencial.

Es cierto que en cada sexenio se forjan nombres ligados a los hombres de poder en turno. Los apellidos Quintana y Borja, fundadores de ICA, se ligaron estrechamente al gobierno de Gustavo Díaz Ordaz. Con Luis Echeverría florecieron, entre otros, los apellidos García Valseca y Vázquez Raña. Con José López Portillo los apellidos Garza Sada y Lobo vivieron un excelente *boom* que culminó en crisis. Con Miguel de la Madrid se gestó el nuevo bloque de financieros con los apellidos Slim, Hernández y Harp. Con Carlos Salinas se refrendó a Slim como el favorito, sin hacer a un lado los apellidos González Barrera, Peralta, Cabal y Peñalosa, entre otros. Con Ernesto Zedillo baste tomar los apellidos de las «listas negras» del Fobaproa. Con Fox el favorito fue Roberto Hernández, así como Vizcarra y Vázquez Raña. Con Calderón volvieron los mejores días de Slim, sin dejar a un lado el *boom* de la familia Mouriño.

Con Peña Nieto esos pasillos de los grandes negocios fueron ocupados por constructores que antes de su sexenio figuraban poco, o con poca monta, y quienes eran casualmente sus parejas en el golf de cada semana. El mayor de los escándalos se dio con el Grupo Higa, propiedad del empresario Juan Armando Hinojosa Cantú, y con quien Peña Nieto venía operando desde sus días como gobernador del Estado de México. Fue la empresa de aeronavegación Eolo Plus la que le facilitó al candidato presidencial Peña Nieto los aviones con los que se trasladaba en su campaña. Y no era para menos, el constructor tamaulipeco fue uno de los favoritos en el Gobierno del Estado de México y daría el golpe de suerte al ganar la licitación en el sexenio peñista del Tren de Alta Velocidad México-Querétaro, que construiría en cosociedad con la China Railway Construction Corporation. Ese golpe de suerte se transformaría en un contragolpe fatal, cuando el Gobierno estadounidense impugnó la presencia china en el proyecto que terminó cancelado. Pero no sería ni el primero ni el último contrato para Juan Armando Hinojosa. Propietario también de Constructora Teya, recibió del Gobierno del Estado de México las asignaciones de las autopistas Toluca-Naucalpan, Toluca-Atlacomulco y el distribuidor vial Naucalpan-Metepec, además de la edificación y la operación del Hospital Regional de Especialidades de Zumpango.

Pero la fama de Juan Armando Hinojosa creció cuando una investigación de la periodista Carmen Aristegui dio con el título de propiedad de la residencia familiar de los Peña Nieto-Rivera, ubicada en Sierra Gorda 150, en la colonia Lomas de Chapultepec, que fue mostrada por la Gaviota en la edición 331 de la revista *¡Hola!*, fechada el primero de mayo de 2013. La residencia, diseñada por el arquitecto Miguel Ángel Aragonés, que se presume con un valor aproximado de 86 millones de pesos, era propiedad de Ingeniería Inmobiliaria del Centro, una empresa perteneciente a Juan Armando Hinojosa. Bautizada como la «Casa Blanca», el escándalo escaló hasta que la misma Angélica Rivera se vio obligada a salir a dar la cara para asegurar que esa residencia había sido adquirida con el producto legítimo de su contrato de exclusividad con Televisa. La «Casa Blanca» vino a desplazar a la llamada «Colina del Perro» que Carlos Hank González le edificó al expresidente José López Portillo y solo pudo disminuir su impacto mediático con la aparición de la «Casa Gris», la residencia «rentada» en Houston por un directivo de la empresa de energía Baker Hughes, revelada por el sitio Latinus de Carlos Loret de Mola y que exhibió la falsedad de la austeridad de la familia presidencial de Andrés Manuel López Obrador.

Sin embargo, el caso de corrupción más profundo que se dio en el sexenio de Peña Nieto fue el que involucró a la constructora brasileña Odebrecht, en el que se reveló que, durante la campaña presidencial de 2012, Emilio Lozoya Austin (hijo de Emilio Lozoya Thalmann, quien fuera secretario de Energía en el sexenio de Carlos Salinas) habría recibido 10.5 millones de dólares en apoyo para la campaña presidencial de Enrique Peña Nieto. Esos sobornos, admitidos por Luis Weyll, directivo de Odebrecht en México, se dieron buscando la buena fe para que el nuevo presidente a partir de diciembre de 2012 ratificara el contrato de suministro de etano a la planta de Etileno XXI, construida por los brasileños en

Veracruz en el sexenio panista de Felipe Calderón. Esos acuerdos con Odebrecht y Braskem durante el gobierno calderonista le impusieron a Pemex un precio de venta del etano a los brasileños del 38% de su costo real. De acuerdo con Mexicanos Contra la Corrupción, esos contratos impactaron las finanzas de Pemex con pérdidas acumuladas por 3 642 millones de pesos. Peña Nieto había ratificado esos contratos y esos precios castigados del etano, apenas dos días después de tomar posesión.

Investigados los sobornos a la campaña priista, los directivos de Odebrecht, quienes ejercían estas prácticas de corrupción institucional en una docena de países, dijeron que sus «aportaciones» alcanzaron los 50 millones de pesos en 2012. Emilio Lozoya Austin, ya como director de Pemex, los desmintió: fueron 100 millones de pesos que presumiblemente se destinaron para pagar asesores extranjeros en la campaña peñista por órdenes de Luis Videgaray. Las investigaciones del caso —ejecutadas tras la detención de Lozoya Austin en el gobierno de la «Cuarta Transformación»— también revelaron que el exdirector de Pemex repartió 120 millones de pesos entre diputados y senadores de todos los partidos para que apoyaran el paquete de reformas estructurales en el sexenio de Peña Nieto. Curiosidad o no, después de cuatro años de proceso y de haber confesado recibir y operar esos sobornos a través de las cuentas de su esposa, madre y hermana, Emilio Lozoya Austin salió de la cárcel para continuar su juicio desde el arresto domiciliario. La razón es muy sencilla. Sin poder culpar a sus subalternos de tomar esos sobornos, lo único que le restaba al exdirector de Pemex era señalar que lo hecho fue por órdenes del secretario de Hacienda, Luis Videgaray, y del presidente Peña Nieto. Pero ellos, como lo prueban los silencios sobre sus personas en las mañaneras, están protegidos bajo el manto del pacto entre López Obrador y su antecesor.

Un tercer bloque de corrupción dentro del sexenio peñista es el de la constructora española OHL (ahora OHLA), involucrada en los muy cuestionados contratos de construcción y operación del Circuito Exterior Mexiquense y el Viaducto Bicentenario, que le fueron asignados durante el gobierno estatal de Peña Nieto y ratificados con modificaciones ventajosas ya cuando Peña Nieto era presidente en funciones. Solo para visualizar el tamaño de los arreglos, de las nueve concesiones que tiene OHL en México, seis están ubicadas en el Estado de México. Y esas nueve concesiones nacionales le aportan a la constructora española 793 millones de euros que equivale al 91% del flujo operativo de su División de Concesiones en todo el mundo. El escándalo creció todavía más cuando se filtraron conversaciones entre directivos de OHL México y funcionarios tanto del Estado de México como del Gobierno federal, en donde quedan en evidencia los privilegios que los gobiernos del PRI le dan a esa constructora, en particular los que llevan el apellido Peña Nieto.

Y ni qué decir del favoritismo durante el sexenio peñista para la constructora portuguesa Mota Engil y su socio mexicano, José Miguel Bejos, mejor conocido como Pepe Miguel, a quien a través de su Grupo Promotor de Desarrollo e Infraestructura, S. A. (Prodi) le fue asignada la construcción del Hospital de Tlalnepantla, y que, con una aportación de 90 millones de euros, en 2023 tomó una posición del 56% en la empresa asturiana Duro Felguera, que en algún tiempo fue la siderúrgica más importante de España. Hoy Pepe Miguel es uno de los constructores favoritos del presidente López Obrador, con asignaciones que superan los 104 000 millones de pesos en el Tren Maya y en el proyecto transístmico, entre otros.

Lo que se asoma en este carnaval de intereses es que incluso las cuestiones ideológicas pueden quedar atrás para ser redimidos como legítimos por un Gobierno que dice tener el monopolio de la calidad moral, de la ética y de una transparencia que no se ve.

ENRIQUE PEÑA NIETO
2012–2018

LO QUE LE HEREDARON   *LO QUE HEREDÓ*

CRECIMIENTO DEL PIB
PROMEDIO ANUAL, PORCENTAJE

1.95%   ✓   2.4%

PIB PER CÁPITA
PRECIOS CONSTANTES EN DÓLARES DE 2015 AL CIERRE DEL SEXENIO

9 200   ✓   10 120

DEUDA PÚBLICA
PORCENTAJE DEL PIB AL CIERRE DEL SEXENIO

17.63%   ✗   37.38%

PRODUCCIÓN PETROLERA
PROMEDIO DIARIO, ÚLTIMO AÑO DEL SEXENIO, BARRILES DIARIOS

3 340 000   ✗   1 840 000

BALANZA FISCAL
PORCENTAJE DEL PIB, AGREGADO DE TODO EL SEXENIO

−0.35%   ✗   −2.41%

TIPO DE CAMBIO
PESOS POR DÓLAR EN EL ÚLTIMO DÍA DEL SEXENIO

10.99   ✗   20.34

INFLACIÓN
PROMEDIO ANUAL, PORCENTAJE

4.7%   ✓   4.03%

Fuentes: Inegi, Banco Mundial, OCDE, Banxico, SHCP y CNH.

12

LÓPEZ OBRADOR, TERCERA LLAMADA «JUNTOS HAREMOS HISTORIA»

*Dónde estaba Luis Echeverría: **AL ALZA**. La inclusión de prominentes hijos del echeverrismo en el gabinete de la «Cuarta Transformación», como Ignacio Ovalle y Jorge Nuño, le dio nuevos bríos a la corriente del «expresidente de la guayabera», cuya ideología y estilo personal de gobernar permearon en el quehacer del presidente López Obrador.*

*Dónde estaba el clan Salinas: **A LA BAJA**. Con un expresidente Salinas sin querer pisar México, cinco de los que en algún momento fueron hombres de confianza se vieron sujetos a procesos judiciales o relevados de sus posiciones de poder. Los casos de Emilio Lozoya, Alonso Ancira, Juan Collado, Carlos Romero Deschamps y Eduardo Medina Mora abrieron cinco cajas de Pandora con las que el presidente López Obrador quiso mantener al exmandatario lejos del juego político rumbo a 2024.*

Péndulo político: A LA IZQUIERDA

A mediados de agosto de 2010, Andrés Manuel López Obrador me concedió una entrevista para la edición de Reporte Índigo, que entonces se distribuía todos los viernes, solo en formato digital, el primero de su género en México. Estábamos en el cuarto año del gobierno del presidente Felipe Calderón y a un año y medio de definir candidatos para la elección presidencial de 2012.

El pretexto de la entrevista era la salida de su nuevo libro *La mafia que se adueñó de México... y el 2012*, donde el líder de la izquierda enlistaba a los treinta hombres del poder que —decía— dominaban los negocios, las finanzas, la política y los medios de comunicación en nuestro país. Es decir, aquellos que en su momento lo etiquetaron como «un peligro para México», los que articularon con el entonces presidente Vicente Fox la fallida intentona de desafuero, buscando su relevo de la jefatura de Gobierno de la capital de México y su inhabilitación como candidato presidencial.

Lo que me encontré ese día al entrevistarlo fue a un López Obrador distinto al de la imagen de *buscapleitos* que en 2006 paralizó Paseo de la Reforma y el corazón de la capital de México, en protesta por lo que consideraba un fraude electoral en aquella controvertida elección del «Haiga sido como haiga sido», que sentó en la presidencia a Felipe Calderón. El semblante de López Obrador era el de un hombre apacible, conciliador, invocador del amor al prójimo, sin alteraciones ni insultos. Como periodista, me sorprendió el giro tan radical y, al final de la entrevista, no pude evitar preguntarle el porqué de ese cambio. Me respondió que veía la vida con otros ojos. Se había casado después de la elección de 2006 con Beatriz Gutiérrez Müller y, en 2007, volvió a ser padre, por cuarta ocasión, con el nacimiento de Jesús Ernesto. Por eso la entrevista llevó por título «El otro rostro de López Obrador», buscando destacar esa nueva actitud del político perredista.

La mañana del viernes 13 de agosto de 2010 tenía programado un desayuno con Alfonso Romo, con quien mantengo una estrecha amistad, alimentada en la coincidencia de principios y en la visión de país. Esa confianza nos abrió las puertas para unirnos en 2006 en una sociedad para la creación del sitio Reporte Índigo, que fue entonces la primera experiencia digital multimedia del mundo de habla hispana, y un escaparate de libertad de expresión premiado internacionalmente en 2007, en Venecia, con el World Summit Award a lo mejor de internet en el mundo. Los desayunos con el empresario regiomontano eran frecuentes, no solo para revisar juntos la evolución del proyecto periodístico, sino para intercambiar puntos de vista sobre los principales asuntos nacionales.

«Ay sí, ay sí, el nuevo rostro de López Obrador. ¡Ya te compraron, amenaza!», me dijo con una gran carcajada Romo, tan pronto como me vio entrar al comedor en donde desayunaríamos. Le respondí que la verdad me había sorprendido la nueva actitud de López Obrador y que era válido y entendible su *choteo*, pero que quizá lo más justo sería que él mismo lo conociera de cerca y que, una vez que lo escuchara, entonces podría forjarse una opinión, que podía ser igual o peor que la que ya tenía. Pero ¿y si era mejor? Lo que no era válido —le dije— era opinar desde la ignorancia.

Bisnieto de Gustavo A. Madero —y, por ende, sobrino-bisnieto del prócer Francisco I. Madero—, Alfonso Romo Garza-Madero es un singular empresario a quien, más allá de sus negocios, los genes de la política corren por sus venas. Impulsor de las campañas de Fernando Canales Clariond para la gubernatura de Nuevo León, de la de Santiago Creel cuando buscó la jefatura de Gobierno de la Ciudad de México, de la exitosa campaña de Vicente Fox para la presidencia en 2000 e, incluso, en sus albores, de la campaña de Felipe Calderón en 2006. Romo también había impulsado proyectos de medios de comunicación como el de Grupo Imagen, en los tiempos de Pedro Ferriz de Con, Carmen Aristegui y Javier Solórzano; de *El Financiero* con Rogelio Cárdenas, y de la entonces reciente creación de Reporte Índigo.

Después de aquel desayuno de «El otro rostro de López Obrador», Romo buscó a Dante Delgado, el entonces líder del partido Convergencia, con quien había emprendido en 2005 un movimiento político llamado «Opción Ciudadana», que aglutinó a cientos de líderes políticos, empresariales y sociales que ya no comulgaban con las ideas de los partidos tradicionales. Se buscaba crear una alternativa política que, en el peor de los casos, fuera una bisagra para apoyar, en la recta final de una elección, a los candidatos con mayores afinidades ideológicas. No fue difícil pactar la reunión.

López Obrador todavía recordaba los días en que Romo, quien entonces rechazaba sus ideas, escribió en 2005 un editorial que fue publicado en media docena de los principales periódicos nacionales, en el que, a pesar de sus diferencias ideológicas, el empresario censuraba la campaña de desafuero en contra del entonces jefe de Gobierno de la Ciudad de México. Aquel fue un artículo que le costó a Romo un severo quiebre con su amigo, el presidente Fox, y también con algunos de los sectores más conservadores del empresariado nacional. El planteamiento de Romo era sencillo: no comulgo con las ideas de López Obrador, pero se le tiene que derrotar en las urnas, no en los tribunales mediante argucias jurídicas. López Obrador debió sorprenderse de que, quien era entonces uno de sus más severos detractores, defendiera por principios una posición que descalificaba sin el suficiente sustento al opositor.

Romo, Dante y López Obrador se sentaron a la mesa e intercambiaron visiones, en lo político y en lo económico. El político y el empresario mostraban más coincidencias que diferencias. Y la pasión de ambos por la biografía de Francisco I. Madero, alentada por los estudios históricos que sobre el tema producía Beatriz Gutiérrez Müller, fue la cereza en el pastel. Lo demás es historia. López Obrador y Romo fueron forjando una relación que devino en una cercanía que quedó de manifiesto el 1.º de enero de 2011, cuando Romo y su familia fueron invitados a Palenque, a una primera comida de Año Nuevo en la finca La Chingada, en donde convivieron con la familia de quien ya se perfilaba —por segunda vez— como futuro candidato presidencial para 2012.

A partir de ese momento, López Obrador le abrió a Romo las puertas de par en par. Lo descubrió como un empresario con un profundo interés social. Y el empresario le correspondería alentando entre su círculo cercano el otorgarle el beneficio de la duda para la candidatura de 2012. Aunque no fue sino hasta 2018 —en la tercera intentona— cuando se dio la simbiosis entre el político y el empresario. Romo, quien ya tenía ganada la confianza de López Obrador, entró de lleno a la campaña y reclutó a un puñado de personajes de la política y de los negocios, para esbozar lo que sería un proyecto de nación para la llamada «Cuarta Transformación». En esa lista de colaboradores que se reunían en Monterrey y en México, al menos cada 15 días con López Obrador, figuraban Tatiana Clouthier, la hija de Manuel *Maquío* Clouthier; la exministra Olga Sánchez Cordero; Adrián Rodríguez Macedo, directivo en las empresas de Romo; la exprocuradora Arely Gómez; el mercadólogo y publicista José Antonio Casillas, la abogada Margarita Ríos Farjat; y el financiero Adalberto Palma, entre otros.

Sobra decir que esos rostros y esas ideas —en especial los de Alfonso Romo y Tatiana Clouthier— fueron cruciales para atraer el voto de algunos sectores, tanto del empresariado como de las clases medias que, indecisas ante un PRI con elevado rechazo frente a la corrupción peñista y un cuestionado PAN, cuyo candidato era acusado también de corrupción, vieron entonces a López Obrador como una esperanza. Romo fue nombrado por el precandidato como coordinador para la elaboración del Proyecto de Nación 2018–2024, que generó opiniones en decenas de ciudades de México, mientras que Tatiana Clouthier sería la coordinadora de campaña, quien, desde una vocería informal —el formal y muy cercano era César Yáñez—, alentaba los debates en las redes sociales, que fueron un factor clave para atraer el voto de los mexicanos de entre 18 y 30 años. La emblemática frase de campaña «Juntos haremos historia» comenzaba a tomar sentido y a crecer en credibilidad pública.

Para el día en que tuvo lugar la Convención de Morena, Romo y su equipo presentaron el Proyecto de Nación en un documento analítico y propositivo de 451 páginas, que partía de la situación en que se encontraba el país en todos los rubros de la política, la economía y lo social, y esbozaba los lineamientos para relanzar cada uno de los sectores, desde las finanzas nacionales hasta el comercio exterior, desde la salud hasta la educación, desde las políticas agropecuarias hasta las industriales, sin olvidar la preocupante seguridad nacional. El diagnóstico era incuestionable: se tenía que cerrar la brecha entre aquellos que más tienen y los que menos tienen, enfatizando en la educación para recuperar la movilidad social perdida e incentivar el crecimiento desde políticas públicas que alentaran la producción del campo, que apuntalaran la producción industrial en el marco del Tratado entre México, Estados Unidos y Canadá (T-MEC), que promovieran la generación de energías limpias y los programas estratégicos de infraestructura. Visto a los ojos de cualquier analista, se estaba frente al mejor programa de Gobierno, que podría calificarse como ortodoxo, sin sobresaltos y con metas medibles.

En torno a López Obrador se aglutinaban otros liderazgos como los de Julio Scherer, Alfonso Durazo y Esteban Moctezuma que, al igual que el de Romo, no eran representativos de las izquierdas tradicionales, pero que también venían a aportar certidumbre frente a quienes difundían que el lopezobradorismo sería un gobierno radical. Las puertas estaban abiertas para todos. Cuando las cifras de cómputo del 1.º de julio se hicieron públicas, se confirmó lo esperado.

De los 89.3 millones de potenciales votantes, salieron a emitir su sufragio 56.6 millones, el 63.4% de participación. Y López Obrador con su partido Morena, que debutaba en una elección presidencial con sus aliados PT y Verde, se llevó 30.1 millones de sufragios, el 53.19%. La cifra fue más del doble que la de su más cercano rival, el panista Ricardo Anaya, quien en alianza con el PRD recibió 12.6 millones o el 22.2% de los votos, en tanto que el candidato priista José Antonio Meade Kuribreña cosechó el desencanto popular gestado en el sexenio de Enrique Peña Nieto al recibir apenas 9.2 millones de votos, el 16.4%, menos de la tercera parte de López Obrador. Jaime Rodríguez Calderón, el Bronco, desde el experimento de su candidatura independiente, alcanzaría casi los tres millones de votos, el 5.23%, una tercera parte del total que logró el PRI.

En la Cámara de Diputados, Morena y aliados barrían con 308 diputados, un alza de 253 legisladores más que en su anterior bancada; el PAN alcanzaba 129 curules, 55 menos que en la legislatura anterior; y la gran debacle era para el PRI, que apenas rescataba 63 diputaciones, 194 menos que en la legislatura saliente. Y en el Senado las cifras no fueron diferentes. Morena y aliados lograban 69 escaños, 64 más que en el bloque saliente; el PAN lograba 38 asientos senatoriales, 23 menos que en la camada anterior; y el PRI tenía que conformarse con 21 escaños, 41 menos que en su bancada saliente.

En su tercera intentona, Andrés Manuel López Obrador cumplía su sueño de llegar a la presidencia de México. Y en su discurso de toma de posesión, el nuevo presidente, el primero que emergía de la izquierda, establecía tres compromisos: *no mentir, no robar y no traicionar al pueblo.* López Obrador enlistó cien promesas de gobierno. Desde el Zócalo rebosante de esperanzados mexicanos, la «Cuarta Transformación» era puesta en marcha.

12.1

LA FARSA DEL NAICM-TEXCOCO
UN RESCATE CON «AEROPROA»

Todavía corría el último año del sexenio de Enrique Peña Nieto cuando un prominente y exitoso constructor, amigo, me buscó para desayunar. Me decía que tenía una noticia muy preocupante que estaba obligado a denunciar: se está gestando una gran pifia ingenieril en la construcción del nuevo aeropuerto de Texcoco. Eso no va a terminar nada bien.

El amigo constructor pertenecía al puñado de media docena de corporaciones invitadas a participar en el diseño y posterior construcción de lo que se llamaría Nuevo Aeropuerto Internacional de la Ciudad de México (NAICM), una obra faraónica que usaba como pretexto una base aérea, pero que en el fondo se distinguía como un meganegocio inmobiliario que buscaba replicar e incluso superar el éxito de Santa Fe, en el sexenio de Carlos Salinas.

En torno a este sueño se aglutinaron personajes como Enrique Peña Nieto, Miguel Ángel Osorio Chong, exgobernador de Hidalgo, estado en el que originalmente se construiría la megaobra que terminó edificándose en Texcoco. Además, una docena de constructores y desarrolladores inmobiliarios se repartirían las miles de hectáreas sujetas a desarrollo alrededor del aeropuerto. Una enorme calzada con la amplitud de Paseo de la Reforma enmarcaría la bienvenida a lo que sería el ícono inmobiliario del siglo XXI para una colapsada Ciudad de México.

Los ingenieros de aquella media docena de invitados a participar en el diseño del NAICM concluyeron lo inevitable. La calidad del suelo lacustre en donde se pretendía edificar la megaobra no tenía las condiciones para sostener una estructura de ese peso y de esas dimensiones. Se puede construir sobre suelo firme, incluso sobre el agua porque en el fondo existe suelo firme. Pero ¿sobre un pantano? Imposible. Cinco de los seis invitados rechazaron concursar por el diseño del NAICM. Solo uno aceptó, el arquitecto Fernando Romero, exyerno de Carlos Slim. Y su enorme contribución fue la de voltear a buscar la firma de Norman Foster, que construyó el último gran aeropuerto (el de Shanghái) para hacer una alianza que les reditúo 1300 millones de pesos por ese diseño.

Vino entonces la licitación, todavía dentro del gobierno de Enrique Peña Nieto, y la obra fue asignada a Carlos Slim, el hombre más rico de México, quien para evitar contratiempos acabó por invitar a otra media docena de constructoras, propiedad de los grandes apellidos, para acelerar lo que buscaba ser una de las obras insignia del peñanietismo. Mi amigo el constructor volvió a invitarme para pedirme que alertara sobre el enorme error que sería construir en esos terrenos. Lo hicimos, pero el gobierno priista hizo caso omiso al reclamo. La megaobra continuó y, conforme avanzaba, emergían los «peros» que incluían la dificultad para estabilizar la plataforma de la terminal, las peripecias para anclar adecuadamente las pistas sin que se fracturaran, los deficientes sistemas en el manejo de los excedentes hidráulicos para desahogar el sitio en los días de lluvias abundantes. El final infeliz fue que, ya entronizado el gobierno de la «Cuarta Trasformación», el presidente Andrés Manuel López Obrador comenzó a «demonizar» el nuevo aeropuerto de Texcoco, calificándolo como una mega-obra plagada de corrupción y de intereses ajenos al Estado que debía revisarse. Bastaron unos días de gobierno cuatroteísta para fabricar una presunta consulta de un millón de votantes en la que el 70% solicitaba que la obra fuera cancelada. Fue el primer «gran golpe» del nuevo gobierno de izquierda contra los intereses de la llamada oligarquía prianista. Esta oligarquía estaba encabezada por aquel a quien López Obrador calificara como jefe de la mafia del poder: Carlos Slim Helú. La sorpresa y el drama de la cancelación del aeropuerto quedó plasmada en aquella imagen de la conferencia de prensa en la que Alfonso Romo, jefe de la Oficina de la Presidencia, no ocultaba ni su sorpresa ni su disgusto frente a esa arrebatada decisión que evidentemente no le fue consultada.

En el fondo, lo que sucedió fue que, ante la inevitable realidad que confirmaba los temores de que la construcción del NAICM nunca podría terminarse debido a la inestabilidad del suelo, el constructor en jefe, Carlos Slim, finalmente se reunió con el presidente López Obrador para explicarle la gravedad de aquel drama. Miles de millones de dólares de fondos de pensiones y de inversión, tanto nacionales como extranjeros, quedarían sepultados por las ambiciones de un puñado de constructores que se negaron a escuchar las advertencias de aquellos que les indicaron que esa megaobra en ese lugar era imposible. Slim convenció al flamante presidente de fabricar un «manotazo sobre la mesa» para justificar que el nuevo gobierno de la «Cuarta Transformación» se viera obligado a cubrir una multimillonaria indemnización por el «capricho presidencial» de suspender el nuevo aeropuerto. Slim convenció a su amigo López Obrador, con quien ya había operado innumerables negocios en la entonces Jefatura de Gobierno del Distrito Federal, de que el costo-país de cancelar la obra y reparar «el daño» era lo más prudente para conservar intacta la confianza en México, al regresar a sus inversionistas originales el dinero invertido, incluyendo jugosas ganancias para Slim, quien compró a precio de descuento miles y miles de bonos que después canjeó a su valor real.

El presidente López Obrador, quien siempre calificó esa obra como plagada de corrupción y de conflictos de intereses, acabó aceptando el pago de una indemnización, «a los corruptos», por 331 000 millones de pesos, más 6 000 millones de dólares empleados para liquidar la deuda de los bonos por la terminal cancelada. Y en lugar de la edificación del NAICM, anunció la adecuación del aeropuerto militar Felipe Ángeles como la nueva sede aeroportuaria de la Ciudad de México, primera obra que le entregó para su ejecución a la Secretaría de la Defensa Nacional, y que acabó costando 115 000 millones de pesos. Lo que acabó por ser un rescate aeroportuario fue liquidado con nuestros impuestos, por la nada despreciable suma de 500 000 millones de pesos.

La evidencia más clara de ese contubernio la expuse en un video difundido a través de Código Magenta en marzo de 2022, tras la inauguración del nuevo aeropuerto Felipe Ángeles, que fue calificado por Carlos Slim como espectacular. La «víctima» de la cancelación del nuevo aeropuerto de Texcoco se postraba a los pies de su victimario.

«Espectacular» fue el calificativo que le dio el empresario más rico de México, Carlos Slim, al recién inaugurado aeropuerto de Santa Lucía. Ese elogio, por absurdo que parezca, viene precisamente de los labios del Carlos Slim, a quien hace tres años, y por un decretazo del nuevo gobierno de la «Cuarta Transformación», le arrebataron y cancelaron su proyecto del nuevo aeropuerto de Texcoco. Sí, el mismo aeropuerto diseñado por su entonces yerno, el arquitecto Fernando Romero, y liderado por las corporaciones de Slim, de la mano de media docena de constructoras dominadas por los apellidos Hank, Vázquez Raña, Gerard e ICA.

Fueron a ellos, Slim y socios, a quienes el presidente Andrés Manuel López Obrador llamó «corruptos», al pretender construir un aeropuerto faraónico, en un lugar lacustre, a sobreprecio y con un proyecto inmobiliario que era el negocio que los haría todavía más multimillonarios. Bajo esos argumentos, el inquilino de Palacio Nacional canceló por decreto lo que prometían que sería un auténtico aeropuerto de clase mundial. Lo que se escondía detrás de esa cancelación no era un acto de autoridad contra «los corruptos», sino el rescate de una megaobra que nunca debió haberse proyectado sobre el inestable Lago de Texcoco, y que, al no poder continuarse, sería un megafracaso de ingeniería con serios impactos financieros nacionales e internacionales.

Los promotores, con Carlos Slim a la cabeza, muy tarde se dieron cuenta de que nunca podrían estabilizar aquellas megaestructuras, incluidas las pistas, por lo que pidieron auxilio a Palacio Nacional.

La salida «decorosa» para esconder el gran error fue simular una «arbitraria» cancelación. Y para compensar la decisión presidencial, el gobierno de la «Cuarta Transformación» cubriría todos los costos en los que se había incurrido hasta la fecha.

¿Por qué tendría el gobierno lopezobradorista que salir a cubrir esos costos de una obra inconclusa, a la que el mismo presidente calificaba como un acto evidente de corrupción para beneficio de unos cuantos empresarios neoliberales? ¿Acaso no deberían ser aquellos que se equivocaron los responsables de pagar el precio de su error?

Nació entonces el primer rescate financiero dentro de la «Cuarta Transformación». Y al más puro estilo zedillista del Fobaproa, el presidente López Obrador recurrió al erario para decretar un «Aeroproa». Los intereses de quienes indebidamente construían sobre el fango eran puestos a salvo. El «pueblo bueno y sabio» pagaría el grave error.

Cifras más, cifras menos, ese rescate aeroportuario nos está costando a los contribuyentes entre 300 000 y 400 000 millones de pesos, dependiendo de quién haga las cuentas. Eso es tres veces los 116 000 millones de pesos que terminó costando el nuevo y muy limitado aeropuerto internacional de Santa Lucía.

Solo bajo esta perspectiva, o la de un masoquista que se hinca frente a su agresor para besarle la mano, se puede entender que el empresario más «afectado» por la cancelación de Texcoco califique de «espectacular» el remedo de aeropuerto regional que vino a remplazar aquel proyecto fallido de clase mundial.

Pero ese Aeroproa no fue el único beneficio que salvó del escándalo al empresario más rico de México. Después de tenerlo incluido como líder de lo que él mismo bautizó como la mafia del poder, el presidente López Obrador colmó de obras a las corporaciones de Carlos Slim. Y a pesar de que fue su constructora, Cicsa, la responsable del tramo colapsado de la Línea 12 del Metro de la Ciudad de México —de donde salió sin rasguños ante la negligencia que cobró la vida de 26 inocentes—, Slim es ahora uno de los constructores insignia de las obras emblema de la «Cuarta Transformación».

Confiemos en que el Tren Maya, al que sin duda calificará en su momento como «espectacular», no se le colapse por utilizar durmientes de mala calidad. Nada que no pueda arreglarse en un desayuno de tamalitos de chipilín y champurrado, con la vajilla de porcelana, por supuesto, en Palacio Nacional. Y de aquel libro, en donde el candidato López Obrador calificaba a Slim como el líder de la mafia del poder, ya nada queda.

Perdonado y redimido está ya el ingeniero, por esa gracia presidencial que le hizo el milagro de concederle el Aeroproa. El presidente López Obrador debe de estar contento de que «el corrupto de Texcoco» haya calificado su limitado e inconcluso aeropuerto, con venta de garnachas, como «espectacular».

El resto es historia. En distintas conferencias matutinas el inconsciente traicionó al presidente López Obrador, quien al mencionar la cancelación del NAICM, dijo: «Ese aeropuerto se iba a hundir». A confesión de parte, relevo de pruebas. ¿Por qué entonces sacar dinero de las arcas nacionales (500 000 millones de pesos) para cubrirles las espaldas a «los corruptos» —como él los llamaba—, a quienes «les canceló» el nuevo aeropuerto?

12.2

EJÉRCITO, NARCOS, EMPRESARIOS, MORENOS TU MAFIA ES MI MAFIA

En sus días como candidato de Morena a la Presidencia, comí con Andrés Manuel López Obrador en el restaurante Don Artemio en la ciudad de Saltillo. Conversábamos de todo, porque vi en ese momento a un candidato que buscaba distracción, intentaba por un instante salirse de la apretada agenda que le imponían. Y fue cuando le pregunté —solo para intentar descifrarlo un poco mejor— a qué personaje histórico de la época moderna admiraba. Me dijo que a Salvador Allende, el malogrado presidente chileno que acabó ultimado el 11 de septiembre de 1973 por las balas de un golpe de Estado, ejecutadas por el jefe de sus fuerzas armadas, presumiblemente aliado con Estados Unidos.

«Allende, por desgracia, cometió un grave error. Comenzó a hacer sus grandes reformas, a afectar poderosos intereses —incluida la nacionalización de la gran industria del cobre, en manos

de extranjeros—, sin tener los amarres suficientes con los militares. Por eso el golpe de Estado que lo llevó a la muerte fue orquestado por Augusto Pinochet, su comandante en jefe», me dijo
el candidato López Obrador. Pinochet fue designado el jefe su-
premo de aquellas fuerzas armadas el 23 de agosto de 1973 (apenas 18 días antes del golpe) y cabía esperar que, como tal, fuera
el más leal al presidente en turno. No fue así. «A mí eso no me va a
pasar», me dijo. «Primero voy a amarrar a los principales jefes militares y solo entonces haré los cambios que van a sacudir a México».
Y cumplió a cabalidad con su estrategia, invocada en memoria de
Salvador Allende.

Pero esa fijación sobre las traiciones orilló a López Obrador,
como presidente, a modificar de raíz el esquema de su llamado
«Estado profundo», aquel que durante los primeros cincuenta
años de priismo se fincó en el trípode de la fe, la esperanza y la
caridad (la Iglesia, los militares y los empresarios), un modelo que,
como presidente, intentó desarticular al final de su sexenio Luis
Echeverría, quien acabó confrontado con esos tres poderes fác-
ticos, buscando remplazarlos por un politburó de izquierda y de
corte populista, que solo pudo frenarse con la crisis económica
de 1976 y con las alianzas que su sucesor, José López Portillo, rear-
ticuló con facciones reales de poder, como el llamado Grupo Monterrey, y con su realineación con los intereses de Estados Unidos.

Por ello, al asumir el poder el 1.º de diciembre de 2018, Andrés
Manuel López Obrador buscó sacudirse lo que consideraba eran
tres perniciosas «mafias»: la del politburó militar filoprianista, que
le pretendía imponer —como a todos sus antecesores— al secretario de la Defensa; la llamada «oligarquía empresarial», liderada
por Carlos Slim y unos treinta personajes a los que él mismo bautizó como la «mafia del poder», además de tomar distancia de la
Iglesia católica, apostólica y romana, para ceñirse al respaldo de
las iglesias cristianas, evangélicas, que venían conquistando terreno en México. Y fue así como decidió forjar un nuevo «Estado
profundo», un nuevo gobierno en la sombra, apoyado en cuatro
ejes de poder: militares incondicionales, un crimen organizado en

complicidad, un selecto bloque de empresarios favoritos e incondicionales —encabezados por Carlos Slim— y un séquito de personajes de la ultraizquierda adoctrinados desde 2001 en su Universidad Autónoma de la Ciudad de México, liderados por Beatriz Gutiérrez Müller y por Jesús Ramírez.

VERDE, QUE LOS QUIERO VERDES. Fiel a ese complejo de la «traición militar» de Salvador Allende, el presidente López Obrador tomó distancia del alto mando de la Secretaría de la Defensa que tiene diseñado transexenalmente un esquema ortodoxo para mantener «la institucionalidad» en la sucesión de su titular, a pesar del partido en el poder y a prueba de cualquier circunstancia política de coyuntura. Y el jefe de la «Cuarta Transformación» recibió, como todos sus antecesores, las propuestas escritas de manos del saliente general Salvador Cienfuegos, el hombre fuerte de las milicias en el sexenio de Peña Nieto.

Pero el presidente López Obrador tiró al cesto de basura la lista de aquellos candidatos propuestos. Para él todos eran un «Augusto Pinochet» en potencia. En su lugar escuchó el canto de las sirenas de su amigo, un general tabasqueño, Audomaro Martínez, a quien le confiaría el Centro Nacional de Inteligencia, lo que antes era conocido como el Cisen. Y de la propuesta de su amigo tabasqueño surgió el nombre del general Luis Crescencio Sandoval, quien venía desempeñándose como comandante de la 8va. Zona Militar, en Tamaulipas, y de la IV Región Militar con sede en Nuevo León. Su nombre figuraba en los últimos lugares de la propuesta sometida por el general Cienfuegos. El motivo era obvio: el general Sandoval no era un militar de carrera brillante y su ascenso significaría un acto de lealtad y gratitud eterna no a quienes no lo propusieron, sino a quien lo subió en el *ranking* de la lista para que fuera el elegido del presidente López Obrador.

Sin embargo, semanas antes de que se le designara nuevo secretario de Defensa del gobierno de la «Cuarta Transformación», el general Sandoval se enfrascó en una confrontación con el alcalde de San Pedro Garza García, en Nuevo León, por el control del llamado C4, el centro de operaciones desde donde la policía de ese municipio monitoreaba la potencial actividad criminal de lo que se considera es el municipio más seguro de México. Tomado en absoluto control por el general Sandoval y elementos de la zona militar de Nuevo León, se encontraron indicios que permitieron concluir que los militares que manejaban sin supervisión civil el C4 estaban al servicio de grupos del crimen organizado. Al conocer los hechos, los uniformados fueron expulsados por el alcalde Miguel Treviño y el C4 volvió a ser territorio civil, no sin antes recibir ataques directos de militares que no solo se sintieron desplazados de lo que ya daban como su territorio, sino evidenciados de estar operando para delincuentes y contra factureros, a los que a través de dispositivos GPS se les identificaba para salirles al paso y extorsionarlos.

La recomendación del general Audomaro Martínez le permitió al general Luis Crescencio Sandoval salir de ese conflicto y encumbrarse, contra todo pronóstico, como el militar confiable de la «Cuarta Transformación». El resto es historia. A partir de ese momento, el presidente López Obrador se encargó, en complicidad con su amigo el general Audomaro Martínez, de otorgar opacos contratos por asignación directa de obras civiles a todo el sistema militar nacional, que comenzó con la construcción del aeropuerto Felipe Ángeles, continuó con las sucursales del Banco del Bienestar, se amplió a operar los programas Sembrando Vida, la construcción del canal interoceánico en el Istmo de Tehuantepec, el diseño y la construcción del Tren Maya, así como la operación de una serie de aeropuertos civiles que pasaron a manos militares, sin dejar a un lado a Mexicana, la resucitada aerolínea devuelta a la vida con cinco aeronaves, por el poder del presupuesto estatal. La operación para abortar la aparición en el camino de cualquier «Augusto Pinochet» estaba consumada. Las carteras de un selecto grupo de militares encabezados por el general y secretario Luis Crescencio Sandoval estaban cooptadas por asignaciones directas de obras, en total opacidad, resguardadas por completo del escrutinio público, traicionando dos mantras que el candidato López Obrador siempre prometió en sus campañas presidenciales: «Los militares deben de regresar a sus cuarteles» y «Todo el gasto público será transparente y sujeto a escrutinio». Sucedió exactamente lo contrario. Los militares salieron de los cuarteles en masa no para vigilar la seguridad de la nación, sino para ejecutar obras civiles, y la prometida transparencia se etiquetó con la leyenda «asunto de seguridad nacional» para asignar de manera directa y evitar que, durante cinco, diez o 12 años, nadie tuviera acceso a los detalles de los costos.

El jefe de la «Cuarta Transformación» expropió infinidad de obras a civiles para entregárselas ilimitadamente a los militares, quienes ahora poseen un poder que nunca habrían imaginado y que en cualquier otra nación sería calificado como un gobierno militar, con una severa agravante. Lejos de cumplir con su misión de proteger a los mexicanos y garantizarles seguridad, los militares amparados en la política presidencial de «abrazos, no balazos» cedieron el monopolio de la fuerza a poderosos grupos del crimen organizado, elevando la cifra de homicidios dolosos a un récord histórico que ya supera las 180 000 muertes en lo que va del sexenio.

Las revelaciones dadas a conocer por las investigaciones de ProPublica y *The New York Times* sobre la confirmación de presuntas aportaciones millonarias, en dólares, a las campañas de López Obrador desde 2006 solo vienen a confirmar las sospechas. Badiraguato siempre estuvo en su corazón... y también detrás de su victoria. Eso sí justifica repartir «abrazos», eso sí justifica suspender los «balazos».

BADIRAGUATO EN MI CORAZÓN. Una de las promesas esenciales de la campaña presidencial de 2018 fue la de devolverle a México la seguridad perdida. Durante los sexenios del panista Felipe Calderón y del priista Enrique Peña Nieto, el índice de homicidios se disparó en dos baños de sangre creados, primero, por Genaro García Luna en el sexenio azul para proteger al Cártel de

Sinaloa y más tarde en el sexenio tricolor para fortalecer la aparición del Cártel Jalisco Nueva Generación, que desde la Secretaría de Gobernación —operando simultáneamente como Secretaría de Seguridad Nacional— recibió todos los apoyos para ser el cártel favorito del sexenio peñista. Por eso Miguel Ángel Osorio Chong no pudo alcanzar su ansiada candidatura presidencial. Desde Estados Unidos identificaron sus actividades y el veto lo aplastó en Los Pinos. El entonces presidente Peña Nieto no pudo cumplir la promesa de convertirlo en su sucesor. Por eso el secretario de Gobernación peñista acabó entregado a los intereses del gobierno de la «Cuarta Transformación». Porque terminó cobijado bajo el mismo esquema que protege desde 2018 a Enrique Peña Nieto y a Luis Videgaray, jamás atacados en una conferencia matutina ni con el pétalo de una insinuación fifí o conservadora.

Lo cierto es que la lucha contra la inseguridad y el crecimiento de los cárteles criminales jamás fue una prioridad para Andrés Manuel López Obrador. Aportaron tanto, como se detalla en las investigaciones que desde 2006 documentan cantidades millonarias en dólares, para sufragar los gastos de campaña del hombre «bueno y sabio» que no tiene una chequera, que jamás porta una tarjeta de crédito. Sucedió en 2006, volvió a ocurrir en 2012 y ya en la victoria política de 2018 acabó refrendada esa relación del presidente de la «Cuarta Transformación» con un solo cártel: el de Sinaloa. Bajo esa premisa de no tocar —por omisión, por complicidad o por temor— los intereses «del señor Joaquín Guzmán Loera» —a quien el mandatario detesta llamarlo el Chapo, por respeto, dice—, desde Palacio Nacional se fabricó la fachada de «abrazos, no balazos». El presidente López Obrador estaba convencido de que, si no los confrontaba con balas, acabarían juntos con la inseguridad, fundidos en abrazos de absoluta complicidad, unidos por los miles de millones que el negocio de la droga y el huachicol les darían a los intereses de Morena para garantizar la conservación del poder político, más allá de 2024. Pero el cálculo de complicidad falló. Y el *boom* del fentanilo, la poderosa y barata droga que hoy aniquila unas 100 000 vidas al año en Estados Unidos, fue el factor que sacudió la estrategia, porque el gobierno de la «Cuarta Transformación» no la tenía en el mapa.

La evidencia de las complicidades fue más que clara antes de que se cumpliera el primer año de gobierno del lopezobradorismo. La captura en Sinaloa de Ovidio Guzmán López —con su inmediata liberación— el 17 de octubre de 2019 encendió en México y en el extranjero todas las alarmas. El gobierno de la «Cuarta Transformación», en el mejor de los casos, temía a los cárteles; en el peor, era su cómplice. Les otorgó patente de corso. El ridículo era universal. Ni desde la Secretaría de Seguridad, ni desde la Secretaría de la Defensa, podía darse una explicación sensata de aquella liberación. Al final, el mismo presidente López Obrador acabó por asumir la responsabilidad bajo el pretexto de que con la libertad del hijo del capo más poderoso del planeta había evitado un baño de sangre sobre Sinaloa. Nadie se lo creyó. Pero bastaron cinco meses para confirmar que aquella acción criminal de un delincuente de alta monta no fue obra de la casualidad.

El 29 de marzo de 2020 el presidente López Obrador acudió hasta la sierra de Badiraguato, con el pretexto de supervisar una de las obras favoritas de su administración, una carretera para dar servicio a esa región dominada por el Cártel de Sinaloa y cuna de la familia Guzmán Loera. Y en esa gira, el inquilino de Palacio Nacional acabó bajando de su vehículo para salir al encuentro de Consuelo Loera Pérez, madre del Chapo y abuela del liberado Ovidio Guzmán López. Y hablándole en confianza, dirigiéndose a ella de «tú», le prometió gestionarle una visa humanitaria ante el Gobierno estadounidense para visitar al capo, al hijo recluido en una prisión de Nueva York, esperando su juicio. El inquilino de Palacio Nacional comió a cielo abierto con autoridades y personajes en un lugar de la sierra, sin más compañía que su chofer, sin escolta oficial que lo protegiera o medios de comunicación que lo acompañaran. Pero siempre existía alguien desde el lado de sus cómplices que a través de celulares dejaría testimonio de aquellas escenas.

El presidente López Obrador subestimó el juicio del «pueblo bueno y sabio». Seis viajes a Badiraguato fueron suficientes para dejar ver sus intereses políticos y personales con los personajes de esa región, con los jefes del Cártel de Sinaloa. Desde Ismael *el Mayo* Zambada, hasta Joaquín *el Chapo* Guzmán y con Dámaso López, alias el Licenciado.

Su defensa pública de por qué como presidente iba tanto a Badiraguato no tiene desperdicio. El 14 de noviembre de 2023, en gira por Sinaloa y acompañado del gobernador morenista Rubén Rocha (originario precisamente de Badiraguato), el mandatario defendió sus constantes giras a la tierra del Chapo. «Antes de que yo termine mi mandato voy a regresar. Hay algunos a quienes no les gusta que venga a Badiraguato, pero a mí me gusta. Fíjense, ahora sí que mi gusto es. ¿Y saben por qué me gusta? Primero, porque no estoy de acuerdo con los estigmas. No estoy de acuerdo con que tachen a la gente de mala». Y el mandatario que en cada Mañanera se dedicó a atacar empresarios, adversarios políticos, periodistas y dueños de medios de comunicación, a los que era evidente que no les tenía el menor respeto, acabó del brazo y por la calle respetando todos sus acuerdos. Hasta que fue imposible sostenerlos y el destino lo alcanzó.

El 15 de septiembre de 2023 el presidente López Obrador fue obligado a romper con el Cártel de Sinaloa al no tener otra opción que entregar a Ovidio Guzmán López —al nieto de Consuelo Loera Pérez—, quien presuntamente fue detenido solo para frenar las presiones del Gobierno estadounidense. Una captura que sería de fachada, con la promesa de que en unos días sería liberado. Pero algo sucedió que no solo impidió el acuerdo de liberación, sino que obligó al mandatario a entregar a su protegido a las autoridades de Estados Unidos. Ese algo coincidió con la celebración de los 15 años —diferidos dos años por la pandemia— de Natalia, la hija de Carolyn Adams e hijastra de José Ramón López Beltrán. La magna fiesta, con un despliegue de escenografías, coreografías, música y flores calificadas como excesos, fue cuestionada al sospecharse que el costosísimo evento fue pagado por el padrastro, el hijo del presidente López Obrador. Nada de eso. La madre de la festejada fue la encargada de difundir en redes sociales que los gastos de tan fastuosa fiesta corrieron a cargo del padre de la «quinceañera» y de su familia culichi, es decir, originarios de Sinaloa. Hasta ese momento, la presunción pública era que Natalia era hija de un primer matrimonio de Carolyn con un empresario estadounidense relacionado con el mundo de los energéticos. Pero no fue así. La aclaración de la madre solo vino a sembrar nuevas sospechas, porque el nombre del padre sinaloense de Natalia nunca fue revelado. Ninguna imagen o video del padre fueron «posteados» en ninguna de las redes sociales, ni de la hija ni de la exesposa. Y emergieron las preguntas: ¿Con quién estuvo casada antes Carolyn Adams? ¿Por qué la identidad del padre no se da a conocer? ¿Por qué el padre biológico de la hijastra de José Ramón López Beltrán entra en la categoría de los «innombrables»? Quizá en los entretelones de aquella fiesta del 2 de septiembre de 2023 se tejieron las presiones suficientes que permitieron que el 15 de septiembre —11 días después y contra lo pactado— Ovidio Guzmán López fuera extraditado a Estados Unidos donde hoy espera el juicio al lado de su poderoso padre, «el señor Guzmán Loera».

LA «MAFIA» SÍ ES RENTABLE. En su libro escrito en 2010, *La mafia que se adueñó de México... y el 2012*, el entonces precandidato presidencial López Obrador denunciaba que el país era dominado por un clan de oligarcas empresariales que dictaban las reglas y se adueñaban de los grandes negocios públicos para acrecentar sus riquezas. Al frente de esa mafia del poder ubicaba a Carlos Slim, a quien en ese momento consideraba un traidor porque después de haberle otorgado todo tipo de negocios durante sus seis años como jefe de Gobierno del Distrito Federal, el hombre más rico de México —y en algún momento el más acaudalado del mundo— le había dado la espalda en la elección de

2006 para acabar aliado con el prianismo, que le respetaría sus privilegios y concesiones. Pero utilizando el poder de seducción que le otorga su dinero, Carlos Slim logró revertir esa distancia y acabó pactando con el hombre que desde el poder prometía cerrar la brecha entre los pocos que tienen demasiado y los demasiados que tienen poco.

Curiosamente el manotazo en la mesa sobre el NAICM fue la causa perfecta para volver a entablar una relación de incondicionales. El presidente López Obrador fingió que pagaba una obra faraónica y corrupta, cuando en realidad estaban rescatando a las constructoras de Carlos Slim y el llamado «consorcio» —un bloque de constructoras sindicalizadas por el mismo Slim— de un enorme error de cálculo que haría imposible poner en pie esa obra. A partir de esa charada que se vendió como un «acto de autoridad» y que acabó liquidada con dinero del erario porque se vendió como una «expropiación», las relaciones del presidente vitalicio de Grupo Carso volvieron a su cauce con el presidente López Obrador. A tal grado se dio la simbiosis entre el hombre del poder y el hombre del dinero que Carlos Slim acabó convertido en el proveedor, constructor, hombre de las telecomunicaciones y de la energía, además de consejero de cabecera de Palacio Nacional, a donde comenzó a acudir con frecuencia a desayunar o comer con el presidente López Obrador.

«Ciertobulto», como suelen llamarlo los amigos íntimos que le sobreviven a su carácter y a sus caprichos, aprovechó dos factores para adueñarse de la «psique empresarial» del mandatario. Una, la confrontación presidencial con el llamado Grupo Monterrey, el puñado de presidentes y directores de las mayores corporaciones regiomontanas, que en los días de la presidencia de Luis Echeverría confrontaron el estatismo y el socialismo que destilaba aquel gobierno y que terminó en una áspera confrontación que le costó la vida al patriarca Eugenio Garza Sada. El presidente López Obrador fue convenciéndose de que los hombres del llamado Grupo Monterrey estaban apadrinando campañas en su contra, revivió los aciagos días de los setenta, cuando Echeverría acusó a los regio-montanos de conspirar bajo el mote de los «Encapuchados del Chipinque» y se dedicó a atacar, fiscalmente y con regulaciones, los intereses de los capitanes de Monterrey. Slim, siempre adversario de los patriarcas regios, de quienes dice a voz en cuello que «el que no está endeudado es un alcohólico», los desplazó de las mesas de la «Cuarta Transformación» y ocupó el espacio del *consigliere* empresarial.

El segundo factor fue la cercanía de Carlos Slim con China, alentada por su sociedad con Huawei en la instalación de la tecnología 5G para la nueva red de telecomunicaciones, una alianza repudiada por el Gobierno de Estados Unidos al otorgárseles con ello a los orientales la posibilidad de acceder a la información privada de todos los mexicanos, a la *big data* de empresas y corporaciones y, por supuesto, a la información del Gobierno y a cualquier implicación de estos individuos en relaciones comerciales o personales con estadounidenses. Es Carlos Slim el personaje que nutre el espíritu pro-China y de diversificación frente al poder del vecino del norte ante el presidente López Obrador, bajo un argumento simplista: los estadounidenses no pueden darse el lujo de romper con México porque la dependencia de las cadenas de producción es de tal magnitud que se estarían dando un balazo en el pie. De ahí la actitud del inquilino de Palacio Nacional de confrontar al Gobierno estadounidense sin medir las consecuencias. Piensa, porque así se lo aconseja Slim, que cualquier amenaza es de dientes para afuera, que en la realidad no se puede consumar porque las consecuencias serían desastrosas no solo para México, sino para Estados Unidos y Canadá.

Y ese favor de ser el eterno *consigliere* empresarial le ha valido a Carlos Slim no solo ser el contratista favorito de obras insignia, como el Tren Maya, sino de otros privilegios en el terreno de las telecomunicaciones, los energéticos, las finanzas y la seguridad nacional. En esa comunión de ideas se esconden los pormenores del porqué el presidente López Obrador quiere desaparecer instituciones como la Comisión Federal de Telecomunicaciones

(Cofetel) o la Comisión Federal de Competencia Económica (Cofece), entre otras, que son las que medianamente vigilan la dominancia de un jugador económico tan aplastante como lo es «el Ingeniero».

La cereza en el pastel de este amasiato de intereses entre el hasta hoy hombre políticamente más poderoso y el hombre económicamente más dominante de México se exhibió tras la tragedia de la Línea 12 del Metro de la Ciudad de México. Construida en 2012 por una de las corporaciones de Carlos Slim, los peritajes apuntaron siempre a una deficiencia en la colocación de los pernos que sujetaban los rieles a las trabes. Por eso habría colapsado. Pero en un evidente conflicto de interés, el presidente vitalicio de Grupo Carso tomó la justicia por propia mano y se autoexoneró de cualquier responsabilidad, saliendo él mismo —como constructor— a decir que la tragedia que costó 26 vidas fue producto de la falta de mantenimiento, en un claro señalamiento a la gestión de Claudia Sheinbaum. Nadie del gobierno de la «Cuarta Transformación» se atrevió a contradecir o a desafiar a aquel que, además del poder que le da el dinero, obtiene miles de millones a través de concesiones públicas y cobrando los servicios, a precios mucho más elevados, a las clases populares que utilizan el sistema telefónico prepago. Este individuo se ha autoatribuido el derecho de juzgarse y declararse a sí mismo inocente. Es decir, el hombre que, hace un sexenio, fue calificado por el entonces candidato López Obrador como jefe de la llamada mafia del poder acabó sentado en la mesa seis años más tarde, compartiendo ese poder con el presidente López Obrador. No sabemos si el mandatario le perdonó todas sus «mafiosas culpas» pasadas o simplemente decidió sentarse a la mesa a hacer negocios «con la mafia».

Otro caso que ilustra la falacia del rompimiento con la mafia del poder en el sexenio de la «Cuarta Transformación» es el de José Miguel Bejos, un empresario que dirige Grupo Promotor de Desarrollo e Infraestructura (Prodi) y la Compañía Inversora Corporativa (CIC), ambas con actividades en construcción, transporte público, aeronáutica y publicidad. Es además el socio mexicano de la multinacional portuguesa Mota Engil, una de las constructoras favoritas del sexenio a la que el gobierno lopezo-bradorista le otorgó, durante los primeros cinco años, más de 104 000 millones de pesos en contratos, concentrados en el Tren Maya y en Pemex.

La historia de Pepe Miguel, como se le conoce en el mundo empresarial, incluye su papel como uno de los tres constructores favoritos en el gobierno del priista Enrique Peña Nieto. Formaba parte del bloque Higa, OHL y Odebrecht. Además de ser amigo personal de Peña Nieto, también era integrante de su *foursome* en el Country Club Gran Reserva en Ixtapan de la Sal. En este club, por lo regular solían jugar personajes como Emilio Gamboa Patrón, Luis Miranda y otros invitados entre los que podrían incluirse desde Luis Videgaray o Miguel Ángel Osorio Chong hasta el gobernador nuevoleonés Rodrigo Medina. Por eso más de una ceja se levanta cuando se menciona que Pepe Miguel, no obstante del pesado sello peñista, se convirtió en el constructor favorito de la «Cuarta Transformación», con obras que incluyen 63 000 millones de pesos solo en contratos con Pemex, gestionados a través de Javier Núñez López, quien funge como alto directivo en Pemex Exploración y Producción. Este es el mismo personaje que fuera acusado en 2012 (durante la gestión de Marcelo Ebrard) de triangular recursos públicos del Gobierno de la Ciudad de México para favorecer la asociación «austeridad republicana» que impulsó la candidatura de López Obrador a la Presidencia. Mexicanos Contra la Corrupción ha documentado esos contratos, que incluyen el más elevado por 1477 millones de dólares a las empresas Opex Perforadora y Perforadora Integral de Oriente Ixachi, que al tipo de cambio de la fecha de su firma totalizaba 29 481 millones de pesos.

El cuestionamiento en el sector empresarial es si los privilegios de los que gozan Pepe Miguel y Mota Engil forman parte del pacto de no agresión a los intereses del expresidente Peña Nieto con el actual gobierno, o es —como en el caso de Carlos Slim— un acto de redención que viene a confirmar que cuando se trata de cuidar mis intereses, mi mafia es tu mafia, ¿o de qué mafia estamos hablando?

MORENA SE PONE «A-MODO-NESI». Pero sin duda las mafias más relevantes dentro del círculo íntimo del presidente López Obrador son las que orbitan en torno a ese aparato de poder y de dinero que como partido lleva por nombre Morena. Sí, el que fue bautizado como «La esperanza de México». Al igual que sucedió con su antecesor Partido de la Revolución Democrática, las izquierdas son incapaces de crear un bloque unido para dar la pelea. Sus tribus se confrontan eternamente hacia el interior, se traicionan, se apuñalan por la espalda, en un perverso juego de poder en el que sobrevive quien tiene el favor del presidente en turno.

Desde que bajo su nombre se ganó la presidencia en 2018, Morena se transformó en un volcán político en constante actividad, con trepidaciones políticas que arrojan cenizas, que un día cayeron sobre Yeidckol Polevnsky; otro día, sobre Porfirio Muñoz Ledo; un día después, sobre Marcelo Ebrard; más tarde, sobre Alejandro Rojas Díaz Durán, de forma intermitente sobre Ricardo Monreal e incluso, en una exhalación más profunda, sobre Claudia Sheinbaum.

Los ataques que se vivieron en la precampaña morenista y en los que se descalificó la candidatura de Omar García Harfuch para la Jefatura de Gobierno de la Ciudad de México, el vacío del Estadio Azul para evidenciar quién tiene la operación territorial por encima de la candidata, o el quiebre de los acuerdos de Sheinbaum con la ratificación de Ernestina Godoy en la Fiscalía capitalina, o las candidaturas a gobernador en Tabasco y Chiapas, pactadas con Adán Augusto López y con Manuel Velasco, son candentes fumarolas que sacuden al ahora partido en el poder.

En lo formal, en lo institucional, Morena es dirigido por Mario Delgado, quien en algún tiempo fuera el hombre de confianza del jefe de Gobierno capitalino, Marcelo Ebrard. En la realidad, aquellos que se sienten líderes fundacionales de Morena no lo reconocen como tal. Y a modo de bloque de la llamada ultraizquierda, actúan por su cuenta, bajo su propia agenda, incluso manipulando a voluntad presidencial. Aquellos que conocen de cerca el círculo íntimo del inquilino de Palacio Nacional identifican una lista de intelectuales y militantes que siempre le exigieron romper de lleno con el pasado y crear desde cero un nuevo futuro. A partir de la pandemia, y frente a la salida del bloque ortodoxo que integraban Alfonso Romo, Julio Scherer, Olga Sánchez Cordero, Esteban Moctezuma, Alfonso Durazo y Tatiana Clouthier, entre otros, ese bloque de izquierda acabó adueñándose del espíritu presidencial, desesperado frente al flagelo sanitario, financiero y político que le trajo el mal manejo del COVID-19.

En esa lista se incluyen a John Ackerman, Irma Eréndira Sandoval, Rocío Nahle, Bertha Luján y su hija Luisa María Alcalde, Paco Ignacio Taibo II, Pedro Salmerón, Martí Batres y su hermana Lenia Batres, ministra de la Suprema Corte, además de Pedro Miguel, Enrique Dussel (†), Luciano y Elvira Concheiro y el dominicano Héctor Díaz-Polanco, todos ellos coordinados desde el *marketing* político por Jesús Ramírez y por Epigmenio Ibarra. Pero ese bloque de la ultraizquierda que se acabó de apoderar del ánimo presidencial durante y después de la pandemia no es casual. Detrás de ellos existe un intelectual, italiano de origen, que con sus revolucionarias tesis luce como el más influyente entre los radicales. Su nombre: Massimo Modonesi.

Poco se sabe de su pasado en Italia, solo que es un historiador, sociólogo y, como él mismo se define, latinoamericanista. Es doctor en Ciencias Políticas por la Università degli Studi «La Sapienza», en Roma, y doctor en Estudios Latinoamericanos por la Facultad de Filosofía y Letras de la UNAM. Modonesi es también miembro del Sistema Nacional de Investigadores, en el nivel II, estudioso de movimientos sociopolíticos en México y en América Latina y de conceptos y debates marxistas. Es profesor de tiempo completo del Centro de Estudios Sociológicos de la Facultad de Ciencias Políticas y Sociales, así como docente y tutor del Programa de Posgrado en Estudios Latinoamericanos de la UNAM.

La genética intelectual de Massimo Modonesi está ligada a la filosofía de Antonio Gramsci, el teórico marxista, político, sociólogo y periodista italiano del siglo pasado, fundador del Partido Comunista Italiano. Fue encarcelado bajo el régimen fascista de Benito Mussolini. En esos días de encierro, Gramsci escribió amplias tesis sobre el proletariado como fuerza social homogénea y organizada frente a la pequeña burguesía urbana y rural.

Modonesi confirma su filia por el fundador del Partido Comunista Italiano al ser el coordinador de la Asociación Gramsci México y miembro del Comité Directivo de la International Gramsci Society. En 2001 se da una oportunidad afortunada. El politólogo italiano, junto con el ingeniero Manuel Pérez Rocha, fue miembro del equipo que fundó la Universidad Autónoma de la Ciudad de México, una iniciativa del entonces jefe de Gobierno capitalino, Andrés Manuel López Obrador.

Si alguien quiere asomarse a las tesis gramscianas de ese intelectual de los radicales de la «Cuarta Transformación», es suficiente acudir a revisar sus textos y sus conferencias. En agosto de 2018, publicó un artículo titulado «México: el gobierno progresista "tardío". Alcances y límites de la victoria de AMLO». En ese ensayo, Massimo Modonesi reflexiona antes de la pandemia: «Respecto a los gobiernos progresistas latinoamericanos de las últimas décadas, el horizonte programático de AMLO está dos pasos atrás en términos de ambiciones "antineoliberales", mientras destaca por la insistencia casi obsesiva de la cuestión moral, en la que precisamente muchos de esos gobiernos naufragaron».

Dos videoconferencias que Modonesi sostuvo en los días de la pandemia dejan en claro su filón bajo el título: «COVID-19, capitalismo, izquierda y crisis ideológica, crisis orgánica y hegemonías». Si se quiere conocer ese pensamiento para cotejarlo con el radical López Obrador que emergió durante la crisis sanitaria, basta leer: «Una cosa es tener una crisis sistémica y otra cosa es tener las condiciones subjetivas para transformarla en una oportunidad para un horizonte anticapitalista o postcapitalista».

Y desde la visión de Gramsci, Modonesi plantea algunos fenómenos morbosos por venir:

> Si la clase dominante perdió el consenso, es decir, no es más dirigente, sino únicamente dominante, detentora de la pura fuerza coercitiva, eso significa que las grandes masas se separaron de las ideologías tradicionales. No creen ya en lo que antes creían [...] La crisis consiste, por tanto, en que lo viejo muere y lo nuevo no puede nacer [...] En este *interregno* es donde se desarrollan los fenómenos morbosos más diversos.

Modonesi presagia incluso el momento de la ruptura, la separación de las masas y una época de revolución, como se trasluce en la entrevista presidencial de Epigmenio Ibarra. Jamás se habla de transformación. «Hay un momento de ruptura y hay una separación de las masas [...] y es cuando se abre una época de posible revolución [...] ¿Qué tanto vemos una crisis del capitalismo, de la globalización, del neoliberalismo, y al mismo tiempo, de ver nacer una alternativa, construirla?».

Este es el pensamiento del ala radical de la izquierda morenista que a partir de la pandemia exaltó los ánimos presidenciales y los lleva todos los días en la Mañanera al extremo de la confrontación con todos los sectores, con todos los adversarios, con todas las tribus internas a las que buscan desparecer. Tienen claro que están trazando, como ellos lo admiten, una segunda revolución. Son los mismos que se asisten en Venezuela a la sombra de Nicolás Maduro y los que promueven en México el Instituto Nacional de Formación Política, con aulas que llevan el nombre del compañero Hugo Chávez. Son los mismos que alguna vez ya dijeron: «¡Sea como sea, se las metimos doblada, camarada!». ¿Lo volverán a hacer?

12.3

TRAS LA HUELLA DE ECHEVERRÍA
GUAYABERAS DENTRO DE LA 4T

Cuando en 1974 acudí como reportero del periódico *El Norte* a cubrir mi primera gira presidencial en Matehuala, San Luis Potosí, experimenté mi primer contacto con el poder de un presidente de México, el de Luis Echeverría, en la plenitud de su sexenio, en la antesala de sus grandes confrontaciones que crearían la primera crisis política y económica —devaluación del peso incluida— en 22 años.

Aquella gira por las zonas áridas de Nuevo León y Coahuila buscaba vender el cuento de que el entonces inquilino de Los Pinos, el «hombre de la guayabera», veía a los pobres como su prioridad. Desde entonces, «primero los pobres». Y para demostrarlo creó un sinfín de programas sociales, la mayoría de los cuales —después de miles de millones de pesos de presupuesto— acabaron en el cesto de la basura o en los bolsillos de unos cuantos vivales políticos. En aquella gira, Echeverría inauguraría un programa nacional de cunicultura, que buscaba dotar de cientos de miles de conejos a los mexicanos desposeídos que habitaban en las zonas áridas, en donde el único sustento de entonces era el cultivo de la lechuguilla para venderla como fibra. La idea presidencial consistía en darle tres o cuatro parejas de conejos a cada familia, entrenarlos para sacar ventaja de su facilidad de proliferación, y cuando en pocos meses esos seis u ocho conejos se multiplicaran, sus dueños tendrían carne para comer o para vender, además de piel de conejo para curtir y venderla en el mercado de la fabricación de chamarras o abrigos. «Negocio redondo y de bajo costo», decía orgulloso de su idea Echeverría.

En una improvisada conferencia de prensa, de pie, en medio del desierto, cuestioné al mandatario. «Presidente Echeverría, ¿no cree usted que en el papel su idea de la cunicultura puede lucir maravillosa, pero en la realidad tan pronto como el convoy presidencial se retire, si los beneficiarios tienen hambre, se comerán esos conejos y no esperarán a su reproducción, o si tienen algún apuro económico acabarán por venderle a alguien los animalitos vivos?». Su respuesta, con una sarcástica sonrisa, fue: «Es usted muy perspicaz, mi joven amigo, pero ya pensamos en todo. Tendremos extensionistas en el campo para cuidar que las familias tengan la paciencia para esperar las crías y entrar en el ciclo virtuoso de producción y utilidades. Incluso les conseguiremos compradores para sus pieles». Tendríamos que acudir en un par de meses a comprobarlo. Pero no hizo falta. Veinticuatro horas después de aquella conferencia, en pleno desierto, volvíamos en nuestra camioneta Brasilia de regreso a Monterrey —ya que por ética los periodistas de *El Norte* jamás viajábamos en la comitiva presidencial— y con asombro vimos que, en la orilla de aquella carretera que cruzaba una de las zonas más áridas de México, hombres, mujeres y niños ya estaban vendiendo al borde de la carretera aquellos conejos, vivos, algunos ya sacrificados, e incluso las pieles, por unos cuantos pesos. El capitalismo, aunque se le maquille con un rostro social, no tiene cabida en estómagos vacíos. Volvimos apenas un mes después a Matehuala y a Doctor Arroyo para confirmar que solo una de cada diez familias que recibieron los beneficios de aquel original programa presidencial mantenían su criadero de conejos.

Por eso, aquellos que duden de que la psique político-populista de Luis Echeverría y de Andrés Manuel López Obrador sea la misma les bastará con echar un vistazo a la larga lista de programas sociales muy cuestionables creados a capricho, con ocurrencias improvisadas, y financiados con fondos del erario que parecen no tener fin. Para muestra de aquellos años setenta están el Proder, un programa de desarrollo regional para zonas marginadas, o el Pider, un programa de desarrollo rural en áreas deprimidas. Son los equivalentes actuales de Sembrando Vida o de Jóvenes Construyendo el Futuro. El reparto indiscriminado, a fondo perdido, de miles de millones de pesos para mitigar la culpabilidad oficial de no atender lo suficiente a los que menos tienen.

Pero la calca echeverrista del lopezobradorismo no se limita al esqueleto de sus programas sociales, sino a utilizar a los mismos personajes que 25 años atrás los crearon y los administraron durante el gobierno de Echeverría. Para muestra, ahí está el caso de Ignacio Ovalle Fernández, quien fuera secretario particular de Echeverría en sus días como secretario de Gobernación durante el gobierno de Gustavo Díaz Ordaz. Ya como candidato a la presidencia, Echeverría mantuvo a Ignacio Ovalle como secretario particular solo para ubicarlo en su gabinete como secretario de la Presidencia, donde manejó todos los programas sociales que fueron creados en aquella administración populista. Es el mismo Ignacio Ovalle Fernández a quien el presidente José López Portillo le asignó el Instituto Nacional Indigenista y la coordinación del Coplamar, el plan nacional de zonas deprimidas y grupos marginados. Enviado como embajador a Cuba por el presidente Miguel de la Madrid, regresó en el sexenio de Carlos Salinas para ser el director general de la Conasupo —que era manejada de facto por Raúl Salinas de Gortari—, aunque después de corruptelas con las adquisiciones de leche importada radiactiva y de granos de muy dudosa calidad acabó en liquidación. A Ignacio Ovalle Fernández se le endosa la paternidad de aquel cuestionado programa para regalar, en tiempo electoral, un kilo de tortillas diario a millones de familias marginadas en una acción populista que fue bautizada electoralmente como Tortivales.

Ya en el gobierno morenista, el presidente López Obrador designó a Ignacio Ovalle Fernández como titular de Seguridad Alimentaria Mexicana (Segalmex), la nueva Conasupo de la «Cuarta Transformación» que se presentaría como uno de los mayores escándalos de desfalco en un gobierno que prometía que desterraría la corrupción. El ilícito le generó a la dependencia un faltante superior a los 15 000 millones de pesos documentados en 22 denuncias penales ante la Fiscalía y 17 investigaciones más en curso. Este monto duplica el escándalo de la llamada Estafa Maestra que se dio en el sexenio priista de Enrique Peña Nieto y en el que se desviaron más de 5 000 millones de pesos de programas sociales a universidades y centros de investigación para ser utilizados con fines electorales. Curiosamente el presidente López Obrador, quien se exhibió a sí mismo como un fiero cuestionador y perseguidor de Rosario Robles (hoy exonerada), a quien le pretendió endosar la responsabilidad de aquella Estafa Maestra, fue incapaz de entregar a su protegido para responder por el descomunal desfalco en Segalmex. En su lugar envió al exsecretario particular de Echeverría arropado a la Secretaría de Gobernación como coordinador del Instituto Nacional para el Federalismo y el Desarrollo Municipal (Inafed).

Otra estrecha vinculación del gobierno del presidente López Obrador con Luis Echeverría se da en la Secretaría de Infraestructura, Comunicaciones y Transportes (SICT), en donde funge como titular Jorge Nuño Lara, hijo del coronel de infantería Jorge Nuño Jiménez, quien fuera también jefe de ayudantes y secretario particular de Luis Echeverría desde el 15 de diciembre de 1970 —cuando asumió la presidencia— hasta el día de su muerte. Con una trayectoria de cincuenta años al servicio del «hombre de la guayabera», el padre del ahora secretario del gabinete lopezobradorista fue también director del Centro de Estudios Económicos y Sociales del Tercer Mundo (Ceestem). En una única entrevista concedida al diario *El Universal*, el 3 de marzo de 2019, el padre del actual secretario de Infraestructura de la «Cuarta Transformación» recuerda, entre las múltiples anécdotas, que en junio de 1971 llamó a Los Pinos el presidente Richard Nixon para decirle a Echeverría: «Le suplicamos que el voto de México sea negativo [sobre el ingreso de China a la ONU]». A lo que Echeverría respondió: «Muchas gracias, señor presidente, lo vamos a estudiar con mucho cuidado». Y la respuesta fue que el presidente de México habló ante la asamblea general en Nueva York para decir que era inconcebible que la tercera parte de la humanidad no tuviera representación en las Naciones Unidas. Cualquier parecido con los tiempos de la «Cuarta Transformación» y las posiciones del presidente López Obrador frente al mayor socio comercial de México es mera coincidencia.

Otro punto de encuentro en la psique política del presidente López Obrador con el expresidente Echeverría fue su animadversión por la clase empresarial y en especial por el llamado Grupo Monterrey, con el que ambos iniciaron sus sexenios de la mano, pero terminaron confrontados porque los dos mandatarios consideraron que desde Monterrey se financiaban las campañas opositoras para desacreditar a sus gobiernos. En el caso de Echeverría, esa confrontación culminó con el magnicidio de Eugenio Garza Sada, el patriarca empresarial regiomontano, en los días en que el Gobierno acogía el exilio de la izquierda chilena ligada al presidente Salvador Allende y sacudida por el golpe del general Augusto Pinochet. A partir de ese quiebre se inició la debacle del «gobierno de la guayabera».

En el sexenio de la «Cuarta Transformación» el fusilamiento hacia la clase empresarial de Nuevo León no solo se da defenestrando a sus hombres de negocios y a sus empresas (como sucede de forma recurrente con Femsa y con Oxxo y con los múltiples acuerdos de abastecimiento de energía producida por el sector privado), sino alentando a personajes políticos como el gobernador emecista Samuel García, un moderno Pedro Zorrilla Martínez, aquel gobernador neoleonés de los años de Echeverría, quien lejos de arropar a su clase empresarial, tomó partido con el «hombre de la guayabera» en una crisis que —coincidencia o no— se inició en 1973 con la disputa del manejo del agua para la zona metropolitana de Monterrey, operada entonces por el sector empresarial y entregada por decreto al Estado, y que se convirtió en crisis para colocar a aquella metrópoli contra la pared.

Las similitudes entre Echeverría y López Obrador incluyen las inclinaciones ideológicas, populistas, antiempresariales, contra los periodistas y contra Estados Unidos. Ambos son mandatarios que tenían una fascinación por el micrófono. Sin conferencias matutinas a disposición, el presidente Echeverría solía abusar de los discursos públicos con duración de una a dos horas, así como de reuniones de trabajo en su residencia de San Jerónimo Lídice de hasta seis horas, en las que evangelizaba a los asistentes sobre su pensamiento social. El presidente López Obrador creó desde su jefatura de Gobierno en la capital de México el concepto de la Mañanera, que se convirtió en el único instrumento de su gestión a través del cual, con el monopolio del micrófono y frente a preguntas sembradas a modo, el mandatario de la «Cuarta Transformación» podía defenderse de quienes definía como sus adversarios. Los dos presidentes coinciden en su enorme proclividad a silenciar las voces disidentes en los medios de comunicación. El emblemático caso de la expulsión del periodista Julio Scherer García del periódico *Excélsior* persiguió hasta su muerte a Echeverría. El presidente López Obrador utiliza el estrado de su Mañanera como patíbulo en el que fusila una y otra vez, lo mismo a Carlos Loret de Mola que a Joaquín López Dóriga, Ciro Gómez Leyva, Azucena Uresti e incluso a periodistas que le fueron afines en su ascenso al poder, como Carmen Aristegui. Las pruebas están ahí. Y no existe peor ciego que el que no las quiere ver, o peor sordo que el que no las quiere oír. El final del gobierno del presidente López Obrador, incluyendo lo que será un fatídico séptimo año, promete ser peor que el cierre del sexenio de Luis Echeverría. La genética política de su megalomanía, autoritarismo y mitomanía los marcó.

12.4

LÓPEZ OBRADOR, EL QUIEBRE CUANDO ME LEVANTÉ DE SU MESA

Cruzada en su pecho la banda presidencial y apuntalados en las promesas de no corrupción y transparencia, innumerables empresarios —sobre todo jóvenes— me preguntaban si de verdad el nuevo gobierno de la «Cuarta Transformación» acabaría con «los moches» y las asignaciones directas de obras a las que se acostumbraba con los gobiernos del Prian. La mayoría de aquellos que preguntaban jamás habían entrado a una licitación pública, por lo que les atraía la posibilidad de hacerlo en un juego con piso parejo.

Uno de esos amigos me cuestionó sobre la veracidad de esa «honestidad valiente» y mi respuesta fue la de decirle: «Prueba, ¿qué puedes perder?». Lo hizo, y limpiamente, sin tener que hablar con ninguna autoridad o tener que pasar «un sobre amarillo», ganó en 2019 su primera licitación por precio bajo. Se mostraba no solo feliz, sino orgulloso de que en su país se pudiera desterrar la corrupción. Y vino un año más tarde la segunda licitación, en el mismo territorio, para los mismos fines. Y volvió a ganar sin problema. Su cotización era un 50% más barata que la que solía darse en los gobiernos del Prian. Confiando en que todo se hacía ya sobre la mesa, el cheque del pago del contrato demoró unos días y confiadamente su empresa acabó pagando al proveedor, bajo la seguridad de que al corto plazo le entregarían lo acordado. Falso. Cuando acudió a las oficinas del gobierno cuatroteísta le dijeron que su cheque estaba listo, pero que tenía que dejar el 15% en la mesa para que se lo dieran. Pensó que se trataba de un funcionario menor que buscaba sacar provecho personal y que, tan pronto los altos mandos conocieran el cohecho, todo se arreglaría. No fue así.

El amigo recibió la llamada de un funcionario mayor, hasta que puso como condición que el mismo jefe de la dependencia le llamara para saber que la petición venía de él. El alto funcionario llamó y se pactó que alguien de toda su confianza pasaría a recoger las maletas —no sobres ni portafolios— de efectivo en dólares. Mi amigo no estaba cediendo a entrar en el perverso juego de la corrupción. Buscaba, por supuesto, recuperar lo que ya había pagado al proveedor —una elevadísima cantidad—, dinero que formaba parte de su patrimonio, pero sobre todo quería grabar en video las escenas del personaje de confianza del funcionario recibiendo, al más puro estilo de René Bejarano («el Hombre de las Ligas» en 2006), los fajos de billetes que en aquellas maletas hacían palidecer los «donativos» del constructor Carlos Ahumada.

Con videos en mano, me visitó para darme una noticia y para pedirme un favor. El asunto era que mi amigo no participaría en licitaciones públicas porque la honestidad y la transparencia solo duraron un año. El favor: que le mostrara al presidente López Obrador aquel video para que se diera cuenta en qué niveles y con qué montos se estaba moviendo ya la corrupción en su gobierno. Incluso estaba dispuesto a comparecer lo necesario si se le otorgaba el carácter de testigo protegido, porque su intención jamás fue la de entrar en el círculo corruptor, pero estaba obligado a recuperar su dinero.

Durante el primer año de gobierno, y con cierta frecuencia, desayunaba a solas con el presidente López Obrador en su despacho de Palacio Nacional. Lo que buscaba el inquilino de Palacio Nacional era que, como amigo y periodista, le confiara sin cortapisas cualquier información que pudiera dañar la imagen de su gobierno y su reputación propia. De hecho, en el primer encuentro, todavía en las oficinas de campaña, ya como presidente electo, López Obrador me dijo en medio de un café que me encargaba mucho todo lo que escuchara que se dijera de su familia, sobre todo de sus hijos, y que no vacilara en reportárselo.

Fue así como en uno de esos desayunos, ya con el presidente en funciones, le compartí los expedientes —integrados desde el otro lado del Río Bravo—, en donde se daba fe de la cadena de corruptelas de Ricardo Peralta Saucedo, el controvertido director de Aduanas, que en pocos meses escaló puertos fronterizos y marítimos al nivel de un jugoso negocio que era entregado al mejor postor: el control de cada aduana y el paso de las mercancías. Su confrontación con la entonces titular del SAT, Margarita Ríos Farjat, fue abierta y descarnada. Debo reconocer que tan pronto vio las evidencias sobre Ricardo Peralta, el presidente López Obrador no vaciló y cesó de inmediato al titular de Aduanas. Esa era la buena y congruente noticia. La mala, que le entregó —al igual que más tarde haría con Ignacio Ovalle, el director de la desfalcada Segalmex— un refugio político en la Secretaría de Gobernación, bajo el argumento de que la secretaria Olga Sánchez Cordero se lo había solicitado.

Cuando en otro desayuno hablamos de ese escudo protector para Ricardo Peralta ya era demasiado tarde. En poco más de un mes el ya subsecretario de Gobernación estaba pactando a sus espaldas —y de la Secretaría— arreglos económicos con el Sindicato de Electricistas, con los paramilitares de las autodefensas de Tamaulipas y Michoacán y con los más poderosos propietarios de casinos en todo el país. Traía su agenda propia y se movía como pez en el agua. «Ten cuidado, presidente, porque si no frenas esos excesos, Peralta se te puede convertir en el García Luna de este sexenio», le dije. Y todavía en ese momento mostró un dejo de preocupación frente a lo que era ya evidente, con abundantes pruebas publicadas en innumerables medios de comunicación. Acabó por retirarlo también de Gobernación, pero nunca de la primera fila de las concentraciones de Morena, primero apoyando a Adán Augusto López y luego a Claudia Sheinbaum.

Con esa seguridad que me dio el saber que el presidente López Obrador estaba escuchando y que corregía el mal rumbo, le compartí los detalles del video que puso en mis manos mi amigo. La evidencia era demoledora, contundente, o como dicen en el imaginario popular: «No había ni para dónde hacerse». En medio del desayuno servido, el inquilino de Palacio Nacional, me dijo: «Publícalo tú en Código Magenta y actuaré en consecuencia». Le respondí que sin problema alguno, con la precondición de que le garantizara al amigo que había grabado aquello su calidad de testigo protegido. «Fíjate que eso no puedo hacerlo», me dijo. «¿Por qué, presidente?», lo cuestioné. «Porque la Fiscalía General de la Nación es independiente y lo que me pides no está en mis manos cumplirlo». Me sorprendió su respuesta e intercambiamos una silenciosa mirada que debió prolongarse poco menos de un minuto, pero que a mí me pareció eterna. «¿Estás hablando en serio, presidente?», lo cuestioné de nuevo. Más silencio.

La desilusión me invadió de pies a cabeza. «Ya entendí, presidente. Ya entendí», le dije descorazonado. Y el silencio se prolongó todavía más. Y todavía con el desayuno a medio terminar, me levanté de aquella mesa. Ningún comentario adicional del hombre que por décadas luchó por alcanzar esa oficina presidencial, prometiendo aniquilar la corrupción que ahora, exhibida en su rostro, involucrando a personajes de su gabinete, era incapaz de hacerle frente a semejante evidencia que —de haber actuado— le hubiera otorgado una pátina de congruencia y de grandeza. Cedió, se quitó la máscara. Desde aquel desayuno trunco, decepcionante, jamás volví a verlo ni a cruzar palabra alguna con él.

Por ética periodista no me es posible revelar ni la identidad del amigo ni la del funcionario exhibido en el video, pero no puedo dejar de dar fe de un momento de quiebre que para mí, en lo personal, fue crucial: el instante mismo del desencanto que significó el haber apostado a lo que el pueblo da en llamar «una nuez vana». Una que prometía ser diferente, pero fue otra más.

Aquellos eran los primeros días del inicio de la pandemia del COVID-19, cuando las presiones sobre el sistema nacional de salud, la estructura débil del sistema educativo, pero sobre todo la relocalización de los recursos públicos, sufrieron un severo cuestionamiento que no transitaron por la prueba del ácido. Cuando me preguntan continuamente en mis conferencias qué fue lo que le sucedió al presidente López Obrador, solo alcanzo a responder que la pandemia vino a darle, como a todos los mandatarios del mundo, un golpe inesperado que trastocó todos sus planes, que dislocó el mapa de ruta trazado para su «Cuarta Transformación», obligándolo a rehacer sobre las rodillas todo el plan de gobierno. El dinero jamás alcanzaría para retrasar el bienestar, cuando la nación estaba postrada por la incompetencia de sus responsables —en particular del epidemiólogo transformado en *showman*, Hugo López-Gatell— que instalaron a México en el primer lugar mundial de decesos per cápita por COVID-19. Una vergüenza mundial que nos costó más de 334 000 vidas de compatriotas y miles de millones de pesos en la compra tardía de vacunas que debieron pasar por un calvario burocrático que expedía fétidos olores de muerte.

A partir de ese momento, el presidente López Obrador salió a cuestionar a su círculo ortodoxo sobre qué se debía hacer. La opinión generalizada era que un incremento en el déficit fiscal, con préstamos desde el extranjero, mitigaría el golpe a pequeñas, medianas y grandes empresas de bienes y servicios. Lo rechazó porque, dijo: «No quiero otro Fobaproa». Y fue su línea de la extrema izquierda, la del politólogo italiano Massimo Modonesi, la que le dio la nueva hoja de ruta: desde México deberá salir el nuevo modelo en el que el progreso se mida no por el PIB, sino por el Índice de Felicidad. Una salida fácil, pero imposible.

Uno a uno los ortodoxos se fueron bajando del buque de la «Cuarta Transformación». Romo, Scherer, Sánchez Cordero, Moctezuma, Durazo, Clouthier. Y en lugar de esos capitanes, que ya tenían experiencia en navegar los mares embravecidos de media docena de crisis, el dueño del barco llamado «México» colocó a marineros aprendices, grumetes de proa que empequeñecieron secretarías clave como Gobernación, Educación, Seguridad Nacional, Economía y otras. La Oficina de la Presidencia simplemente desapareció. Y Jesús Ramírez, su comunicador de cabecera, hizo de la Mañanera la hoguera de todas las vanidades presidenciales, el crisol de todos los odios y las mentiras con las que se dedicaron a destruirlo todo, para que emergiera entonces la prometida segunda revolución, la que les ha venido vendiendo Massimo Modonesi desde 2000, cuando lo exiliaron desde Italia y le instalaron sus cuarteles ideológicos en la Universidad de la Ciudad de México.

12.5

ANCIRA, LOZOYA, COLLADO Y MEDINA MORA
LAS CINCO CAJAS DE PANDORA

El presidente Andrés Manuel López Obrador entró en ruta de colisión con lo que todavía es el estado profundo en México. Ese estado profundo en donde coinciden los intereses, las sociedades y las complicidades de los poderosos personajes que aceitan la vida política y económica de la nación y que se sintieron seriamente amenazados por el gobierno de la «Cuarta Transformación». Lo que el mandatario fue abriendo no es una, sino cinco cajas de Pandora por las que se asoman claramente el presente, los choques entre el pasado que se niega a morir y el futuro que todavía no acaba de nacer y que algunos ya quieren abortar. Analicemos.

LA CAJA CHICA. La primera embestida para cerrar las finanzas oscuras del pasado fue la de una caja chica creada desde que, en

2000, el PRI salió de Los Pinos, para financiar sus campañas locales, estatales e incluso la presidencial. A falta de tener acceso, como lo tuvo durante siete décadas, a las arcas nacionales, el camino fácil fue el de crear instancias a las cuales acudir para financiar elecciones. Una de esas cajas chicas, presumiblemente, fue Altos Hornos de México, el conglomerado acerero de Alonso Ancira que fue operando como un fondo revolvente para financiar lo urgente. Prestaba y se lo devolvían. Ancira fue acusado por el gobierno de la «Cuarta Transformación» y fue detenido en España, enfrentando en su domicilio un proceso por la venta fraudulenta de la empresa Agro Nitrogenados a Pemex, operación que se presume fue uno de esos pagos de retribución al favor financiero recibido cuando en el sexenio de Carlos Salinas de Gortari se le asignó esa empresa del Estado.

LA CAJA GRANDE. Vino después el escándalo de la caja grande, conocida en el medio financiero como «caja libertad», y sobre su director, el abogado Juan Ramón Collado Mocelo, uno de los hombres más cercanos a Carlos Salinas de Gortari, a Enrique Peña Nieto y a políticos de renombre, como el líder de los trabajadores petroleros, Carlos Romero Deschamps, con quien comía el 9 de julio de 2019 en el restaurante Morton's, de Lomas de Chapultepec, cuando fue detenido bajo acusaciones de delincuencia organizada y operaciones con recursos de procedencia ilícita.

Collado Mocelo es un prominente abogado, también cercano a Enrique Peña Nieto. Defendió causas de personajes como Raúl Salinas de Gortari, los exgobernadores Eugenio Hernández, Mario Villanueva y Roberto Borge, la empresaria Angélica Fuentes, el exfiscal Mario Ruiz Massieu, el secretario del PRI Alejandro Gutiérrez y el constructor Carlos Ahumada, entre otros. Pero los problemas para el reconocido abogado se iniciaron cuando tomó el control de la caja libertad tras una disputa política por su control. Muy pronto la institución fue transformándose en el grupo financiero predilecto de algunos políticos, para confiarle algunos de sus ahorros o excedentes, algunos presuntamente de procedencia ilícita. Desde gobernadores hasta líderes sindicales, algunos de esos poderosos personajes habrían hallado en ese grupo financiero liderado por Collado Mocelo el mejor lugar para lograr muy buenos rendimientos, sin estar a la vista del escrutinio nacional, pues fue señalado de operar sus fondos en paraísos fiscales como Andorra. Meses antes de su detención, Collado Mocelo protagonizó una sorpresiva convocatoria a la boda de su hija, a la que asistieron, entre otros, Enrique Peña Nieto, Alfredo del Mazo, Carlos Romero Deschamps, Raúl Salinas de Gortari, Manlio Fabio Beltrones, Manuel Velasco y los ministros Luis María Aguilar, Alfredo Gutiérrez Ortiz-Mena, Eduardo Medina Mora y el cantante Julio Iglesias.

Después de estar cuatro años y dos meses en prisión, en septiembre de 2023 se le concedió la libertad provisional para continuar su proceso judicial portando un brazalete electrónico.

LA CAJA CHINA. Como única mujer en el gabinete peñista y detractora de la izquierda perredista, a la que en algún tiempo lideró, Rosario Robles fue acusada de orquestar la llamada Estafa Maestra, millones de pesos desviados de dependencias públicas, en especial de la Secretaría de Desarrollo Social y de la Secretaría de Desarrollo Agropecuario, hacia varias universidades, desde donde se triangularon para ser escondidos en paraísos fiscales. Uno de los estados más beneficiados fue Hidalgo, su universidad y sus medios de comunicación oficiales en la entidad, que algún día gobernó Miguel Ángel Osorio Chong, el poderoso secretario de Gobernación peñista. El dinero desviado alcanzaría los 150 millones de dólares devueltos de Suiza para que al exjefe de Bucareli se le vincule al injusto destino de Rosario Robles.

LA CAJA NEGRA. Desde que México tiene memoria, Pemex es la caja negra de la gran corrupción nacional y sus eternos líderes son los títeres más evidentes de quienes en verdad son los titiriteros que comercian con el oro negro de nuestro país. Los complejos entramados de corporaciones multinacionales de exploración, la venta del crudo a través de Pemex Internacional, acuerdos con

refinerías para producir nuestras gasolinas fuera de México y mafias en el transporte de los hidrocarburos crean el llamado hoyo
negro de Pemex. Por otra parte, el anuncio del retiro forzosamen-
te voluntario de Carlos Romero Deschamps luce como el principio
del desmantelamiento real de esa red de complicidades que durante décadas le sangró decenas de miles de millones de dólares
a México, y el caso Emilio Lozoya está congelado porque el exdirector de Pemex amenazó con revelar los secretos más oscuros
de esa caja negra.

LA CAJA MÁGICA. Cuando fallan o son descubiertos los flujos
de algunas de las otras cajas, se recurre a la caja mágica, el lugar
en donde se dicta la última palabra, la Suprema Corte. Por eso es
importante tener a la mano el favor de alguno o algunos ministros que tomen el caso difícil para que, como porteros, detengan
los goles que no pudieron parar ni el Ejecutivo ni el Legislativo.
Eduardo Medina Mora fue señalado en más de una ocasión de ser
el ponente de algunas causas que culminaron en cuestionados
fallos; ese signo se refrendó incluso el día de su salida, cuando le
enmendó la plana al enjuiciado gobernador Jaime *el Bronco* Rodríguez. El ministro Medina Mora ya no funge en la Corte, renunció
para hacerles frente a las investigaciones que en Estados Unidos
y en México se desarrollan en su contra por presunto lavado de
dinero. La caja mágica perdió su magia y, después de ver las cinco cajas abiertas por el presidente López Obrador, la pregunta
obligada es si el Estado profundo está cruzado de brazos ante la
afrenta del intento por desmantelarlo. ¿Acaso el quiebre de Culiacán es ya uno de esos primeros avisos? La respuesta solo se
puede encontrar en la chistera del mago de la «Cuarta Transformación» que despacha en Palacio Nacional.

12.6

ROMO, MOCTEZUMA, OLGA, SCHERER, TATIANA CUANDO EL GABINETE SE ENCOGIÓ

2 de diciembre de 2020. **Alfonso Romo** renuncia a la Coordinación de la Oficina de la Presidencia.

15 de febrero de 2020. **Esteban Moctezuma Barragán** renuncia a la Secretaría de Educación y es designado embajador de México ante Estados Unidos.

26 de agosto de 2021. **Olga Sánchez Cordero** renuncia a la Secretaría de Gobernación y vuelve a su escaño en el Senado.

31 de agosto de 2021. **Julio Scherer Ibarra** renuncia como jefe de la Consejería Jurídica de la Presidencia.

6 de octubre de 2022. **Tatiana Clouthier** renuncia a la Secretaría de Economía.

Cinco renuncias de personajes estratégicos dentro del gabinete de la «Cuarta Transformación», cinco salidas de hombres y mujeres que fueron clave para atraer a las clases medias, a empresarios y a intelectuales, para sumarse a la cruzada de la «Cuarta Transformación». Dieciocho meses bastaron, en medio de la mortal pandemia del COVID-19, para que se desdibujara lo que era considerado «el gabinete de la sensatez», para que desaparecieran los rostros de hombres y mujeres de confianza en el Gobierno federal, con quienes se podía dialogar y con quienes se tenía el derecho de réplica.

ALFONSO ROMO siempre dijo, desde los días de campaña, que no tenía interés alguno en asumir alguna posición de gabinete. Su inclusión se dio solo unos días antes del 1.º de julio del 2018, cuando algunos prominentes capitanes de empresa le pidieron al empresario regiomontano que si se incorporaba al gabinete, ellos le darían su respaldo a López Obrador. Acordó con el presidente hacerse cargo de la coordinación de la Oficina de la Presidencia, desde donde manejaría proyectos estratégicos y administraría las relaciones con el sector privado. Sus visiones pragmáticas pronto se toparon con la de otros integrantes del gabinete que se sentían desplazados por la confianza y el poder que el inquilino de Palacio Nacional le dispensaba a Romo, quien fue ganándose el título de «la mano derecha del presidente López Obrador». Pero el primer gesto de desaprobación de Romo frente a las políticas lopezobradoristas se dio en la conferencia de prensa del 3 de enero de 2019, en la que el presidente anunció la cancelación definitiva del aeropuerto de Texcoco. El coordinador de la Oficina de la Presidencia lucía desencajado, molesto. Una cuestionada consulta pública de 184 000 ciudadanos suspendía un proyecto que tendría un costo de 169 000 millones de pesos. A partir de ahí, las discrepancias en las visiones de Romo con la cancelación de los proyectos de energías limpias, la guerra contra los «transgénicos» y el fertilizante glifosato, entre muchas otras, fueron alejando al empresario del espíritu del gobierno de la «Cuarta Trasformación». Y Romo acabó por cumplir su promesa de no estar más de dos años en el gabinete. Su posición fue cancelada y nadie volvió a ocupar el influyente despacho en Palacio Nacional.

ESTEBAN MOCTEZUMA BARRAGÁN se incorporó a la «Cuarta Transformación» con un amplio historial político que incluía el de ser secretario de Gobernación, senador, secretario de Educación y secretario general del PRI durante el sexenio del presidente Ernesto Zedillo. Alejado de la política, se unió a Grupo Salinas para instalarse como presidente de la Fundación Azteca, desde donde fue reclutado por el presidente López Obrador para ser el secretario de Educación de la «Cuarta Transformación», en donde impulsó políticas educativas de avanzada y logró sentar a la mesa a los dos sindicatos de maestros, el Sindicato Nacional de Trabajadores de la Educación (SNTE) y la Coordinadora Nacional de Trabajadores de la Educación (CNTE), que en sexenios anteriores secuestraban las calles de la Ciudad de México y poblaciones enteras en Oaxaca, Guerrero y Michoacán. Pero la inclusión dentro de algunas posiciones clave de personajes de la izquierda radical, como el filocomunista Luciano Concheiro en Educación Superior, evidenciaron una duplicidad de mandos que Moctezuma no toleró y acabó presentando su renuncia al inquilino de Palacio Nacional, quien buscó con la embajada de México en Estados Unidos retener a Moctezuma, que se convertía en la segunda baja del gabinete en dos meses y medio. En su lugar fue designada una maestra de primaria, Delfina Gómez Álvarez, expresidenta municipal de Texcoco, quien sin las suficientes credenciales para encabezar el Sistema Educativo Nacional utilizó el cargo como trampolín para ser la candidata de Morena a la gubernatura del Estado de México, posición que ganó en las elecciones de 2023. A su salida fue designada Leticia Ramírez Amaya, una activista de izquierda del Movimiento Urbano Popular y de la

Organización de Izquierda Revolucionaria Línea de Masas, quien, ya incorporada a Morena, se convirtió en asistente del presidente López Obrador. Su designación como secretaria de Educación solo vino a refrendar el dominio del ala extrema radical apoderada del Sistema Educativo Nacional. **De Esteban Moctezuma a Leticia Ramírez, Educación a la baja.**

OLGA SÁNCHEZ CORDERO fungió durante diez años como ministra de la Suprema Corte de Justicia. Nominada a esa posición por el presidente Ernesto Zedillo. Incorporada al bloque de personalidades que desarrollaron el Proyecto de Nación 2018–2024. Fue postulada por Morena en lista plurinominal para el Senado, pero solo ocupó el cargo tres meses, pues el 1.º de diciembre fue designada secretaria de Gobernación en el naciente gobierno de la «Cuarta Transformación». Sus funciones fueron acotadas por el presidente López Obrador, quien buscaba —obsesionado— que desde Bucareli se resolviera el caso de los 43 desaparecidos de Ayotzinapa y se atendieran las protestas sociales, en particular las de miles de mujeres que en todo México clamaban ponerle fin a la ola de feminicidios. Su confrontación con Julio Scherer, el consejero jurídico de la Presidencia, acabó por desgastarla. El presidente le solicitó su renuncia para designar al gobernador tabasqueño Adán Augusto López como nuevo secretario de Gobernación, donde despachó por tres años para renunciar al irse a buscar la candidatura presidencial de Morena para 2024. Otra mujer, la secretaria del Trabajo, Luisa María Alcalde, fue enviada a Bucareli. La tercera secretaria de Gobernación en el sexenio es hija del abogado laborista Arturo Alcalde Justiniani y de Bertha Luján, influyente militante en Morena y contralora del Distrito Federal cuando López Obrador fue jefe de Gobierno. **De Olga Sánchez Cordero a Luisa María Alcalde, Gobernación a la baja.**

JULIO SCHERER IBARRA fue algo más que el consejero jurídico de la Presidencia. Para el presidente López Obrador era el colaborador más cercano a sus afectos personales y familiares, quien, por el nivel de confianza, se convirtió en el operador para los casos delicados con los poderes Legislativo y Judicial. Y si Romo era el consejero de los temas económicos y empresariales, Scherer era el consejero de los asuntos políticos que podían impactar al despacho presidencial. Pero fue el recelo que se generó entre la secretaria de Gobernación y el consejero jurídico de la Presidencia lo que, aunado a juegos de poder del fiscal general de la República, Alejandro Gertz Manero, acabó por inducir al presidente López Obrador a operar las renuncias de Sánchez Cordero y de Scherer con solo cinco días de diferencia. María Estela Ríos González, quien fue la consejera jurídica y de servicios legales en el gobierno capitalino de López Obrador, asumió la misma posición, pero ahora a nivel federal. **De Julio Scherer Ibarra a María Estela Ríos González, la Consejería Jurídica se achicó, en operatividad, en funciones y en influencia.**

TATIANA CLOUTHIER CARILLO, la hija del mítico Manuel *Maquío* Clouthier, causó sorpresa cuando fue anunciada como coordinadora de campaña de Andrés Manuel López Obrador, en donde logró conectar con el electorado joven a través de las redes sociales y se convirtió, al mismo tiempo, en la vocera mediática del candidato de Morena. La exmilitante y exlegisladora del PAN volvió a ocupar en 2018 una curul en la Cámara de Diputados, pero ahora por Morena, desde donde desató polémica al abstenerse de votar en favor o en contra de la militarización de la Guardia Nacional. En diciembre de 2020 pidió licencia como legisladora para asumir la Secretaría de Economía que dejaba vacante Graciela Márquez Colín. Desde esa posición, se distinguió por ganar en el marco del Tratado entre México, Estados Unidos y Canadá (T-MEC) la controversia sobre las reglas de origen del sector automotriz e iniciar el panel de discusión sobre energía. Su renuncia el 6 de octubre de 2022 se desplegó en medio de una controversia: el presidente López Obrador le negó la reciprocidad del abrazo que ella le dio en su despedida. El inquilino de Palacio Nacional designó en su lugar a Raquel Buenrostro, quien fuera la titular del SAT. **De Tatiana Clouthier a Raquel Buenrostro, aunque se avanzó en capacidades académicas, se retrocedió en habilidades negociadoras. Las controversias con Estados Unidos y Canadá están estancadas.**

Como dato curioso, en el gobierno de la «Cuarta Transformación», tan cercano a la ideología y la práctica populista de Luis Echeverría, cuatro de estos personajes del gabinete del presidente López Obrador cuentan en su historial con acciones violentas y desencuentros vinculados con el «presidente de la guayabera».

Alfonso Romo está casado con Maca Garza Lagüera, nieta de Eugenio Garza Sada, el patriarca del empresariado de Nuevo León asesinado el 17 de septiembre de 1973, durante el sexenio de Luis Echeverría. Julio Scherer Ibarra es hijo de Julio Scherer García, el célebre periodista que fue depuesto como director de *Excélsior*, un golpe asestado por el presidente Luis Echeverría, lo que lo llevó a fundar en 1976 el semanario *Proceso*. Tatiana Clouthier es hija de Manuel *Maquío* Clouthier, cuyo rancho en Sinaloa fue invadido en 1976, cuando Luis Echeverría decretó la expropiación de tierras en Sonora y Sinaloa. Además, el Maquío, como candidato del PAN a la presidencia, enfrentó a Carlos Salinas de Gortari, candidato del PRI.

Y como colofón, Esteban Moctezuma Barragán es nieto del general Juan Barragán Rodríguez, un revolucionario que fue uno de los fundadores del Partido Auténtico de la Revolución Mexicana (PARM). Cuando fue su presidente, sumó, en 1970, a ese partido a la candidatura presidencial de Luis Echeverría.

12.7

PERALTA, CARMONA, DELGADO Y AMÉRICO MORENA: ¿ORGANIZACIÓN CRIMINAL?

Si alguna de las múltiples denuncias de corrupción que han emergido en el último año del gobierno de la «Cuarta Transformación» tiene posibilidades de prosperar, por sus repercusiones internacionales, es la del caso Carmona, la saga del huachicol fiscal importado y del financiamiento ilícito a Morena. No se trata de demeritar los trabajos de investigación periodísticos que exhiben en chats, audios y videos las presuntas complicidades de miembros de El Clan, el llamado círculo íntimo y familiar del presidente Andrés Manuel López Obrador, con contratistas de las megaobras como el Tren Maya o Dos Bocas.

Pero el caso Carmona incluye un ingrediente que lo hace diferente y contundente: tiene su origen en Estados Unidos, empleando energéticos comprados a refinerías estadounidenses, introduciéndose una buena parte a México de contrabando y destinando el dinero ilícito para financiar campañas políticas del partido en el poder. El hecho de que tres congresistas estadounidenses (dos demócratas y uno republicano) hayan firmado una carta exigiendo a la Secretaría de Comercio de Estados Unidos una profunda investigación habla por sí mismo de la gravedad. Es decir, de confirmarse los hechos descubiertos en los teléfonos del llamado Rey del Huachicol asesinado en San Pedro Garza García, se estaría ante la evidencia suficiente para denunciar que el partido en el poder, Morena, a través de distintos personajes que incluyen a su líder nacional Mario Delgado, recibió dinero ilícito generado con energéticos comprados a Estados Unidos. Y este solo hecho podría inducir al Gobierno estadounidense a desconocer a Morena como un partido político e imponerle la categoría de «organización criminal». Pero revisemos la trama.

Cuando Ricardo Peralta Saucedo fue designado el primer director de Aduanas en el gobierno de la «Cuarta Transformación», de inmediato emergieron las denuncias sobre la presunta venta al mejor postor de los principales puertos fronterizos y marítimos por donde entran y salen mercancías, de importación y de exportación, incluyendo droga y los precursores chinos para la fabricación del mortal fentanilo, además de un descomunal contrabando de combustibles. Una de esas aduanas, la de Reynosa (en la frontera con McAllen, Texas) fue asignada en 2019 a Julio Carmona Angulo. Su hermano, Sergio Carmona Angulo, inició, desde el control de esa posición, un muy lucrativo negocio: la importación diaria de decenas de pipas de combustibles adquiridos en refinerías de Estados Unidos para introducirlas a México sin el debido pago de impuestos. La utilidad de ese ilícito alcanzaba entre 12 000 y 16 000 dólares por pipa de combustible contrabandeado.

El dinero era manejado por Sergio Carmona y depositado en distintos paraísos fiscales desde donde retornaba para liquidar favores políticos, especialmente en campañas de Morena a lo largo y ancho de todo el país. La saga financiera incluía la asignación de contratos del Gobierno federal por al menos 1500 millones de pesos al Grupo Industrial Joser y al Grupo Industrial Permart, dos empresas de la familia Carmona que eran utilizadas para trasegar cientos de millones de dólares. Además, con ese mismo dinero se les otorgaban compensaciones en efectivo a personajes clave de Morena, como lo eran el legislador Erasmo González, presidente de la Comisión de Presupuesto, y el presidente nacional del partido, Mario Delgado, quienes además utilizaban de forma indiscriminada aviones y vehículos blindados de Sergio Carmona.

De acuerdo con los reportes de inteligencia, fincados en las investigaciones realizadas a los teléfonos móviles de Sergio Carmona, el dinero de este esquema de triangulación ilícita de recursos fue suficiente para que el Rey del Huachicol fiscal adquiriera un poder excesivo dentro del gobierno de la «Cuarta Transformación». En 2021, Carmona habría apadrinado campañas políticas como la de Sinaloa, a donde hizo llegar, a través del delegado de Morena, Américo Villarreal, y de su hijo, cientos de millones de pesos para consolidar la victoria del candidato morenista Rubén Rocha, originario de Badiraguato. Los servicios de Américo Villarreal serían recompensados un año más tarde con la candidatura morenista al gobierno de Tamaulipas, una elección que también fue financiada con el dinero ilícito de los Carmona y que le otorgó un enorme poder a Sergio Carmona por el conocimiento del manejo de los miles de millones de pesos que se destinaron a arrebatarle al PAN ese bastión político. Acciones similares habrían ocurrido en Nayarit, Michoacán, Baja California, Baja California Sur, Zacatecas y Campeche.

Américo Villarreal ganó la elección para gobernador de Tamaulipas el 6 de junio de 2022, pero cinco meses después, el 22 de noviembre, Sergio Carmona era oportunamente ejecutado a quemarropa en una barbería de San Pedro Garza García, lo cual destapó toda la saga del huachicol fiscal de origen estadounidense. Quienes acabaron con su vida confiaban en el viejo adagio de «muerto el perro se acabó la rabia». Nada que temer. El asesinato alcanzaba tal impacto financiero y político que las investigaciones fueron sofocadas casi de inmediato. Nadie dentro del gobierno de la «Cuarta Transformación» quería que se conocieran las operaciones oscuras que financiaban la expansión territorial de Morena. De gobernar apenas seis estados antes de 2021, alcanzó a dominar 21 entidades, muchas de las cuales son territorios dominados por el crimen organizado.

Apenas conoció el asesinato de su hermano Sergio, Julio Carmona, el administrador de la aduana de Reynosa, quien facilitaba sin inspección alguna el trasiego de pipas con el combustible, cruzó la frontera para ir a entregarse a las autoridades estadounidenses y revelar todo lo que sabía sobre los manejos financieros y políticos de su hermano. Esa sería su mejor protección para sobrevivir y no terminar asesinado, como su hermano. En esa entrega, como testigo protegido, Julio Carmona habría aportado una pieza fundamental para evidenciar el esquema criminal: una copia del teléfono móvil de Sergio Carmona, que su mismo hermano le habría entregado bajo la condición de que, si algo le sucedía —fuera asesinado o desapareciera—, lo entregara a las autoridades estadounidenses. Con información telefónica, contenida en chats, audios y videos, las autoridades de aquel país iniciaron una investigación y trazaron el esquema criminal que se iniciaba con la compra de combustibles en refinerías de Texas y que eran introducidos en cientos de pipas —sin pagar los impuestos correspondientes— a territorio mexicano para ser vendidas en un mercado paralelo a gasolineras y a grupos de transportistas con elevado consumo de combustibles.

Al conocer ese esquema, la única forma que las autoridades estadounidenses encontraron para validar el monto del presunto ilícito fue la de arquear los reportes de las compras mensuales de combustibles hechas por mexicanos en Estados Unidos y cotejarlas con los reportes oficiales de la importación de combustibles que ingresaron por las aduanas mexicanas para detectar si había algún diferencial que acabara por confirmar el contrabando. Y las compulsas revelaron que, desde el primer mes del gobierno de la «Cuarta Transformación», se fue escalando un esquema en el que, por ejemplo, en el mes de febrero de 2019 se documentaron compras en Estados Unidos por 2 580 millones de pesos de combustibles, pero solo se reportaron 460 millones de pesos en su paso por las aduanas. Se presume que la diferencia de dos mil millones cien mil pesos corresponde al costo del combustible que no pagó impuestos.

Curiosamente, dos de los meses con mayores diferenciales entre lo que se compró y lo que se reporta que entró a México son los de mayo de 2021 y mayo de 2022, dos fechas que antecedieron a procesos electorales que fortalecieron a Morena. En mayo de 2021, días antes de la llamada elección de medio término, el faltante en los reportes de las aduanas mexicanas alcanza los 2 389 millones de pesos, mientras que, en mayo de 2022, el mes previo a la elección para gobernador en Tamaulipas, el diferencial entre el combustible que se compró en Estados Unidos y el que fue reportado que ingresó a México es de 2 524 millones de pesos.

Entre enero de 2019 y agosto de 2023 el monto del combustible estadounidense no declarado en aduanas mexicanas ascendió a 414 657 millones de pesos. Una nada despreciable suma de 23 500 millones de dólares, casi 5 000 millones de dólares de contrabando por año. ¿A qué bolsillos fue a parar ese dinero?

A partir de la toma de posesión del morenista Américo Villarreal como gobernador de Tamaulipas, apareció en la escena de Ciudad Victoria una mujer: Perla McDonald Sánchez, quien fuera esposa de Sergio Carmona, y se hizo presente con las suficientes evidencias para cobrar a nombre de su difunto esposo las cuentas pendientes del dinero aportado para la campaña de 2022. Y desde esa posición de poder que le da la información que es imprescindible ocultar, la viuda de Carmona exigió controlar las posiciones de la Secretaría de Gobierno, la Secretaría de Finanzas y la Secretaría de Salud, entre otras, para custodiar la liquidación de sus intereses. El acuerdo incluyó la promoción política de dos candidaturas morenistas, la de Olga Sosa y la de Gabriela Jiménez, aspirantes al Senado y a la Cámara de Diputados, dos mujeres que aparecen de forma profusa en videos de los teléfonos perdidos de Carmona y cuyos contenidos fueron dados a conocer el 16 de enero de 2024 por el sitio Código Magenta.

La sentencia final sobre este caso pendiente que da la candidata presidencial opositora, Xóchitl Gálvez, es tajante: «No nos ha explicado Mario Delgado su relación con el Rey del Huachicol en Tamaulipas, lo vimos tomar avionetas de Carmona, tener camionetas blindadas de [Sergio] Carmona, y el presidente no ha pedido que se investigue».

El caso Carmona está ya en el Capitolio, en Washington. Los congresistas de Texas, Vicente González y Henry Cuellar (demócratas) y Dan Crenshaw (republicano) enviaron una carta a Katherine Tai, representante comercial de Estados Unidos, en la que exigieron tomar acciones contra el contrabando de combustible operado por el crimen organizado mexicano. ¿Incluirá esa investigación a sus aliados de Morena?

12.8

ESCAPE DEL GRAN FRACASO
UNA SUCESIÓN ANTICIPADA

Cuando en junio de 2023 la morenista Delfina Gómez Álvarez fue proclamada ganadora en la elección para la gubernatura del Estado de México, el jolgorio de la victoria estalló en Morena. Después de todo, era la primera vez que un partido político opositor le arrebataba al PRI su bastión político insignia, sede del mítico y hasta ese momento imbatible Grupo Atlacomulco.

Pero esa euforia no era correspondida en Palacio Nacional, en donde el presidente Andrés Manuel López Obrador revisaba los resultados finales en los que apenas un día antes anticipaba una victoria para su partido con ventaja de entre 20 y 24 puntos. La diferencia apenas superó los ocho puntos. Se le esfumaron en unas horas entre 12 y 16 puntos de la votación. El inquilino de Palacio Nacional confirmó lo que tanto se decía: que las encuestas que le pronosticaban un triunfo aplastante a la maestra Delfina Gómez estaban «cuchareadas», término usualmente empleado para entregar resultados a satisfacción del cliente que las ordena.

Más que disfrutar la victoria mexiquense, el inquilino de Palacio Nacional trazó una línea imaginaria rumbo a 2024. ¿Y si los 20 o 30 puntos que le decían que tenía como ventaja Morena para la elección presidencial no eran ciertos, como no lo fueron los del Estado de México? ¿Y si esa ventaja se reducía a solo 10 o 15 puntos? Eso era muy remontable para una oposición con el candidato o la candidata adecuados o con un resbalón serio de quien fuera el candidato o la candidata de Morena.

Por eso el presidente decidió operar lo que mejor sabe hacer: cambiar la narrativa para distraer la atención y que nadie analizara a fondo lo que había ocurrido el domingo en los comicios no solo del Estado de México y de Coahuila. El presidente López Obrador no quería que alguien les colocara la lupa a las cifras que indicaban que en la sumatoria de los dos estados —uno ganado por Morena y el otro retenido por un frente abanderado por el PRI— el diferencial de votos entre la sumatoria de uno y otro partido era solo de 54 000 votos. Apenas por encima del 1%. Entonces, en una maniobra política sorpresiva, el inquilino de Palacio Nacional convocó el lunes 5 de junio —menos de 24 horas después de conocer los resultados del domingo— a lo que hoy se conoce como la «cena de las corcholatas».

Veintinueve gobernadores y líderes de Morena fueron citados en el restaurante de la Librería Porrúa con el pretexto de celebrar la victoria del morenismo en el Estado de México. En realidad, el presidente López Obrador dio, con esa cena, el banderazo oficial para iniciar la sucesión presidencial dentro de su partido. Y para ello convocó a las llamadas «corcholatas», a las y los candidatos que él mismo «destapó». Ahí estuvieron Claudia Sheinbaum, Marcelo Ebrard, Adán Augusto López y Ricardo Monreal. Para el martes por la mañana, los titulares del no tan holgado triunfo en el Estado de México y de la aplastante victoria del priista Manolo Jiménez en Coahuila estaban olvidados. Se le dio la vuelta a la página y se cambió de cuento, al de las reglas del juego para elegir de entre esas cuatro «corcholatas» a quien debería ser la o el abanderado de Morena para la elección presidencial. Los analistas y los medios de comunicación mordieron el anzuelo y le dieron la vuela a la página del Estado de México y de Coahuila para dedicarle los mejores espacios a la contienda interna morenista que fue vendida con una precampaña para elegir no al candidato, sino a quien abandere las mejores causas del partido. Lo que en el fondo estaba operando el presidente López Obrador era no solo adelantarse a la oposición en el escaparate de lo que él mismo definió como sus «corcholatas», sino forzar a que la alianza PAN, PRI y PRD adelantara la definición de su candidato. Una negativa presidencial para recibir a la senadora Xóchitl Gálvez a fin de que ejerciera el derecho de réplica en la conferencia matutina catapultó a la hidalguense como una opción viable y contestataria a través de Fuerza y Corazón por México.

En el frente morenista, Marcelo Ebrard se transformó en el rebelde de la contienda interna, denunciando ante el INE el desvío de fondos de la Jefatura de Gobierno de la Ciudad de México y de la Secretaría del Bienestar a la campaña de su rival Claudia Sheinbaum. Y aunque se apostaba a que el excanciller rompería con Morena para asumir la candidatura presidencial de Movimiento Ciudadano, aquello no pasó de simples pláticas con un Dante Delgado, líder del Movimiento Naranja, quien ya tenía la candidatura comprometida con el gobernador de Nuevo León, Samuel García, quien acabó por abandonar su intentona cuando fue incapaz de instalar como interino a uno de los suyos. Prefirió cuidarse las espaldas en su tierra que ir a buscar fortuna presidencial como comparsa para debilitar a Xóchitl Gálvez y fortalecer a Claudia Sheinbaum. La decisión del marginal candidato de Movimiento Ciudadano acabó en manos de Samuel García, quien impuso a su amigo y coordinador de campaña Jorge Álvarez Máynez como el candidato presidencial Fosfo Fosfo, en medio de una confrontación de conceptos con el otro gobernador naranja, Enrique Alfaro, de Jalisco.

Una vez más la astucia política del presidente Andrés Manuel López Obrador impuso el tono y la narrativa sucesoria, pero las denuncias nacionales e internacionales sobre la corrupción de su gobierno, la presunta red de negocios de sus hijos y otros familiares, su confrontación abierta con la prensa nacional e internacional, además de las denuncias acerca del dinero del huachicol fiscal de importación que penden sobre el presidente nacional de Morena y el gobernador de Tamaulipas, presagian una contienda electoral de pronóstico reservado.

Al final del día, la confrontación de las dinastías, de las dos familias disputando el control de una nación, está vigente. ¿Alguien podrá romper ese cerco?

ANDRÉS MANUEL LÓPEZ OBRADOR
2018–2022

*LO QUE LE
HEREDARON* ⟷ *LO QUE
HEREDÓ*

CRECIMIENTO DEL PIB
PROMEDIO ANUAL, PORCENTAJE

2.4%   ✕   −0.1%*

PIB PER CÁPITA
PRECIOS CONSTANTES EN DÓLARES DE 2015 AL CIERRE DEL SEXENIO

10 120   ✕   9 755.6*

DEUDA PÚBLICA
PORCENTAJE DEL PIB AL CIERRE DEL SEXENIO

37.38%   ✕   40.3%*

PRODUCCIÓN PETROLERA
PROMEDIO DIARIO, ÚLTIMO AÑO DEL SEXENIO, MILLONES DE BARRILES

1 840 000   =   1 840 000

BALANZA FISCAL
PORCENTAJE DEL PIB, AGREGADO DE TODO EL SEXENIO

−0.35%   ✕   −2.46%*

TIPO DE CAMBIO
PESOS POR DÓLAR EN EL ÚLTIMO DÍA DEL SEXENIO

20.34   ✓   16.68****

INFLACIÓN
PROMEDIO ANUAL, PORCENTAJE

4.03%   ✕   5.15%*

Fuentes: Inegi, Banco Mundial, OCDE, Banxico, SHCP y CNH.

* Crecimiento PIB: Promedio 2019–2022. PIB per cápita: Dato de 2022. Deuda pública: El último dato fue sacado del Informe de la Deuda Pública de la SHCP. Producción petrolera: El dato más cercano al sexenio de Díaz Ordaz es del año de 1973, cuando comienza el registro estandarizado. Balanza fiscal: Promedio de los primeros tres años del sexenio de AMLO. Inflación: Promedio 2019–2022.

**** Tipo de cambio: Dato del 30 de julio de 2023.

SIN COLORÍN
COLORADO...

ESTE CUENTO
NO HA
TERMINADO